A SOCIEDADE DOS AFETOS

por um estruturalismo das paixões

FRÉDÉRIC LORDON

Tradução
RODOLFO EDUARDO SCACHETTI
VANINA CARRARA SIGRIST

A SOCIEDADE DOS AFETOS

por um estruturalismo das paixões

Título original	*La société des affects: Pour un structuralisme des passions* © Éditions du Seuil, 2013.
Tradução	Rodolfo Eduardo Scachetti e Vanina Carrara Sigrist
Capa	Fernando Cornacchia
Foto de capa	Daniela Cerasoli
Coordenação	Ana Carolina Freitas
Copidesque	Mônica Saddy Martins
Diagramação	DPG Editora
Revisão	Cristiane Rufeisen Scanavini, Edimara Lisboa e Isabel Petronilha Costa

Dados Internacionais de Catalogação na Publicação (CIP)
(Câmara Brasileira do Livro, SP, Brasil)

Lordon, Frédéric
    A sociedade dos afetos: Por um estruturalismo das paixões/
Frédéric Lordon; tradução de Rodolfo Eduardo Scachetti, Vanina
Carrara Sigrist. – Campinas, SP: Papirus, 2015.

Título original: La société des affects: Pour un structuralisme des
passions.
Bibliografia
ISBN 978-85-449-0067-3

1. Afeto (Psicologia)   2. Paixões – Aspectos sociais   3. Paixões
(Filosofia) I. Título.

15-02377	CDD-301.01

Índice para catálogo sistemático:

1. Sociologia e filosofia	301.01

1ª Edição – 2015

A grafia
deste livro
está atualizada
segundo o Acordo
Ortográfico da
Língua Portuguesa
adotado no Brasil
a partir de 2009.

Proibida a reprodução total ou parcial da obra de acordo com a lei 9.610/98.
Editora afiliada à Associação Brasileira dos Direitos Reprográficos (ABDR).

DIREITOS RESERVADOS PARA A LÍNGUA PORTUGUESA:
© M.R. Cornacchia Livraria e Editora Ltda. – Papirus Editora
R. Dr. Gabriel Penteado, 253 – CEP 13041-305 – Vila João Jorge
Fone/fax: (19) 3790-1300 – Campinas – São Paulo – Brasil
E-mail: editora@papirus.com.br – www.papirus.com.br

Sumário

Introdução: O movimento em marcha 7

PARTE I – RECRUZAMENTOS
1. Filosofia e ciências sociais: Rumo a uma nova aliança?.......................... 25
2. Do sistema formal ao sistema espectral:
   Itinerário de uma economia política espinosista..................................... 51

PARTE II – ESTRUTURAS
3. Por um estruturalismo das paixões 61
4. A crise econômica em suas paixões 89

PARTE III – INSTITUIÇÕES
5. A legitimidade não existe: Elementos para
   uma teoria espinosista das instituições 103
6. A potência das instituições 143

PARTE IV – INDIVÍDUOS
7. A servidão voluntária não existe: Consentimento
   e dominação, entre Espinosa e Bourdieu.. 187
8. Os imbecis felizes (ainda um esforço para sermos antiliberais!)........... 205

Referências bibliográficas... 233

Introdução
O MOVIMENTO EM MARCHA

A sociedade é movida por desejos e afetos. As ciências sociais que buscam as forças motrizes deveriam se interessar um pouco por isso. O problema é que as ciências sociais têm problemas com o desejo e os afetos. É preciso admitir, em sua defesa, que esse fato é justificável. As ciências sociais se construíram como ciências dos fatos sociais – e não dos estados da alma. E os estados da alma e as emoções dos indivíduos são para onde fatalmente toda evocação do desejo e dos afetos parece reconduzir. Assim, entendemos facilmente o longo tormento das ciências sociais: confrontadas por uma espécie de evidência massiva – a presença óbvia das emoções nos comportamentos humanos –, elas acabaram se impondo uma censura igualmente estrita, e a interdição formal de tocar nessa questão. Devemos reconhecer que essa reticência não era totalmente ilegítima: não era absurdo pensar que se voltar às emoções continha um sério risco de involução, rumo a uma espécie de espiritualismo psicologista, do qual o próprio gesto constitutivo das ciências sociais tinha sido o de se distanciar. Se fosse para transformar as ciências do social em psicologia sentimental, melhor seria se abster.

Por um estruturalismo das paixões

Porém, nenhuma prevenção dura eternamente. E certas conjunturas ajudam a derrubá-las. Sem dúvida alguma, o tempo das proibições passou: as ciências sociais redescobrem as "emoções". Com um grande prazer, proporcional talvez à duração da contenção, elas se rendem, uma após a outra: sociologia, ciência política, história, antropologia; todas fazem das emoções um objeto privilegiado, até mesmo a economia, como sempre, atada ao seu impossível desejo epistemológico e que, bem à sua maneira, persegue seu fantasma de ciência dura, associando-se atualmente à neurobiologia (ver, por exemplo, Schmidt 2010). Mas pouco importam essas particularidades, o que realmente importa é que as ciências sociais, por muito tempo caladas nesse debate, estão agora insaciáveis diante das "emoções". Desse modo, a história das ciências sociais é como um caminho na montanha: uma volta sucede a outra; depois da volta linguística, da volta hermenêutica, da volta pragmática, surge, então, a volta emocional – e subitamente não parece hilário que essa coisa há muito ignorada seja finalmente considerada. Por ora, o problema original das emoções não foi regulamentado, foi simplesmente aplicada outra arbitragem: evidentemente a redescoberta das emoções está muito vinculada ao retorno, após muitas décadas, das figuras do indivíduo, do ator e do sujeito; recolocadas no centro da paisagem teórica das ciências sociais – não é lógico que acabemos por nos interessar por seus "sentimentos", depois de nos interessarmos por suas ações e seus discursos? Mas o interesse pelo "ator" até nos acontecimentos de sua vida emocional também tem, seguindo a lógica, por correlato, um desinteresse relativo mais pronunciado pelos objetos de estatuto superior, estruturas, instituições, relações sociais, culpados, nessa concepção, por não estarem à altura das coisas vividas. Assim, a volta emocional traz consigo o retorno teórico ao indivíduo, correndo o risco de liquidar definitivamente tudo o que há de propriamente social nas ciências sociais, rumo à dissolução em um tipo de psicologia estendida.

Não é de surpreender que a "repsicologização" das ciências sociais seja um risco inscrito desde o início na escolha de abandonar as estruturas e, se há alguma lógica no fato de que a figura restaurada do ator em seu primado teórico tenha acabado por fazer de suas "emoções" uma passagem obrigatória, não é menos lógico que a negação de todas as determinações estruturais tenha sido mais completa. O novo interesse das ciências sociais pelas emoções é, portanto, terrivelmente ambivalente. Ele é potencialmente portador das mais incômodas regressões, se o individualismo recai no individualismo sentimental, e a transfiguração da experiência imediata da vida afetiva em tema teórico contribui ainda mais para fazer do indivíduo (emocionado) um *explanans* e não um *explicandum* – um ponto de partida explicativo, e não algo a ser explicado. Entretanto, o novo interesse reintegra no campo de análise das ciências sociais o fato inexorável da vida passional, individual e coletiva, contra o qual elas haviam sustentado fortes prevenções – mas a que preço? Que tenha havido um excesso nessa exclusão e que exista discussão sobre essa reintegração, basta a leitura de Durkheim para nos convencer: ele não usou abundantemente e sem hesitar a categoria de "sentimento"? É verdade que Durkheim, logo de início, apresentou seu ponto de vista sociológico de modo tão fechado que o risco da involução psicologizante ficava neutralizado de antemão. Contra as tendências majoritárias das ciências sociais contemporâneas, deveria, então, ser possível se beneficiar desse precedente para atestar a possibilidade de falar dos afetos sem logo cair em um "individuocentrismo" que esquece as forças sociais, as estruturas e as instituições. Não enxergamos, na verdade, através de qual maldição intelectual haveria para escolher entre dois aspectos igualmente pertinentes, e manifestamente complementares, da realidade social – as emoções dos homens, o peso de determinação das estruturas –, que nada deveriam em princípio colocar em oposição, não fosse a construção conflitiva de posições teóricas que os colocaram como exclusivo um do outro.

Juntar o que esteve por muito tempo separado exige, no entanto, adentrar o problema das "emoções" de uma maneira particular, que não tenha por efeito enclausurá-lo imediatamente em um subjetivismo sentimental, preocupado com os estados singulares da alma do "ator" e distante de qualquer determinação social. Ora, essa "maneira particular" não é facilmente encontrada, já que as emoções são espontaneamente pensadas como a intimidade de um sujeito e, por isso, certamente inclinadas a determinar uma via subjetivista do mundo social. É necessário o recurso de um pensamento tão singular quanto aquele de Espinosa para resistir à fatalidade dessa inclinação. Filósofo clássico, portanto preocupado com o problema das *paixões*, Espinosa justamente propõe uma conceituação dos afetos tão contraintuitiva quanto rigorosa – tendo em vista a intenção de todos os trabalhos que tratam longamente das emoções, mas sem nunca lhes dar uma definição séria – e, sobretudo, tão distanciada quanto possível de todo psicologismo sentimental. Pois é este o paradoxo espinosista: uma teoria radicalmente antissubjetivista dos afetos, ordinariamente pensados como o próprio por excelência do sujeito. Essa performance intelectual, na verdade, é necessária: ficar com os afetos, *mas se desvencilhar do sujeito* (que pensávamos ser seu ponto de aplicação imprescindível), para superar a antinomia das emoções e das estruturas, visto que, retirado o sujeito, o suporte dos afetos – o indivíduo, sem dúvida, mas nem monádico, nem livre, nem autodeterminado – pode, então, ser inserido em seus ambientes institucionais e ligado a todo um universo de determinações sociais. Existem, sim, indivíduos e eles experimentam afetos, mas esses afetos não são senão o efeito das estruturas nas quais os indivíduos estão mergulhados. E os dois extremos da cadeia, considerados incompatíveis, podem, enfim, ser conjugados para dar acesso a algo como um *estruturalismo das paixões*.

Logo, precisamos da força do ponto de partida espinosista para esse estruturalismo das paixões, mas não podemos parar aí. Seria absurdo apostar que uma filosofia do século XVII, sozinha, pudesse se incumbir de uma ciência social completa. Por isso, nessa empreitada, a potência das intuições e dos conceitos espinosistas só serve verdadeiramente na combinação com as melhores conquistas das ciências sociais, ao menos com aquelas compatíveis com ela (obviamente, não todas). Marx, Bourdieu, Durkheim e Mauss, ou seja, pensamentos constitutivamente resistentes à celebração do sujeito e atentos a tudo o que lhe ultrapassa – o social em sua força própria. Existem estruturas, e nas estruturas existem homens passionais; *em primeira instância*, os homens são movidos por suas paixões; *em última análise*, suas paixões são amplamente determinadas pelas estruturas; eles são movidos frequentemente em uma direção que reproduz as estruturas, mas, às vezes, em outra, que as desfaz para criar novas. Aqui está, em linhas gerais, a ordem dos fatos que as combinações particulares do estruturalismo das paixões gostariam de escolher.

Por objetivar a união dos dois extremos considerados incompatíveis – os indivíduos passionais e as estruturas sociais impessoais –, o estruturalismo das paixões não se contenta em produzir uma síntese dos supostos contrários, ele também permite regular alguns dos problemas internos de uma posição estruturalista em ciências sociais, na qual a restauração individualista/subjetivista acreditava ver uma insuficiência intransponível: a incapacidade histórica. Se só existem estruturas minerais e inabitadas, ou simplesmente povoadas por agentes concebidos como seus suportes passivos, de onde podem vir as forças ou os acontecimentos que as farão escapar à fatalidade da reprodução *ad aeternum*? "Althusser não vale nada",* diz o grafite de maio de 1968, que prega a negação em ato do estruturalismo e de sua incapacidade de pensar as transformações – isto é, o próprio movimento da história. Haveria ainda, então, de se escolher entre as estruturas, porém, sem o movimento, e a história, porém, com a liberdade do sujeito – já que não é concebível a existência de outra coisa que não o livre-arbítrio, isto é, a libertação das determinações estruturais, no princípio dos momentos de ruptura que fazem a história.

O antissubjetivismo passional de Espinosa oferece talvez o único meio de sair radicalmente dessa antinomia infernal, e de vislumbrar um mundo de estruturas mais povoado por indivíduos pensados como polos de potência desejante, cujo desejo, precisamente, pode por vezes aspirar a escapar das normalizações institucionais e, *em determinadas condições,* pode se juntar a elas. Porque existem desejo e afetos (termos cuja retomada era decididamente estratégica), existem forças motrizes no seio das estruturas, forças frequentemente determinadas pela reprodução do mesmo, mas eventualmente capazes de se mover em direções inéditas, que vêm quebrar o curso ordinário das coisas, ainda que sem escapar da ordem causal da determinação – quando, por exemplo, o funcionamento das estruturas se torna um tanto insuportável aos olhos dos indivíduos e os encaminha, desse modo, não mais à conformidade, mas à sedição. E torna-se novamente possível pensar tanto as ordens institucionais em

---

* No original, lê-se *"Althusser à rien"*, frase escrita em um muro alguns dias após outra que se tornou ainda mais célebre e emblemática do enfraquecimento crescente dos discursos teóricos estruturalistas: *"Une structure ne descend pas dans la rue"*, ou seja, "Uma estrutura não desce às ruas". [N.T.]

operação quanto suas crises, sem que seja preciso supor para essas crises alguma irrupção magnífica da "liberdade" – simplesmente a continuidade da causalidade passional em novas direções.

Socioeconomia passional das instituições do capitalismo

Se há uma ordem institucional segundo a qual o tempo que corre impõe pensar a crise, essa ordem é a do capitalismo contemporâneo – mas aqui bem no nível do detalhe da situação presente, portanto, não como a efusão dos *subprimes*,* a recessão, os *deficit*, a austeridade e a paisagem de todas as taras profundas do capitalismo neoliberal, e sim, mais abstratamente, como a parte passional das configurações institucionais que sustentam os regimes de acumulação e as condições gerais de sua perda de estabilidade.

Regimes de acumulação, regimes de desejo

Devemos primeiramente admitir que não é nada evidente introduzir na análise das macroestruturas do capitalismo as temáticas do desejo e dos afetos que achamos espontaneamente adequadas à escala dos indivíduos. Mas como compreender de outro modo o efeito *concreto* dessas estruturas sobre esses indivíduos? Os indivíduos nunca se comportam senão conforme as estruturas determinam que se comportem; mas eles só têm esse comportamento porque desejaram assim se comportar. Essas duas afirmações encontram consonância apenas pela mediação dos afetos: é por terem sido afetados nas e pelas estruturas que os indivíduos desejaram se

---

*   Termo, em inglês, que significa crédito de risco (concedido principalmente àqueles que não se enquadram na categoria dos que podem usufruir da melhor taxa de juros, a *prime rate*) ou, mais especificamente, crédito hipotecário. Desde 2006, os Estados Unidos têm enfrentado o colapso desse sistema, em virtude da quebra de importantes instituições de crédito. [N.T.]

comportar como se comportam. Essa é a essência de um estruturalismo das paixões, que se aplica, por exemplo, aos comportamentos dos indivíduos dentro das estruturas do capitalismo e que aposta na ideia de que, atrás das estruturas propriamente econômicas de um regime de acumulação, tais como foram concebidas por Marx e depois pela teoria da Regulação (Boyer 1990), existe certa estrutura dual, ou uma dobra, se quisermos, na forma de certo regime de desejos e de afetos. As estruturas particulares da relação salarial, por exemplo, exprimem-se em um regime de mobilização dos trabalhadores, que nada mais é que uma configuração de desejos e de afetos: o que faz com que os assalariados trabalhem, o medo da miséria ou o desejo de realização? O que condiciona a intensidade de seus esforços, a crença na sanção, a atração pela remuneração ou algum sentido de "trabalho bem-feito"? Que atmosfera passional os circunda, o calor da sociabilidade no trabalho ou a concorrência? Tantos são os afetos que podem estar imediatamente vinculados à configuração em vigor na relação salarial: as estruturas *se exprimem* nos indivíduos na forma de desejos – e Marx vai além com Espinosa (Capítulo 3 deste livro).

Inversamente, os movimentos desejantes individuais reproduzem as estruturas. Ou as destroem! É, sem dúvida, mais raro, mas não impossível. A teoria da Regulação chama de crise o momento da destruição e da transformação das estruturas do regime de acumulação, isto é, a passagem de uma sequência histórica a outra no modo de produção capitalista. Diga-se de passagem, ela possibilita, assim, a única conceituação digna da palavra "crise", que a exaustão de seu uso acabou por esvaziar de qualquer significação um pouco consistente. Mas as estruturas não se mexem por si mesmas, como por movimento espontâneo, "alguém" mexe nelas. Quem é "alguém"? Digamos, de modo geral: a política. Ou, dito de outro modo, as coalizões de forças desejantes. Para não entrar nos detalhes de sua formação, podemos ao menos dizer que uma crise, entendida no sentido "regulacionista" da transformação das estruturas do regime de acumulação, é *também* um acontecimento passional (Capítulo 4 deste livro), pois não há transformação das estruturas sem ação transformadora, isto é, sem ação política, e a ação política é um caso de afetos e de desejos coletivos: movimentos de potência (desejante) determinados (afetivamente) a se orientar em certa direção e a realizar certas coisas para fazer ou refazer de certa maneira seus padrões comuns.

As instituições entre poder normalizador e sedição

Esses processos passionais, já observáveis paradoxalmente no nível macroeconômico dos regimes de acumulação – paradoxalmente porque ele está mais distanciado dos indivíduos –, portanto, são logicamente mais visíveis ainda no nível das instituições particulares, nas quais o contato dos indivíduos com a realidade institucional é completamente direto: como sugerem Mauss e Durkheim, as instituições são essas realidades sociais exteriores aos indivíduos, as quais eles estão fadados a reencontrar, uma vez que elas estão no princípio de determinadas afeições. É justamente nesse ponto que os conceitos espinosistas se mostram úteis à ciência social das instituições, por revelar o *modus operandi* de sua eficácia. Se as instituições recebem algo dos indivíduos, se elas os induzem com sucesso a certos comportamentos (é isso e apenas isso que se deve entender por "eficácia"), a parar no sinal vermelho, por exemplo, a aceitar a moeda em circulação ou a respeitar o regulamento interno da fábrica, é porque elas têm o poder de afetá-los. Este é o silogismo espinosista da ação: pelo encontro com certas coisas exteriores, os indivíduos sentem certas afeições que os afetam de certa maneira e os impelem a desejar fazer certas coisas. Os afetos são o *modus operandi* da eficácia institucional (Capítulo 5). Como tal eficácia é produzida e, às vezes, como ela também é destruída é o tipo de pergunta cuja resposta deve ser buscada nas dinâmicas passionais coletivas e individuais, pois, assim como a crise macroeconômica dos regimes de acumulação pode ser vista como acontecimento passional, da mesma forma, e *a fortiori,* a decomposição é uma possibilidade sempre inscrita no horizonte de toda instituição, já que nunca se está seguro de que a balança afetiva que a sustenta em nossa existência não voltará a ser virada. Aí está, dentre outras, a vantagem de repovoar as estruturas e as instituições com os indivíduos, que, sem serem sujeitos livres, são polos de atividade potente, determinados por seus afetos e desejos a se mover de certa maneira, frequentemente para se conformar aos requisitos da instituição, mas também, às vezes, para se livrar dela, entrar em guerra contra ela, se ela se torna odiosa a ponto de deixar nascer o desejo de destruí-la – sempre uma história de afetos... É até inútil dizer que a cena institucional da empresa se presta particularmente bem a esse tipo de análise – e a história social das rebeliões no trabalho é esclarecida pela conceituação espinosista da sedição (Capítulo 6).

As aporias da servidão voluntária

Se o estruturalismo das paixões combina adequadamente com uma economia política histórica do capitalismo (como a teoria regulacionista dos regimes de acumulação) e com uma ciência social das instituições inspirada em Durkheim e Mauss, ele também revela, mais precisamente, algo da identificação afetiva dos indivíduos. Certamente, estes não poderiam ser vistos fora de seus meios sociais, e não há teoria do indivíduo isolado. Porém, conceitualmente, os afetos, experimentados em primeira pessoa, mesmo que determinados socialmente, são efeitos *locais*. Também a visão local tem sua pertinência própria – considerando que, em pensamento, não a recortamos do global que ela sempre *exprime*. Um efeito próprio das instituições do capitalismo cujos rastros podem ser encontrados nos indivíduos é a dominação. Ela é, na verdade, muito mais necessária quando as orientações do regime de acumulação neoliberal, notadamente na prática da relação salarial, vêm perturbar a simples ideia que espontaneamente se tem da dominação, isso precisamente porque a empresa neoliberal se vangloria, daí em diante, por funcionar sob "consentimento". E por triunfar: como continuar afirmando que os assalariados que consentem são dominados?

Como sabemos, todo o esforço de Bourdieu tendeu a desemaranhar esse tipo de paradoxo para mostrar como a dominação nunca opera tão bem senão quando recebe uma espécie de cumplicidade implícita por parte dos dominados. E a categoria de "violência simbólica" não tinha outra finalidade, senão mostrar essa doce imposição pela qual os dominados desposam a visão de mundo dos dominantes, a ponto de ela validar e justificar os lugares destinados respectivamente a uns e outros. Mas, se o consentimento turva as visões muito simples da dominação, não seria também porque ele próprio é uma categoria das mais turvas? Na verdade, o consentimento só é compreendido claramente sob o pressuposto subjetivista de um indivíduo que diz "sim" na completa autonomia de seu livre-arbítrio. Uma vez contestado esse pressuposto, o consentimento perde simultaneamente sua transparência e evidência. Se um indivíduo diz "sim", é antes porque foi determinado (afetivamente) a dizer "sim". Não há nesse caso nenhuma manifestação da liberdade originária de um sujeito, mas simplesmente o efeito de agenciamentos institucionais suficientemente bem-configurados para normalizar os indivíduos com afetos alegres ao invés de afetos tristes – a verdade do "consentimento" não é da ordem da liberdade, mas da ordem das paixões: é a alegria que faz dizer "sim". Da mesma maneira que as coisas entristecedoras, que fazem dizer "não", serão nomeadas como "restrições". "Consentimento" e "restrição" são, ambos, portanto, da ordem da determinação passional, quando a impressão vivida só dá espontaneamente ao primeiro o privilégio da "liberdade".

E ainda, a violência simbólica que tipicamente produz esse tipo de aquiescência deve, então, ser compreendida como *poder* (institucional) de *afetar*. De afetar adequadamente, bem-entendido, ou seja, de alegrar – alegrar os indivíduos com a força da instituição para condicioná-los ainda mais a permanecer aí. Conquistar a alegria dos assalariados, esse é certamente o novo horizonte da governabilidade neoliberal, que sonha possuir apenas assalariados felizes, "satisfeitos" etc. O ponto de vista exterior, que não perde o caráter objetivo de exploração, acaba, desse modo, desestabilizado por ser confrontado pela alegria daqueles que objetivamente ele considera como os explorados, e por menos que ele permaneça preso ao subjetivismo espontâneo que informa nossa visão imediata de nós mesmos e do mundo, ele só consegue se subtrair dessa dissonância por meio de falsas soluções verbais da "servidão voluntária", uma espécie de concentração de todas as aporias subjetivistas do livre-arbítrio, reveladas pelas situações de dominação "feliz". Como *querer* a servidão é, com efeito, uma pergunta que não admite outra resposta subjetivista senão a tautologia aberrante da servidão voluntária, encontra sua verdadeira chave no abandono dos pressupostos do livre-querer e na análise da produção institucional das normalizações alegres (Capítulo 7).

Antídoto da metafísica liberal

A posição do estruturalismo das paixões, portanto, só conjuga as estruturas e a ação individual (apaixonada) porque assassinou previamente o "indivíduo", mais precisamente, o indivíduo das ciências sociais mais obstinadamente individualistas, esse ser livre, soberano, autodeterminado e responsável – enfim, o sujeito, cuja restauração teórica jamais conseguiu se desfazer completamente de um pano de fundo de celebração moral. Nem de seus efeitos políticos. Político também é o ângulo do qual se pode vislumbrar a crítica conceitual do subjetivismo, perguntando a essas ciências sociais se elas têm a consciência de suas afinidades com a ideologia neoliberal, cujos enunciados mais fundamentais são por ela conduzidos, ao menos tacitamente. É necessária a ingenuidade epistemológica dos defensores mais rígidos da "vertente pura" para achar incongruente esse tipo de questionamento e acreditar ainda nas injunções weberianas à neutralidade axiológica, esse asilo da inconsciência política, quando *toda* posição em ciência social – mesmo, e até sobretudo, se ela assume a forma das mais abstratas tomadas de posição teóricas, como aquelas que exprimem certa visão bem geral do homem e das relações do homem e da sociedade – possui *necessariamente* uma carga política. E bastaria enunciar as "grandes hipóteses" com que diversas correntes da ciência social fazem suas postulações constitutivas, por exemplo, o *homo æconomicus* racional da ciência econômica neoclássica, o *homo donator* da teoria do dom, ou ainda o primado estruturalista das relações sociais, para perceber que a ciência social *é política*, mas evidentemente que de uma maneira muito mais sutil que o modelo de Andrei Jdanov do serviço comandado, isto é, sem ter nenhuma necessidade de estar formalmente imbuída de intenções políticas.

Mais do que sonhar com erradicações ou purificações impossíveis, as ciências sociais deveriam antes aprender, depois de ter, ao menos, refletido, a se combinar com sua parte política, uma vez que esta continua de toda maneira necessária. E também, inversamente, para situar adequadamente o plano de sua intervenção política quando não abdicar completamente do projeto de ter uma. A questão vale, *a fortiori*, para uma "ciência social filosófica" que não pode se apegar a qualquer coisa nessa matéria, salvo para se desviar gravemente. Seguindo a lógica, é no registro das abstrações categoriais que ela pode, em conformidade com suas próprias regras de desenvolvimento, produzir seus mais pertinentes efeitos políticos, e isso mesmo que esse registro pareça o mais escolástico e o mais distante das necessidades da "intervenção política", uma vez que essas categorias, em seu próprio retiro, revelam-se ao telecomandar silenciosamente nossos esquemas mentais e, em seguida, nossos esquemas políticos mais profundos – quem poderia defender, por exemplo, que a abstração filosófica do sujeito livre e responsável não recebe nenhuma incidência política e que, consequentemente, não há espaço aqui para a crítica filosófica fazer-se *ipso facto* política?

Por isso, é preciso entender que, não tendo de estar envolvida *imediatamente* em uma empresa política, uma ciência social filosófica não deixa de ter seus meios de intervenção e seus lugares também, sem dúvida longe da categoria das urgências, pois, se a julgarmos apenas por essa medida, ela parecerá evidentemente ridícula. Dentre suas tarefas próprias, está, por exemplo, questionar essas categorias abstratas que compõem a metafísica liberal, e é preciso mensurar o poder de informação de nossos discursos políticos, proporcional à sua própria abstração, esquemas tão poderosamente estruturantes que são desconhecidos como tais e gozam do estatuto de evidências fora de questão. Não está mais do que certo que o indivíduo decide livremente e governa soberanamente sua existência? Então, no outro extremo, é também evidente que ele deva contar consigo mesmo mais do que ser "ajudado" ou que acabe sendo responsável por estar desempregado. A ideia de uma sociedade representada como coleção atomística de indivíduos supostamente autossuficientes não acarreta, à distância, algumas consequências políticas? Se essa representação fosse substituída por outra, que mostrasse o indivíduo não como uma mônada, mas como *constitutivamente* ligado a seus semelhantes e propriamente incapaz de existir fora desse tecido relacional, isso não teria inversamente algum efeito?

Sem conceder nada de sua autonomia teórica – que certamente não deve ser compreendida como desligamento de todo exterior (principalmente político), mas como canonização de seus procedimentos intelectuais –, uma ciência social espinosista encontra aí precisamente seu plano particular de intervenção política. Liquidando o sujeito, mostrando-nos a série infinita de suas determinações de ação, tanto que ela arruína todas suas pretensões ao livre-arbítrio e à autodeterminação, ela destrói a base metafísica do pensamento liberal. É necessário, além disso, tomar consciência do grau em que seus oponentes persistem em contrariar o liberalismo, *mas de dentro da gramática (subjetivista) do liberalismo*, cujos pressupostos fundamentais, na verdade, eles compartilham inconscientemente, correndo o risco de ter perdido de antemão, para perceber como a radicalidade antissubjetivista do espinosismo é necessária para servir de antídoto. Sair verdadeiramente do liberalismo, que mantém essa resistência secular de estar tão profundamente instalado em nossas mentes, supõe, então, *também* pulverizar sua matriz metafísica e substituí-la por outra – poucas armas com potência suficiente para tal no mercado. E, se é preciso se afundar em uma ingenuidade idealista singular para imaginar que a mudança política possa ser simplesmente uma questão de lutas e de conversões metafísicas, seria preciso ser não menos negligente para ignorar o que suas condições de possibilidade devem à restauração de nossos subsolos mentais, mesmo que, na verdade, essas transformações respondam a temporalidades históricas bem diversas (Capítulo 8).

Prolegômenos a uma ciência social filosófica

Não sabemos o que é se mover, senão se movendo, diz o senso comum. Eis aqui o esboço de um movimento, nem totalmente linear nem totalmente contínuo, já que consiste em um conjunto de textos escritos independentemente, ainda que fortemente unidos por uma ideia condutora comum: um estruturalismo das paixões. Um movimento que, nessas condições, tem sua parcela de solavancos. Coletânea, e não tratado, não existe aí o curso perfeitamente estável da ordem demonstrativa, rio majestoso, mas tomado em sua própria linearidade e que não volta jamais sobre si mesmo – então, será que propor a parcela de repetição e de insistência, que combina com o gênero "coleção", como substituto da exposição *more geometrico* no desenho de uma figura teórica, um pouco à maneira como o pontilhado também tem a propriedade de figurar no lugar do traçado cheio, é fazer exageradamente da necessidade uma virtude?

Em todo caso, a proposição de um estruturalismo das paixões está ela própria fundada inicialmente na demonstração do que pode fazer: mostrar o jogo dos afetos e do desejo por toda parte na sociedade; pensar as ordens institucionais e suas crises; propor uma imagem não subjetiva do indivíduo. Tudo isso significa satisfazer o próprio critério da potência segundo Espinosa, que conduz sempre cada coisa à questão de saber o que ela pode, o que é capaz de produzir como efeito. Mas o que um pensamento pode, ele só pode com base em certas premissas, das quais se torna ciente. Sua parte de referências e de empréstimos já acaba de ser suficientemente indicada para que não seja necessário a ela voltar – antes que os próprios textos a realcem. Seria o caso, aqui, de algo transcendental, alguma coisa que teria a ver com as condições de possibilidade, cuja questão é quase imediatamente levantada quando se trata de mesclar as ciências sociais e uma filosofia do século XVII – a de Espinosa, como dito. Afinal, essa é uma mistura pouco óbvia, ao menos aos olhos dos hábitos disciplinares contemporâneos. Como toda prática de interseção, esse é o tipo de combinação destinada a encontrar o ceticismo dos dois lados, quando não uma hostilidade aberta. Uma "ciência social espinosista", já que é essa a prática teórica que está por trás da proposição de um estruturalismo das paixões, não é em si uma quimera, conjunção forçada e teratológica de duas naturezas incompatíveis? Insuficientemente filosófica para a filosofia, e demasiadamente para as ciências sociais, ela fica sem lugar próprio, *atopos*; na melhor das hipóteses, ela se abriga sob essa fórmula que sabemos que foi elaborada por Foucault (2008, p. 20), na tentativa de acabar com sua própria figura de autor, mas da qual poderíamos estranhamente fazer um viático, como nas vagabundagens disciplinares desejosas de enfim ter paz: "Não me pergunte quem sou e não me diga para permanecer o mesmo: é uma moral de estado civil; ela rege nossos papéis. Que ela nos deixe livres quando se trata de escrever".

Parece, no entanto, possível a uma ciência social espinosista sempre esperar que a paz dos sanatórios, e precisamente desse espaço, conseguisse também desobstruir a possibilidade de um lugar próprio. Um lugar que começaria desfazendo certas clausuras e liberando certas circulações, como aquelas, por muito tempo interditadas, que deixam novamente transitar entre filosofia e ciência social. "Novamente", porque houve um tempo em que a divisão do trabalho no campo do saber não tinha atingido a profundidade que conduziria ao isolamento de um domínio especial do homem e da sociedade, tomado não mais como parte do ser, mas como uma espécie particular de positividade. Mas essa cisão não parou jamais de ser vivida como secessão, com a força de arrancada de uma partida decididamente sem retorno; também a filosofia e a ciência social tomaram o partido de se tornar ostensivamente estranhas uma à outra.

Não há por que ceder a nenhum irenismo abstrato e de princípio: o caminho separado trilhado pelas ciências sociais lhes foi proveitoso – ainda mais por lhes ser constitutivo! E o jogo assumido da divisão do trabalho produziu todos os seus efeitos virtuosos, mas até certo ponto – provavelmente prestes a ser superado. As únicas relações preservadas entre filosofia e ciências sociais são de quase-ignorância para aquela e de objetivação sociológica (frequentemente estridente) para estas, sendo que nada poderia trazer a esperança de um mínimo sinal de boa vontade colaborativa. Enquanto isso, as ciências sociais se privam da potência conceitual da filosofia e se perdem em problemas teóricos que fariam rir esta última, quando a filosofia se reaventura no mundo histórico-social, mas geralmente sem a garantia de uma base positiva e mais frequentemente no modo da abstração distante da terra firme. Não seria o momento de terminar com essa separação, que entrou na região dos rendimentos decrescentes, quando os benefícios do cruzamento se tornam tão evidentes (Capítulo 1)?

Colocar uma ciência social sob a égide de um filósofo é, em si, a indicação suficiente de uma prerrogativa para uma renovação. Se ela tem de vencer a dobra dos hábitos disciplinares até então difíceis de desfazer, ela também tem a garantia de uma conjuntura intelectual cujas correntes estão prestes a virar, pois, considerando sua inadequação, as proibições são de uma eficácia tendencialmente decrescente – e depois, como sempre, as fronteiras longamente instauradas se tornam, malgrado sua defesa, apelos irresistíveis à ultrapassagem. Assim, as infrações se multiplicam: brechas abertas um pouco por toda parte, passagens clandestinas (que se divertem, aliás, em sê-lo) – e a proposição de uma ciência social espinosista é apenas uma dentre essas contravenções disciplinares agora decididas a ignorar as guaritas das fronteiras, desfiguradas em inúteis morros testemunhos.

Essa reviravolta não se deve apenas à ideia geral do que poderia resultar o trabalho combinado da filosofia e das ciências sociais para pensar "o mundo": ela se deve, sem dúvida, igualmente ao desejo de pensar uma *época*, pois há solicitações intensas que emanam do capitalismo globalizado hoje em dia, já que três décadas de exercício trouxeram efeitos evidentes e, por uma razão ainda mais forte, no momento em que esse capitalismo vive uma crise de magnitude histórica, que poderia provocar seu fim.[1] Ora, é próprio das enormes crises históricas – e a atual é uma delas, sem dúvida – romper o curso ordinário das coisas ao qual as especializações tranquilas eram adequadas, e fazer aparecer novamente apostas mais elevadas, que conduzam irresistivelmente a formas de redivisão do trabalho. É preciso, então, todo o poder de solicitação de um momento extremamente crítico para chacoalhar certos hábitos acadêmicos, relançar o jogo do trabalho teórico em novas direções, e assim fazer nascer uma conjuntura intelectual particular baseada em uma conjuntura histórica particular. Que a potência do pensar filosófico saia de seus textos e de suas glosas para mergulhar novamente na história, finalmente à maneira que Foucault sugeriu reler *Resposta à pergunta: O que é o iluminismo?*, de Kant, não é um acontecimento do qual mesmo as ciências sociais deveriam ter o que aproveitar?

---

1. Sem exagerar quanto ao que poderia acabar: a configuração neoliberal do capitalismo, no melhor dos casos, e não certamente o capitalismo em si.

PARTE I – Recruzamentos

1. Filosofia e ciências sociais:
RUMO A UMA NOVA ALIANÇA?*

Alguma coisa está acontecendo com as "Humanidades". Como é usual no campo do saber, os acontecimentos significativos estão relacionados a deslocamentos de fronteiras ou a novos recortes. Ora, percebe-se uma atividade nova na fronteira antes bem-vigiada entre a filosofia e as ciências sociais. Para ser mais preciso, se era outrora espaço de escaramuças recorrentes, o fato novo consiste em aproximações atuais que vêm se esboçando. A separação estrita teria se esgotado? É isso que se tende a pensar, tendo em vista a quantidade de trabalhos originários de um domínio que, entretanto, é levada a tripudiar sobre o outro. "Tripudiar" ainda não é o termo apropriado, pois não há nessas travessias nenhuma vontade de anexação ou de conquista, mas, sim, o desejo de fazer trabalhar em conjunto registros antes declarados radicalmente como estranhos um ao outro. Existe toda uma história de desconfianças e de exasperações recíprocas – que deveria ter um fim – entre, de um lado, filósofos cada vez menos dedicados ao comentário de textos e cada vez mais inclinados a pensar os objetos do mundo histórico-social e, de outro, pesquisadores em ciências sociais sensíveis à potência teórica dos conceitos filosóficos. Sem dúvida, o movimento é, por ora, minoritário, mas essas hibridações, que teriam há pouco passado por transgressões incongruentes, aparecem

---

* Este texto foi originalmente publicado nos *Cahiers Philosophiques*, n. 131, 2012.

mais e mais como uma forma evidente do trabalho intelectual, se se trata de pensar o homem e a sociedade.

O passado longo e pesado contra o qual essa nova "evidência" precisou, todavia, ser conquistada é, em si, um indício do "acontecimento" em que consiste o repovoamento da interface por tanto tempo abandonada entre filosofia e ciências sociais. E se não é evidentemente possível ou mesmo útil se lançar em uma exaustiva revisão de todos esses trabalhos, tamanha sua diversidade, ao menos se pode sublinhar como sua multiplicação poderia abrir uma conjuntura tão inédita quanto promissora no campo das "Humanidades". Aliás, partindo dessa própria diversidade, é possível encontrar um argumento a mais em favor desse diagnóstico de uma nova conjuntura, pois a acumulação desses trabalhos de forma alguma configura um único programa de pesquisa – mesmo que definido com flexibilidade, como pôde ser em seu tempo o "estruturalismo". É, antes, uma "maneira de fazer", outrora proibida, que está em vias de afirmar sua possibilidade sobre as "questões humanas e sociais".

Pela lógica, uma convergência procede de um duplo movimento simétrico: é a partir da filosofia ou ainda a partir das ciências sociais que se efetua o encaminhamento em direção à sua interface. E a convergência toma um sentido diferente para cada um dos pontos de partida disciplinares possíveis. Ela evidencia toda vez a situação particular do domínio de origem, destaca peculiaridades, tensões e relativas ausências, precisamente aquelas que justifiquem que algumas, de dentro de seu campo, caminhem até seu limite. Esta obra pretende narrar o movimento em direção à fronteira, partindo do território das ciências sociais, do ângulo particular da língua das ciências sociais, do modo como ela aparece, em seus usos esotéricos, assim como naqueles vulgares, reveladora de dificuldades internas cuja resolução leva a reencontrar a filosofia. As ciências sociais conhecem, assim, uma situação epistemológica (expressa nas tensões que atravessam sua língua e seus usos linguísticos) que, sem merecer a qualificação de "crise", vocábulo vulnerável a muitos abusos, testemunha uma perda relativa de dinamismo, que poderia ser superada nessa nova conjuntura, se ela se confirmasse, precisamente enquanto se lhe abre a possibilidade de uma religação com a filosofia.

As ciências sociais em busca de uma diferença linguística

Talvez seja por meio de seus usos vulgares que melhor se conheçam as propriedades reveladoras da língua das ciências sociais. Na verdade, não há um pesquisador em ciências sociais que, abandonando o conforto da comunidade acadêmica para se dirigir aos não iniciados, não tenha tido a experiência da incompreensão, das recriminações por causa de seu "jargão" ou de seu "hermetismo", ou seja, a experiência do ressentimento linguístico. Obscuridade, pedantismo, gosto bizarro pelo incompreensível, dissimulação do vazio do pensamento pela proliferação obtusa, sofisticações ocas, jogos de linguagens intransitivas ("masturbação de intelectuais"): seria preciso se dedicar à recensão dos tópicos da reprovação profana direcionada ao discurso de ciência social, tais que o desenvolvimento das formas (mentirosas) da interatividade autorizadas pela internet lhes tornou tardiamente visíveis – e antes daqueles aos quais elas se dirigem. É que a "tribuna" ou o "ponto de vista" majestosamente publicado nas colunas do *Le Monde* ou do *Libération* podia, na época do papel, permanecer no confortável sentimento da unilateralidade magistral – no melhor dos casos, discutia-se com os pares nos corredores da Ehess,* isto é, com a subamostra marginal cujo *habitus* linguístico estava mais de acordo com o do autor e menos suscetível à reação sentimental, mas sem a menor ideia do efeito produzido nos leitores ordinários, cujas exasperações permaneciam completamente privadas. Todos esses incômodos, outrora invisíveis, sucedem-se agora na extensão de "comentários" nos fóruns abertos em *sites* de imprensa, tipicamente um dos principais lugares onde se efetua (nas piores condições) o "encontro" com "o público", e imaginamos que certos intelectuais, acreditando se entregar à pura alegria da publicação midiática, levaram um tombo ao descobrir o que "seus leitores"[1] pensavam realmente deles.

---

* Sigla de École des Hautes Études en Sciences Sociales. [N.T.]

1. Evidentemente com todos os extraordinários desvios de representatividade que necessariamente mancham as amostras de comentários publicados na sequência de um artigo.

Não é a legitimidade nem a ilegitimidade desse ressentimento linguístico que está aqui em questão, mas, antes, o fato de que apenas o discurso de ciências sociais (*lato sensu*) tem o dom de suscitá-lo a esse ponto. Durkheim e, mais tarde, Bourdieu já tinham amargamente constatado essa fatalidade social da ciência social, única ciência a atrair para si o *quolibet* ou a reprimenda por sua maneira de dizer, e finalmente a se ver negando sua qualidade de ciência. "Eu vivo na sociedade, e não sou menos informado nem menos conhecedor que o especialista para discuti-la", acredita poder contestar com todo direito o não especialista, deixando, então, aparecer com evidência o duplo defeito de diferenciação legitimadora da ciência social: ela fala de coisas comuns com a língua comum.

Diremos, no entanto, que há uma diferença linguística – precisamente, na origem do ressentimento, mas este a toma por uma diferença fraudulenta e redundante, uma diferença artificialmente armada para mascarar uma banalidade de fundo. Nem a ciência social consegue jamais dissipar completamente a suspeita de que seu esoterismo é falso e que é, ao fim e ao cabo, uma construção destinada a fazer esquecer sua natureza fundamentalmente ordinária. A ciência social é, desse modo, sempre suspeita de cultivar o obscuro por causa desse único motivo de ser, na realidade, muito simples. Com efeito, não imaginamos um ouvinte profano do curso de topologia algébrica no Collège de France interpelar o orador para solicitar maldosamente que "seja mais claro" ou que se esforce para "ser compreensível" e "falar como todo mundo". Justamente, a matemática não fala como todo mundo, e isso todo mundo sabe. Sua diferença específica está espetacularmente inscrita em uma língua idiossincrática que conduz firmemente cada um à alternativa irrevogável de aprender a falá-la (por quem deseja tomar a palavra legitimamente) ou de se calar. Poderíamos dizer o mesmo de uma partitura musical, que também não pareceria a ninguém passível de crítica por causa de seu hermetismo, uma vez que é reconhecido por todos que a música é escrita na língua particular do solfejo, e que é necessário falar essa língua para ter o direito de se pronunciar (independentemente, é claro, da música ouvida). Podemos ainda estender o argumento até seu extremo: a todo mundo pareceria um absurdo interpelar um estrangeiro que só fala sua própria língua para lhe pedir que abandone suas construções incompreensíveis e se exprima um pouco mais claramente usando o nosso idioma.

Mais do que qualquer outra prática, a ciência em geral imprime de modo fenomenal sua diferença na língua ou, antes, em uma língua, uma língua especial. Em conformidade com a metáfora de Galileu do livro, as ciências da natureza são faladas no idioma matemático, cuja complexidade é suficientemente grande e, sobretudo, suficientemente conhecida para que ninguém ignore tudo o que custa para nela adentrar. É preciso, assim, ter a honestidade de admitir, ainda que incomodamente em tempos democráticos, que essa difícil diferença linguística e a barreira que ela institui *ipso facto* de entrada funcionam como um verdadeiro princípio de exclusão, cuja fórmula canônica se encontra em "Quem não é geômetra não entre!", de Platão. A verdade política interna da ciência é que ela não é democrática – e não é por acaso que ela se reconhece tão bem nessa prevenção platônica. Desse modo, a ciência deve confessar sua constituição fundamentalmente elitista e "aristocrática" – o que não quer dizer, mesmo em época democrática, ilegítima. Por acaso, a verdade política interna da ciência ser "aristocrática" não contradiz em nada o fato de que sua verdade política externa deva continuar democrática. Isso significa, de um lado, que nada é mais abusivo do que a ideia de uma epistemocracia e, de outro, que nada é mais imperativo do que a difusão da ciência e suas reapropriações cidadãs ativas, cada vez que considerações científicas entrem em uma decisão política (quer se trate dos organismos geneticamente modificados, da energia nuclear ou da política monetária). Em todo caso, talvez mais do que para qualquer outro campo do saber, o fechamento sobre si mesmo que está no princípio da constituição dos universos científicos[2] funcione como peneira, e poderíamos com um golpe certeiro lhes estender a ideia de "direito de entrada" com o qual Gérard Mauger resume a problemática do acesso seletivo aos universos artísticos, tanto uns quanto outros se instituindo sobre um esquema

---

2. Sem esquecer a circunferência particular com que se figura esse fechamento, especialmente que seu perímetro não se restringe às fronteiras do mundo propriamente universitário.

separador, chamado a diferenciar aqueles que fazem a demonstração de sua capacidade para adquirir o direito de entrada dos outros – que serão rejeitados (Mauger 2006).

Em meio às representações mais estereotipadas e mais encantadas da vocação científica, é bem provável que o impulso passional do pertencimento a uma elite reservada aí esteja, ao menos tanto quanto o amor puro da verdade ou a inclinação espontânea pelo conhecimento na qual supostamente reconheceríamos o *ingenium* do sábio. Como o próprio nome indica, a *libido sciendi* é justamente desejo, e até complexo de desejos, porém, menos explosão inata pela verdade que, por exemplo, desejo de colocar o mundo em ordem pelo pensamento e de resistir à submersão angustiante do caos; ou, ainda, desejo escópico, isto é, pulsão de curiosidade original, mas adequadamente sublimada; enfim, desejo da eleição e do pertencimento especial. Juntar-se ao grupo dos iniciados e, assim, distinguir-se da massa profana é um dos benefícios afetivos bem concretos, e sem dúvida bem determinantes, do engajamento em ciência. De acordo com Durkheim, em *As formas elementares da vida religiosa*, se a operação simbólica da cisão que separa iniciados e profanos é formalmente a do sagrado, então, a vocação científica é, sem dúvida, isomorfa em relação à vocação sacerdotal, ela própria a forma canônica de todas as vocações. Como em todos os campos em certa medida, a economia social do campo científico é, portanto, uma economia da clausura. E, se ela pode tomar por justificativas racionais (bem-fundamentadas) a lógica prática da divisão do trabalho e da especialização e a lógica linguística das categorias comuns como estenografias geradoras de economias de tempo, sendo uma só palavra que concentra um complexo de significações e de referências conhecidas por todos, para o que seriam necessárias horas de explicações (desdobramentos) a um não especialista, podemos ao menos supor que ela demonstra engajamento bem mais pelos impulsos afetivos da eleição distintiva que pela adesão racional a suas propriedades funcionais.

O caráter linguístico da eleição e do pertencimento ao corpo dos iniciados é talvez o mais potente de todos, ao menos o mais imediatamente perceptível aos profanos, como testemunha a iconografia popular, especialmente midiática, da ciência, que frequentemente representa o sábio acompanhado dos signos de sua língua especial – lousa repleta de equações, telas exibindo curvas estranhas etc.: o esoterismo legítimo da ciência começa primeiramente por manifestações semióticas e linguísticas. Que esse esoterismo seja legítimo se deve ao fato de que nenhum profano pensa em degradá-lo pejorativamente como "jargão" – nunca ouvimos que as matemáticas que fazem falar a física são "jargonescas". Sabe-se que se trata de uma outra língua, e mesmo de uma língua *manifestamente* outra, diferente daquela comum e por esta ignorada, de onde advém o único direito de aprendê-la ou de se abster.

Disso resulta o problema dos discursos especializados proferidos em língua natural, ou seja, em uma língua que não é manifestamente outra – que tem, até, todas as aparências da língua comum. Visto que os discursos das "Humanidades" não possuem essa diferença linguística manifesta, tal que molda profundamente o julgamento epistemológico espontâneo do público, eles estão constantemente expostos a uma suspeita de impostura, cujo ressentimento linguístico constitui seu vértice agudo – recriminação da ideia de que do pensamento ordinário se liberou uma forma extraordinária, e que a inflação linguística dissimula valores reais depreciados. De todos esses discursos, o da filosofia é talvez o mais relativamente protegido, capaz de manter sua legitimidade ao afirmar a natureza bem particular dos objetos de que trata: os objetos da metafísica, o ser, Deus, a alma, a eternidade, as essências, a verdade etc. – ainda assim, ela novamente se arrisca quando se torna filosofia política ou filosofia moral, e com isso se aproxima dos assuntos ordinários.

Já as ciências sociais não têm escapatória. Ao tratar de coisas comuns na língua comum, elas não garantem na aparência nem a diferença objetal nem a linguística – e, salvo os efeitos de autoridade produzidos por suas instituições (o Conselho Nacional de Pesquisa Científica, a universidade), sua qualidade de ciência está, por essa razão, sujeita incessantemente a garantias, como atestam as inúmeras contestações profanas de que são regularmente alvo, impensáveis para as outras ciências (duras). Sob pena de jamais se fazer entender pelo público nesse ponto, as ciências sociais têm, ao menos para si mesmas, o interesse de esclarecer a "questão linguística", da mesma maneira que, depois de Durkheim, ou depois da releitura de Bachelard por Bourdieu, Chamboredon e Passeron (1999), elas tinham esclarecido a questão do objeto, precisamente ao explicar que, contrariando as aparências, o objeto das ciências sociais, produto de uma construção particular como objetos de ciência, *não são* aqueles da experiência imediata do mundo social. A questão objetal decididamente fornece um modelo de solução do qual a questão linguística poderia fazer uso, já que, nos dois casos, trata-se de contradizer as aparências, e mais precisamente as aparências de assimilação a registros comuns (registro de objetos, registro de língua).

A economia como fantasmagoria linguística

Em todo caso, as ciências sociais só têm duas soluções de demarcação linguística com a língua comum. A primeira é tão radical que acaba negando o próprio problema, já que consiste em adotar a solução das ciências da natureza, deixando pura e simplesmente que a ciência social fale a língua dos matemáticos. Evidentemente, "a ciência social" como um todo não poderia se render a isso nem teria os meios para tanto e, retomando o plural, apenas uma *das* ciências sociais julgou por bem ceder à tentação de sair "por cima" e de se lançar nessa aventura: a economia, é claro. Para escapar à assimilação comum, o melhor meio não seria recusar a própria língua comum? Sem dúvida, seriam necessárias condições epistemológicas particulares para tornar admissível essa solução fantasmagórica – que não se entenda aqui que a matematização seria por princípio inepta em economia, evidentemente não, pois ela até presta excelentes serviços, desde que se esteja, nesse sentido, de acordo sobre sua verdadeira natureza e que se meça com justeza sua importância; mas a fantasmagoria advém da ideia de que o discurso da economia poderia ser *inteiramente* solúvel na formalização. A economia julgou encontrar essas condições na constituição quantitativa de seu domínio de objetos: tendo de lidar com volumes e preços, ela se viu como ciência das relações sociais numeráveis e se considerou, assim, benemérita do regime da ciência galileana; logo, ela falaria em língua matemática. Tal característica objetiva – a economia lida com quantidades – acabou, então, superinvestida pelo desejo epistemológico ao qual ela parecia oferecer sua participação: o desejo de fazer ciência (Lordon 1997) e de ser assimilada, precisamente por meio da matematização, ao regime geral da "ciência dura", único meio de escapar da cientificidade diminuída da ciência mole, da ciência falastrona, a ciência social.

Geralmente agredidos pela arrogância da ciência econômica, os pesquisadores das outras ciências sociais certamente não fazem ideia das angústias epistemológicas profundas escondidas sob esse desdém, visto que a ideia que os economistas têm de sua cientificidade, indo do desejo violento de uma identidade de "verdadeiros cientistas" à suspeita secreta de sua própria impostura nesse quesito, é um motivo de inquietude permanente e de discursos muitíssimo sintomáticos. Assim, na ocasião do quinquagésimo aniversário da *Revue Économique*, foi possível ouvir uma das mais importantes autoridades acadêmicas da disciplina recuperar a antinomia da "economia científica" e da "economia literária", tendo como testemunha incontestável Paul Samuelson, prêmio Nobel de economia e notável precursor de sua vertente matemática, que fez uma dessas considerações de autodepreciação fingida (nas quais reconhecemos os verdadeiros argumentos), segundo a qual ele "preferiria exercer a economia literária, mas [que ele não era] suficientemente inteligente" (Guesnerie 2001). Na verdade, essa brincadeira vai muito além da falsa humildade de um profissional bastante consagrado, perfeitamente seguro de sua legitimidade, e poderíamos encontrar aí também vestígios dessa construção social e escolar em que consiste o combate entre "cultura científica" e "cultura literária" (*ibidem*, p. 1.060), especialmente fervoroso na França, onde suas diferenças estão inscritas na concorrência às "vagas superiores" – as "*khâgnes*" contra as "*taupes*"* e a Escola Normal

---

* Os dois termos são gírias que designam, respectivamente, as turmas preparatórias para a Escola Normal Superior e a Escola Politécnica. Primeiro, teria sido usada a expressão *taupe*, no século XIX, em referência possivelmente à cega voracidade com

Superior contra a Escola Politécnica –, a vantagem historicamente passando à segunda, com a vitória da "seleção pela matemática", jamais tendo absorvido completamente um resquício do complexo de incultura diante da primeira; e essa tensão é particularmente sensível no caso da ciência econômica, ciência de fatos históricos e sociais, mas inteiramente nas mãos dos engenheiros sem cultura histórica nem social.[3]

Porém, a antinomia da "economia científica" e da "economia literária" também carrega uma antiquíssima interrogação epistemológica quanto ao grau de confiança merecido pela argumentação em língua natural. Para as mentes formadas na "cultura científica", nada mais suspeito, *a priori*, que conclusões alcançadas fora do enquadramento da lógica formal (ou do cálculo analítico), concebido como único capaz de prevenir os argumentos falaciosos e os efeitos capciosos da eloquência. Suscitando ao mesmo tempo a gozação pela "conversinha fiada" e, contraditoriamente, o medo de acabar ela própria aprisionada, a língua natural, do ponto de vista da "cultura científica", está sempre sob a suspeita de ser intrinsecamente mentirosa e sofista por natureza. Mesmo o arquétipo do diálogo platônico, que se mostra, no entanto, como o antídoto aos devaneios retóricos, não será capaz de desfazer esse sentimento de desconfiança no que diz respeito aos enganos da língua – não consideramos Sócrates alguém que desoriente todos os seus contraditores e que os conduza através de percursos trilhados à sua vontade, exatamente até onde ele deseja, numa demonstração de prestidigitação verbal que faz confusamente nascer a suspeita do abuso? A própria filosofia acabou validando a dúvida crônica inspirada por seu próprio idioma e, desde a característica universal de Leibniz, pensada como projeto de uma sintaxe infalível da razão, até a filosofia analítica que se propõe a erradicar os falsos problemas, situados todos eles nas dobras da

---

que o animal de mesmo nome, a toupeira, cava sob a terra sem parar, analogamente aos intensos esforços daqueles que estudam matemática. Depois, os alunos assim designados teriam criado a gíria correspondente aos alunos que escolheriam os cursos de humanidades e que seriam, segundo eles, *khâgneux* (ou *cagneux*), isto é, com pernas ou joelhos tortos. [N.T.]

3. Exceto, evidentemente, aquela que os indivíduos acham que devem construir por si mesmos.

linguagem, a ideia de que o risco da desorientação já esteja implicado na armadilha das palavras produz seus efeitos muito além do núcleo duro da "cultura científica". Para impressionar mentes tão fragilizadas e marcadas pela angústia epistemológica não se precisaria mais do que as mentes dos economistas. Julgando-se autorizada pelo teor quantitativo de seus objetos, também a ciência econômica escolheu desviar-se para longe das decepções da língua natural pela formalização matemática, única apta a garantir a correção dos raciocínios.

Aliás, essa escolha é bem mais que um desvio: talvez fosse melhor falar de repúdio. Só se explicaria assim o ódio infalivelmente despertado pelos trabalhos destinados ao registro da "economia literária" (com todos os subentendidos possíveis): esforços vãos de literatos deslocados, estrangeiros em seu território e ignorantes do jogo que se joga realmente. E também não seria compreensível a preferência pela indigência linguística da maioria dos trabalhos acadêmicos dos economistas, escolha deliberadamente consentida, que nem sequer é feita por obrigação, para melhor exprimir a distância de toda investida capciosa, implicitamente denunciada por uma sequidão de linguagem ostensivamente reivindicada, e que assume a vocação de significar que a verdadeira ciência se abstém de frases de efeito. Isso é verdade: um vocabulário com 300 palavras é amplamente suficiente para concatenar equações e gráficos. Sem que soe excessivamente descortês, às vezes, parece que se tem a impressão de que a redação de certos artigos, uma vez inseridos os dados e a estrutura do modelo matemático, poderia ficar a cargo de um sistema de escritura automático mais ou menos sofisticado – esse efeito intrínseco de indigência é, até mesmo, potencializado pelo efeito extrínseco de convergência, vinculado ao processo de internacionalização da ciência, rumo a um idioma inglês degenerado, como esse pequeno "manual" que o Iiasa,[4] lugar arquetípico da "ciência internacional" (e "interdisciplinar"), colocava à disposição de seus visitantes e que lhes propunha uma bateria de fórmulas padronizadas (agradecimentos, introdução, frases de transição, ligações

---

4. International Institute for Applied Systems Analysis, em Laxenburg, Áustria.

entre as equações, conclusões) de uma pobreza abissal, destinadas a lhes ajudar na redação de seus artigos em "inglês". Em todo caso, estaríamos muito enganados em ver nessas disputas "literárias" unicamente a expressão de preferências pessoais e das irritações que as acompanham. Existe certamente espaço para disputar gostos e cores nesse assunto, pois, longe de serem pinicadas superficiais, são o sintoma de um problema bem mais profundo, e as apostas estilísticas exigem que sejam vistas como o epifenômeno de apostas epistemológicas de primeira grandeza.

A questão da língua e de seus usos não tem, portanto, nada de secundário, já que concentra em si quase exclusivamente a ideia que os economistas têm de sua disciplina – e os problemas que tal ideia não cansa de colocar (Lordon 2012). As outras ciências sociais também têm os seus, mas dialeticamente opostos. Em um universo de objetos considerados principalmente qualitativos, inadequados, em uma primeira aproximação, à matematização (ou, então, à sua forma mais fraca, isto é, o mero tratamento estatístico) e, além disso (e pior), extraídos da vida social comum, as ciências sociais sofrem por aparentemente não ter, nem em suas palavras nem em suas coisas, nada de *extra-ordinário*. É preciso ler esse termo do modo mais literal possível e sem lhe acrescentar a menor entonação sensacional, mas é preciso lê-lo como o lembrete de que o discurso da ciência não tem nenhuma legitimidade, nem mesmo simplesmente razão de ser, se ele não se separa do discurso ordinário e não sabe dizer outras coisas, diferentes daquelas comumente ditas. É preciso, então, perguntar-se se, graças ao seu indispensável apoio, o cotejo de informações, o trabalho estatístico e a manifestação empírica dos fenômenos produzem toda a diferença possível – ou se não restaria à própria língua das ciências sociais exercer esse papel.

A língua dos conceitos

Porém, se essa língua, seguindo a lógica, não é a língua matemática, fantasma linguístico abandonado à ciência econômica, o que poderia ser?

E, sobretudo, como ela pode explicar que, pelo fato de proceder da língua natural, ela nem por isso se assimila à língua comum, quer dizer, que ela é autenticamente uma língua idiossincrática? A língua da ciência social só encontrará essa especificidade, evidentemente, se for uma língua de teoria, ou seja, uma *língua de conceitos*. A ciência social parece, assim, condenada a esse regime da demarcação sutil, pois, da mesma maneira que seus objetos (construídos) diferem apenas sutilmente dos objetos da apreensão espontânea do mundo social, sua língua tem a aparência da língua comum, sem, no entanto, confundir-se com ela. A língua da ciência social fala os conceitos. E, na verdade, só cabe a uma língua de teoria criar algo a mais de *extra-ordinário* que o trabalho empírico sozinho não é capaz de criar.

Ora, um olhar retrospectivo para a história contemporânea das ciências sociais, ainda que de relance, sugere que a conceituação perdeu seguidores. As décadas de 1960 e 1970 da "alta teoria" conheceram uma retração singular, e os padrões da sociologia, da ciência política ou da antropologia mudaram sensivelmente: a paciência do trabalho de campo, as longas imersões, a coleta de informações qualitativas por meio de entrevistas, de enquetes estatísticas aprofundadas, todas essas ferramentas, que evidentemente não são de hoje, ganharam, entretanto, uma importância crescente e progressivamente destituíram tanto o trabalho conceitual quanto a produção de audaciosas conjeturas teóricas. Seria necessário considerar essa "guinada empírica" no panorama de um movimento reacionário que "corrige" os "excessos" (?) dos anos "estruturalistas"? Ou, antes, é necessário invocar os efeitos de normalização internacional das ciências sociais sobre os padrões positivistas do mundo anglo-saxão? A sociologia de Pierre Bourdieu sempre se esquivou dessas antinomias, como a da "teoria e empiria", tão malconstruídas em princípio quanto estruturantes na prática do trabalho em ciências sociais. Mas se tratava da sociologia ou, mais precisamente, da prática sociológica de Pierre Bourdieu. E, salvo algumas exceções semelhantes em gênero, somos forçados a constatar que a produção propriamente teórica em ciências sociais mudou de regime e, no mínimo, reduziu sua atuação. Ora, é *também* nesse registro, e não apenas na análise das coisas empíricas, que reside sua possível diferença específica, ao menos aquela passível de virar língua.

Sem dúvida, é preciso vencer a reticência espontânea que, ao ouvir "conceito", entende "filosofia" e, consequentemente, incomoda-se com essa grande involução: as ciências sociais se originaram da filosofia e por nada nesse mundo saberiam retornar à origem. A própria filosofia não faz nada para desfazer essa prevenção, muito pelo contrário, como, por exemplo, Deleuze, que faz do conceito sua prerrogativa por excelência, tentando a filosofia se redefinir não mais por meio de seus objetos, mas da própria atividade de criação de conceitos (Deleuze e Guattari 1992). Portanto, os "conceitos" à filosofia e as "funções" à ciência, de acordo com uma divisão na qual Deleuze e Guattari, sendo levemente hipócritas, pedem para que não se veja nenhuma hierarquia de dignidade. Mas, durante sua exposição, as ciências sociais são desencorajadas de se apropriar do conceito, apresentado como a própria arma da problematização *filosófica*, numa concepção da filosofia completamente tética, que procede por *posições*,[5] até mesmo por posições *unilaterais* de problemas fundamentalmente incomensuráveis, que só cedem espaço a operações de caráter criativo ou de reapropriação única (sempre deformadora), e não à discussão (da qual sabemos que Deleuze tinha horror), reduzida ao absurdo de um perfeito contrassenso: "É inútil perguntar se Descartes tinha ou não razão" (*ibid.*, p. 40) – e facilmente imaginamos o que as propostas de releitura neurobiológicas intituladas *O erro de Descartes* ou *Espinosa tinha razão* (Damasio 1994 e 2003) teriam inspirado aos autores de *O que é a filosofia?*.

Seria necessário casualmente sublinhar o que essa posição filosófica da unilateralidade tética deve à separação da filosofia e da ciência, pois é plenamente verdade que os filósofos clássicos refutam uns aos outros. Os cartesianos, por exemplo, assumem um problema comum, aquele

---

5. Analogamente à coletânea *Posições*, de Louis Althusser, que, com esse título, reivindica do mesmo modo explícito essa postura da filosofia.

da união da alma e do corpo[6] e, por mais radicalmente diferentes que sejam suas respectivas ontologias, suas discussões diretas, entretanto, testemunham seu mútuo pertencimento a um plano de comensurabilidade. É a separação das ciências e da filosofia (na qual as primeiras vinham originalmente categorizadas como filosofia(s) da natureza) que opera como que uma nova divisão da comensurabilidade e da incomensurabilidade, praticando, de um lado, a refutação – logo, a crítica mútua –, o próprio motor da ciência e o princípio organizador de seu campo de saber e, de outro lado, oferecendo à filosofia amputada o registro tético (a redobra?) dos problemas incomensuráveis e das posições unilaterais. Enquanto a filosofia clássica, ainda indiferenciada da ciência nascente, discutia, a filosofia moderna, separada das positividades, pode se tornar, se quiser, emissão unilateral – ela nem sempre quer, e as controvérsias filosóficas estão longe de se extinguir,[7] mas, se a posição deleuziana é provavelmente minoritária, é, ao menos, possível. Assim, portanto, as relações da filosofia com os problemas, os conceitos e a discussão estão subterraneamente vinculadas às suas relações com a ciência.[8]

O fato de Deleuze destinar a ciência às "funções" e fazer dos conceitos a expressão mesma dos singulares problemas filosóficos, cada qual, por natureza, monadicamente fechado em sua autossuficiência e encerrado em seu plano próprio, sem comunicação necessária com os outros, não torna, todavia, incontestável a captação exclusiva dos conceitos pela filosofia, nem indestrutível sua ligação com a pura atividade de criação tética – maneira de apresentar que pode nos fazer muito bem vislumbrar que Deleuze conheça um tratamento semelhante àquele que ele próprio aplicou jocosamente aos autores de sua história da filosofia: usos

---

6. Seguimos aqui totalmente Pascale Gillot, que define precisamente o cartesianismo por esse problema em contrapor as respostas antagonistas trazidas por Descartes, Malebranche, Espinosa e Leibniz – e podemos, sem contradição, dizer que os três últimos são cartesianos firmemente contrapostos a Descartes (ver Gillot 2007).

7. De maneira significativa, elas são especialmente intensas no campo da filosofia analítica, que reproduz mais fielmente o modelo discursivo da argumentação científica.

8. Para uma elaboração bem mais ampla sobre o tema do "problema" em filosofia, ver Chottin (2009 e 2010).

revirados, subversões não autorizadas, idas e vindas flagrantes.[9] Fiel a seu "ensinamento" e a suas próprias palavras, eis aí o filho que sugerimos lhe fazer pelas costas: não, o conceito não é exclusivo da filosofia; não, as ciências sociais não são dependentes da "função" e podem reivindicar isso em seu jogo (elas até sentem uma necessidade urgente disso através do tempo que passa); mas, sim, é justamente a filosofia que deve ser reconhecida como produtora (no mais alto nível) de conceitos; e, sim, é consequentemente inevitável se dirigir a ela quando esse é o ponto. Ainda que, depois de um longo passado de relações tumultuosas, as ciências sociais só tivessem a ganhar se falassem de novo com a filosofia. Elas ganhariam ainda mais se, voltando à questão da língua, o conceito fosse reconhecido como o meio por excelência para lhes atribuir sua diferença epistemo-linguística e, sobretudo, para fugir da infernal antinomia "matemática ou conversa fiada". À meia distância da formalização matemática que lhes é inadequada[10] e do discurso tresloucado ou da divagação poética, as ciências sociais podem descobrir no conceito um dos meios de afirmar seu "pertencimento ao gênero ciência",[11] isto é, uma modalidade (linguística) específica de fazer ciência que não para diante da singular língua positivista do comentário de dados.

Filosofia, ciências sociais: Uma história litigiosa a ser liquidada

Retomar a relação com a filosofia, pela qual poderia se afirmar uma modalidade de cientificidade que lhes fosse própria, não significa recair sobre nenhuma fatalidade involutiva que veria as ciências sociais reenfrentarem

---

9. "Mas minha principal maneira de me safar nessa época foi concebendo a história da filosofia como uma espécie de enrabada ou, o que dá no mesmo, de imaculada concepção. Eu me imaginava chegando pelas costas de um autor e lhe fazendo um filho, que seria seu e, no entanto, seria monstruoso" (Deleuze 1992, p. 14, mas a citação foi extraída de "Carta a um crítico severo", que data de 1973).
10. O que, dito de modo superficial, não exclui que ela seja pontualmente praticável.
11. A expressão é de Alain Boyer.

o demônio da especulação sem objeto, e isso exatamente porque a ruptura fracassada pela qual se separaram da filosofia, o século de afirmação de seu pertencimento ao pensamento científico, pela constituição de um domínio de objetos próprios, o desenvolvimento de métodos empíricos particulares e a aceitação geral do jogo da refutação mútua positivamente controlada estabeleceram irreversivelmente seu estatuto epistemológico. Teríamos, então, o direito de pensar que, se elas fossem um pouco mais confiantes em si mesmas, as ciências sociais não deveriam ter nenhuma razão para temer essa retomada com a filosofia. Plenamente conscientes de sua situação histórica, elas poderiam até se entregar a um tipo de dialética em cujo fim, como o tempo da inclusão (na filosofia) e da inexistência própria, terá sido seguido por aquele da separação constitutiva e do repúdio ostensivo. Este último poderia agora ser ultrapassado em direção a uma relação mais equilibrada, na qual, seguras de sua positividade, as ciências sociais pudessem se voltar à filosofia e tirar o melhor proveito de sua potência conceitual. Em certa medida, poderíamos atribuir a uma particularidade institucional histórica – a inexistência de departamentos de sociologia nas universidades – o fato de que a ciência social mais criativa, pelo menos no caso da França, veio de indivíduos que tinham em comum uma formação filosófica de primeira linha: Durkheim, Mauss, Lévi-Strauss, Bourdieu e também, se quisermos, Canguilhem e Foucault; e tal fato, que não é casual, mereceria talvez ser debatido no momento em que as ciências sociais, em um excesso extremo, parecem abandonar a teoria exclusivamente pela estreita segurança do trabalho empírico.

Sem dúvida, é certo que essa reaproximação supõe liquidar uma história longamente conflituosa que, longe de se resumir à violência da secessão original, foi prolongada por muito tempo, como geralmente acontece entre conjuntos de saberes muito próximos para não serem concorrentes, em uma sucessão de reivindicações hegemônicas e de contra-afirmações reacionais. Seguindo a lógica, a emergência das ciências sociais só aprofundou a ruptura kantiana pela qual a própria filosofia tinha não apenas efetuado, mas pronunciado, sua exclusão do domínio das positividades. Declarando (prematuramente, sem dúvida) o fim da era metafísica (e sistemática) e o monopólio reconhecido da ciência sobre o domínio empírico, a filosofia assumiu desse modo o papel residual de guardiã das fronteiras e do transcendental, mais tarde de vigilante da correção dos problemas. Na época kantiana, entretanto, restavam ainda alguns bons bocados: a consciência, a história, a atividade... mas que as novas ciências, precisamente as ciências sociais, vieram por sua vez surrupiar. O que poderia restar à filosofia nessas condições? Se acreditarmos em Bourdieu, nada mais, a não ser a ladainha ressentida dos despossuídos – e a possibilidade de realizar de fora a crítica, desconstrucionista, por exemplo, das ciências sociais, agora discurso hegemônico sobre a condição humana: "A filosofia europeia, ao menos a partir da segunda metade do século XX, não parou de se definir contra as ciências sociais, contra a psicologia e, sobretudo, contra a sociologia" (Bourdieu 1989a). E Bourdieu, de considerar à parte filósofos como Foucault ou Derrida, que "conferiram um novo vigor (...) à velha crítica filosófica das ciências, e das ciências sociais em particular, e favoreceram, sob a chancela da Desconstrução e da crítica dos textos, uma forma um tanto disfarçada de niilismo irracionalista" (*ibid.*). É preciso reconhecer que não se encontra objetivamente algo que chame a atenção na conjuntura intelectual da época que possa dissuadir Bourdieu de se exprimir dessa maneira. As relações da filosofia e das ciências sociais são bem aquelas que ele descreve, à imagem dessas dinâmicas reacionais da reciprocidade negativa em que os erros atraem os erros: assim, à emancipação das ciências sociais e, depois, à sua afirmação hegemônica, responde a reação filosófica crítica e desconstrucionista, à qual responde a contracrítica bourdieusiana, a qual, suprema humilhação, pretende fazer dos filósofos e da filosofia... objetos da sociologia.

O desentendimento bourdieusiano

Evidentemente, o momento bourdieusiano é uma espécie de clímax nas relações epidérmicas da filosofia e da sociologia, no qual se misturam as tendências mais contraditórias, desde a intensa presença da filosofia na (nesta) sociologia até suas mútuas exasperações. Mais que qualquer outra ciência social, e para além dos simples efeitos de secessão concorrencial, a sociologia de Bourdieu, clínica geral dos efeitos de autoridade social, estava destinada a se agarrar à autoridade intelectual e, com isso, necessariamente, àqueles que dão corpo a sua mais bem-realizada encarnação, os filósofos. Logo, o destaque aos filósofos e à filosofia por parte dessa sociologia não é somente uma escaramuça secundária em uma história secular de irritações recíprocas, mas o ponto de passagem necessário de um programa de pesquisa que objetiva problematizar sistematicamente, no panorama de uma economia geral da legitimidade, as manifestações da dominação exercidas pelas vias simbólicas do discurso autorizado, do discurso socialmente capaz de veridição sobre o mundo social. Ao lado daquele das elites políticas, ou dos *experts* (Boltanski e Bourdieu 1976), o mundo dos intelectuais e especialmente dos filósofos, principalmente quando tomam posição, direta ou indiretamente (Bourdieu 1989b), sobre a atualidade do mundo, não podia ficar fora dessa investigação, possuindo até todos os requisitos para terem aí espaço privilegiado. Ora, tudo conspirava para oferecer de partida a essa clínica sociológica da autoridade intelectual a pior das recepções; em primeiro lugar, pela violência simbólica geralmente característica da própria relação de objetivação – já que, por um paradoxo, na verdade previsível, a sociologia da violência simbólica nem sempre se sustenta sem exercer ela própria violência simbólica; e, mais especificamente, por ser aplicada a agentes não apenas capazes de reação pública, mas especialmente suscetíveis, pois levados a se considerar os ocupantes de uma posição dominante impossível, por sua natureza, de ser superada – principalmente pelo discurso de uma disciplina menor como a sociologia –, de modo que, aos olhos de um bom número de filósofos, não resta dúvida de que a objetivação sociológica da filosofia não é nada mais que uma vilania. E vale dizer: por mais salutar que a sociologia bourdieusiana tenha sido ao resgatar os filósofos de seu sono reflexivo[12] e levá-los a se questionar acerca da posição e das condições sociais de seu próprio discurso – especialmente os filósofos dos anos 1970, cujo humor

---

12. Falamos aqui de sua reflexividade *sociológica*, evidentemente, já que, além disso, a filosofia não para de questionar a filosofia.

anti-institucional e antiautoritário não tinha visivelmente chegado a pôr em questão o que sua própria autoridade (Pinto 2007 e 2009) faz –, ela não se esqueceu de ser maldosa (*ibid.*). A necessidade da análise sociológica, então, de um lado a outro, viu-se inevitavelmente alterada por poluições secundárias, a objetivação sendo tanto mais vivida como agressão quanto as objetividades tinham anteriormente desenvolvido o sentimento de sua soberania, suas precauções assumindo a forma de tentativas de diminuição filosófica das ciências sociais, e todos reivindicando a posição definitiva da veridição teórica, uns para aí se manter, outros para desalojá-los, mas pela manobra inédita do desvio sociológico.

Se o momento do "desentendimento" (Pinto 2009, p. 351) com a filosofia era, sem dúvida, o preço a pagar por essa fase necessária da objetivação, sem a qual a sociologia não teria sido fiel ao seu próprio programa, também não é dito que isso signifique o fim da história de suas relações tumultuosas. Indiscutivelmente o mais filósofo dos sociólogos, como se costuma dizer, Bourdieu prolonga à sua maneira a primeira sociologia francesa da qual recupera o projeto geral de "imanentização" do transcendental, isto é, de historicização e de "sociologização" das formas elementares do conhecimento, tal como elas determinam a relação gnoseológica dos agentes com o mundo social. Se existe a possibilidade de enxergar nessa empreitada um tipo de neokantismo, mas praticado pelos caminhos da ciência social, e por isso voltado contra o kantismo original – no qual poderíamos casualmente ouvir alguns ecos do próprio projeto de Foucault e mesmo do empirismo transcendental de Deleuze (Sauvagnargues 2010), sem paradoxos –, há também possibilidade de perceber a presença da filosofia e de determinados problemas seus no cerne da ciência social, apesar de que tal presença alimenta o projeto conquistador de perseguir a filosofia por outros meios. É evidentemente supérfluo acrescentar algo mais ao abundante comentário que concedeu espaço às relações entre Bourdieu e a filosofia, mas, se fosse preciso escolher uma referência nesse assunto,[13]

---

13. Dentre elas, e de maneira absolutamente não exaustiva, Pinto (2004), Lescourret (2009) e inúmeras contribuições do número especial de *Critique*, "Pierre Bourdieu", n. 579-580, 1995.

dentre as tantas existentes, que fosse especialmente significativa, seria talvez uma das menos renomadas, uma obra que aparenta, por vocação, ser simplesmente didática, publicada pela editora Ellipses, conhecida por ter os estudantes como público-alvo: o *Dictionnaire Bourdieu* (Chevalier e Chauviré 2010). Ora, com uma abordagem modesta (e equivocada), esse livro dedicado a um sociólogo tem a dupla particularidade de ser de autoria de dois filósofos e, como indica o título, ser um dicionário, ou seja, um *vocabulário*, característica que nos conduz com evidência à questão da língua, ou de um aspecto dela. E aí está talvez um critério muito prosaico, mas suficientemente confiável, pelo qual podemos reconhecer uma obra: uma obra deixa um *vocabulário*; de seu autor, podemos redigir um *dicionário*. Podemos reconhecer uma obra por uma diferença que ela tenha produzido em uma língua, aliás, tanto em suas maneiras de escrever e de fazer certo jogo inédito com as palavras – um estilo – quanto na invenção de novas palavras ou novas significações atribuídas a velhas palavras, assim refeitas, reforma típica do trabalho na língua comum, mas a ruptura com a língua comum faz dessas palavras (*a fortiori* novas palavras) *conceitos* propriamente ditos. A respeito de um autor de ciências sociais, o que pode ser definitivamente um dicionário, senão um compêndio de conceitos?

Não há obra em ciência social que não tenha produzido conceitos. E não é fortuito que tenha sido necessária a inclinação de filósofos para se entregar a essa recapitulação do corpo de conceitos de um sociólogo, apresentado em vocabulário. Desde o início, estava explicitado que a objetivação sociológica da autoridade filosófica podia levar a um distanciamento ostensivo da filosofia e, consequentemente, a uma desconfiança diante do trabalho conceitual, desqualificado como "especulativo" – isto é, como recaída. Essa é a razão pela qual já não poderíamos encontrar a afirmação: "Devemos levar os conceitos a sério" (*id*. 2003, p. 127), citada pelos autores logo no início da introdução do seu *Dictionnaire Bourdieu*, como maneira de recordar o que o sociólogo da objetivação dos filósofos pensava da filosofia e de seus possíveis usos em ciências sociais. Diremos que essa recordação deixa amplamente aberto o espectro das modalidades desse uso e que Bourdieu tinha as suas próprias, aquelas, furtivas, da filigrana – "Os filósofos estão muito mais presentes em meu trabalho do que sou capaz de dizer" (Bourdieu 2004, p. 42). Mas pouco importa, sendo isso o essencial, que, de um lado, maneiras eventualmente conflituosas de uma presença filosófica em ciências sociais sejam novamente consideradas e, sobretudo, de outro lado, que estas sejam incitadas a ver aí provavelmente o único meio para si de uma língua própria, senão para se instalar *inteiramente*, ao menos para consolidar sua diferença epistemológica sobre essa diferença linguística.

Aproximações das fronteiras: Uma nova conjuntura?

Na verdade, a religação da filosofia e das ciências sociais já está em andamento. Pode ser, com efeito, que suas relações sofram uma verdadeira mudança de regime, não apenas por causa da passagem de relações conflituosas a relações pacificadas, mas, o que é mais notável, a relações de convergência e mesmo de cooperação. Com a reserva habitual com que cada um defende o seu interesse, a convergência à interface filosofia/ciências sociais poderia ser, dentro da área das "Humanidades", um dos movimentos mais interessantes da conjuntura intelectual atual. Reconheçamos imediatamente que é um movimento assimétrico e que os filósofos são mais ativos do que os pesquisadores em ciências sociais. Seria preciso perguntar a um nativo do campo filosófico quais as razões disso, em que conta talvez certa lassidão pelo simples comentário escolástico e pelo horizonte único da glosa,[14] mas também os anseios urgentes de uma época, como o fácil exemplo da globalização, e o desejo dos filósofos que sabem que estão bem munidos de conceitos para testar sua produtividade em relação a objetos do mundo histórico-social. Podendo parecer levemente caricatural, poderíamos, então, dizer que esses reencontros entre filosofia e

---

14. Vale argumentar que se trata de uma apresentação injustamente depreciativa, pois a "glosa", além da tarefa totalmente legítima de esclarecer uma obra, até em suas tensões internas, é também (sobretudo) criação de problemas e trabalho da atualidade.

ciências sociais eram, em certa medida, convocados pela complementaridade entre, de um lado, filósofos com conceitos, mas sem objetos, e, de outro, *social scientists* com objetos, mas sem (muitos) conceitos.

Como sempre, o movimento é atestado quando em marcha e, nesse caso, a marcha se efetua em todas essas ocasiões de encontros concretos, seminários, colóquios, e também laboratórios "mistos",[15] em que filosofia e ciências sociais se avizinham novamente, como, por exemplo, esses colóquios ostensivamente organizados sobre o tema (ainda há pouco totalmente descapitalizado) da "filosofia social"[16] – e poderíamos citar outros. Em todo caso, não há por que se espantar se os filósofos de inspiração marxista estiverem entre os mais engajados nesse movimento, já que, na época da globalização, o reencontro da filosofia com o mundo está destinado a, primeiramente, trilhar os caminhos da crítica social (Fischbach 2005 e 2009; Haber 2007; Renault 2008; Bidet e Duménil 2005). Isso surpreende menos do que o fato de que, por todas as dificuldades de seu próprio posicionamento diante da filosofia, o marxismo como projeto de um discurso total sobre o homem e a sociedade, combinando desde o início diversas ciências sociais – mas, retomando a expressão habilmente forjada por Étienne Balibar (1995, p. 12), "impregnada[s] de trabalho filosófico" –, fosse o mais adequado para responder em primeiro lugar a esse apelo da época e para levar a redescobrir, e a repovoar, essa interface entre filosofia e ciências sociais. Significativamente, no entanto, ele não é o único, e, se pensarmos do fundo de seus respectivos argumentos, encontraremos daí em diante, nesse lugar de uma antiga separação, pessoas tão diferentes quanto leitores de Deleuze vindos à ciência social por intermédio de Tarde (Lazzarato 2002; Latour e Lépinay 2008) ou da analítica desejosa do capitalismo (Sibertin-Blanc 2010); leitores de Hegel, por meio do reconhecimento,

---

15. Como o Sophiapol da Universidade Paris Ouest-Nanterre La Défense.
16. Colóquio Philosophie Sociale, Universidade de Grenoble, 2-3 de dezembro de 2009; colóquio Philosophie Sociale et Sciences Sociales, ENS-LSH Lyon, 24-25 de março de 2011. Ver igualmente o número especial dos *Cahiers Philosophiques*, "Qu'est-ce que la philosophie sociale?", n. 132, 2013.

questão tipicamente apropriável de um lado e de outro da "fronteira", como atesta a simplicidade com que ela passou dos trabalhos propriamente filosóficos de Axel Honneth às retomadas sociológicas (Caillé 2007); em projetos de maior amplitude, como uma refundação pragmatista da sociologia (Lemieux 2010) (cuja exposição numa forma "sistemática" não é evidentemente insignificante) ou, ainda, o desenvolvimento de um espinosismo em ciências sociais (Citton e Lordon 2008; Debray, Lordon e Ong-Van-Cung, no prelo). Encontramos também questões que estão fora de qualquer filiação específica e que manifestamente invocam o cruzamento das aproximações, como a autonomia (Jouan e Laugier 2009), o conflito e a confiança (Damien e Lazzeri 2006), o estatuto do estrangeiro (Le Blanc 2010), a precariedade (*id.* 2007), as instituições (Descombes 1996; Lazzeri 2002), a dádiva (Athané 2011; Lordon 2006) etc., para não falar de todos os trabalhos simultaneamente filosóficos e sociológicos que abrem as questões do *care*.

É bastante previsível que o *social scientist* de obediência estrita encontre o que contestar em alguns desses trabalhos, nos quais enxergará apenas as carências metodológicas, a ausência de seus protocolos empíricos habituais, as insuficiências estatísticas etc., crítica da qual, se fundamentada, vai se aproveitar mais a ideia do trabalho em comum das complementaridades do que aquela do retorno aos respectivos isolamentos – eventualmente, após deixar que esse *social scientist* entreveja o que filósofos que passam por aí possam talvez pensar de suas próprias conceituações, ou de suas impensadas metafísicas, já que, em última análise, as ciências sociais não param de fazer metafísica, de assumir posturas metafísicas, mas frequentemente sem saber, ou seja, da pior maneira possível. Com efeito, todos os seus esforços de ruptura não evitarão que os *social scientists* sejam, parafraseando Keynes, os escravos que ignoram os metafísicos do passado. E a perspectiva filosófica tem, ao menos, como virtude, fazê-los conhecer tudo o que seus pressupostos mobilizam nesses assuntos e que frequentemente lhes escapam – que a esmagadora maioria das ciências sociais seja implícita e espontaneamente cartesiana não tem consequências e, de fato, não limita o território do que ela poderia pensar? Analogamente (contraditoriamente), não se devem questionar as ontologias implícitas, fora de qualquer controle, da vertente neurocognitivista que muitas dessas ciências se apressam em adotar? (Ver, a esse respeito, Descombes 1995.) Seria preciso, sobretudo, dizer-lhes que a filosofia não é obrigada a servir-lhes somente de consciência teórica ruim, mas antes de trazer-lhes toda sua força específica no próprio trabalho de suas conceituações. E poderíamos assim considerar como bem representativa dessas complementaridades possíveis o esclarecimento conceitual que o espinosismo, por exemplo, pode dar a noções fortemente intuitivas, mas conceitualmente subelaboradas, como a "potência moral da sociedade", invocada constantemente por Durkheim, mas sem que o autor o extraia de seu estado heurístico, e que encontra verdadeiramente seu conceito na "potência da multidão", tal como Matheron o elabora em seu *Traité politique*,[17] e tal como isso oferece, então, um princípio articulado da *eficácia do coletivo*, observável em múltiplos domínios que concernem diretamente às ciências sociais: a moeda (Lordon e Orléan 2008), o valor financeiro (Orléan 2011), os efeitos de normalização institucional (Lordon 2010a) etc.; ou, em outro gênero, seria preciso evocar a mais-valia conceitual que o par *conatus*-afeto, espinosista também ele, poderia trazer aos *animal spirits* keynesianos, formidável intuição dos alicerces de paixão e pulsão dos comportamentos econômicos, particularmente da atualidade, em época de capitalismo financeiro, de suas grandes OPA (Lordon 2002) ou de seus embalos especulativos, mas, a despeito de retomadas contemporâneas teoricamente negligentes (Akerlof e Shiller 2009), deixado há 70 anos em sua única condição sugestiva e como em abandono conceitual. Trata-se, portanto, de dizer que as relações da filosofia e das ciências sociais podem agora deixar o simples registro da vigilância das fronteiras para entrar naquele do trabalho de interface e de questões conjuntas, exercício transdisciplinar cujo modelo, em última instância, foi-nos dado pelo próprio Durkheim: não é significativo que ele tenha intitulado uma de suas obras *Sociologia e filosofia*, sem que possamos aí encontrar uma linha de epistemologia ou de filosofia do

---

17. Matheron 1969 – vale notar que essa obra foi publicada na coleção dirigida por Bourdieu.

conhecimento a serviço das ciências sociais, e não há elementos para ver nessa empreitada, no trabalho *direto* das ciências sociais, que "alguma coisa" acontece entre sociologia e filosofia?

Os filósofos não são sociólogos (ou economistas ou antropólogos) nem os sociólogos são tidos como filósofos; a ciência social permanecerá ciência, ou seja, ancorada em positividades metodologicamente trabalhadas; a divisão do trabalho é uma tendência irreversível no campo do saber, assim como em outros; tudo isso é sabido. Decorre que a ciência social não está livre de se interrogar sobre a forma ou as formas pelas quais ela concebe seu fazer científico e que o esoterismo, motivo ordinário de ressentimento profano, é na verdade sua virtude constitutiva (desde que ele seja de substância, e não de simples forma): uma ciência que só ratificasse as maneiras comuns de ver o mundo simplesmente não teria razão de existir. Se é legítimo e até mesmo central na vocação própria da ciência social propor maneiras de ver literalmente extraordinárias, ela pode, ao menos, reconhecer nisso seu parentesco, em certo grau, com a filosofia, e talvez parar de fingir que não tem nada em comum com ela. Diante dessa simples constatação, poderia lhe ocorrer que as finalidades comuns determinam, ao menos em parte, os meios comuns, principalmente linguísticos – nesse caso, os conceitos. Para as ciências sociais, reencontrar a filosofia, aliás, sem preconceito quanto às modalidades desses reencontros, não é somente um ato dirigido pela necessidade em que se encontram de pensar o impensável, isto é, o que há de inevitavelmente filosófico nelas e que elas desconhecem como tal. Existe, paradoxalmente, a constituição de um regime próprio de cientificidade (o paradoxo vincula-se aqui ao que a afirmação epistemológica das ciências sociais fez originalmente contra a filosofia), vislumbrado como regime de discurso e invenção de uma língua própria, cujo idioma específico é o conceito; e não vemos que estranha maldição impediria de igualmente fazer justiça às exigências respectivas do empírico e do especulativo. Não terá a ciência social finalmente apenas a ganhar ao se render à ideia de que a legítima pretensão de seus modos de ver determina necessariamente seus modos de falar?

2. Do sistema formal ao sistema espectral:
ITINERÁRIO DE UMA ECONOMIA POLÍTICA ESPINOSISTA*

Na ausência de uma sensação de perfeito conforto, intervir no campo das ciências sociais em uma mesa-redonda intitulada "Sistema e metafísica" oferece no mínimo a dupla possibilidade de questionar a relação das ciências sociais com o sistema, com a colocação em sistema, mas também, e de modo mais amplo, com a filosofia. Falando mais precisamente, de uma posição de economista, e sem querer abusar dos rituais da *captatio benevolentiae*, eu me recordei de algo da época em que, frequentando um centro de pesquisa que abrigava os economistas mais engajados no projeto de uma ciência econômica "realmente científica", eu caí, por entre as prateleiras da biblioteca, sobre o livro *Éléments de mécanique quantique* de Richard Feynman. Passado o primeiro momento de desfrutar desse encontro inesperado, vem aquele de se perguntar não tanto o que esse livro fazia ali, mas quem pôde encomendá-lo e por quê. Vale destacar que se trata de um dos economistas – digamos, potencialmente "nobelizável" – academicamente mais de acordo com o projeto do centro e, sobretudo, que ele pensa que a física, essa pobrezinha, sofre um pouco para conquistar sua unificação teórica, uma vez que a mecânica quântica e a relatividade geral se recusam a entrar no mesmo

---

* Comunicação proferida na jornada da revista *Labyrinthe*, "Comment peut-on être systématique?", Cerphi-CHSPM, Universidade Paris I, 26 de junho de 2010.

território, no qual a ciência econômica, por sua vez, chegou "com os pés nas costas": todos os seus teoremas não derivam do mesmo *corpus* de postulados fundamentais, baseada nos quais pretende dar conta tanto dos mercados financeiros de produtos derivados quanto dos comportamentos de poupança doméstica subsaariana ou das "decisões" na passagem ao ato criminoso? E ela não atinge assim o estágio da sistematização axiomática, o qual mesmo a física matemática não alcança de fato? Claro que a realidade da teoria econômica é bem outra, pois a base axiomática do modelo Arrow-Debreu de equilíbrio geral se mostrou muito mais estreita para se encarregar de inúmeros fenômenos e, de relaxamento de hipótese a abandono de axioma, a teoria neoclássica acabou por se aventurar até chegar a um estado avançado de balcanização. Entretanto, ainda que amplamente inútil, o modelo axiomático de Arrow-Debreu continua uma referência teórica de alto valor – e o fantasma epistemológico de toda a disciplina.

Haveria muito a dizer da história disciplinar que produziu esse gênero de aberração e fez, assim, com que a economia, mais que qualquer outra ciência social, caísse na tentação axiomática/sistemática. E seria preciso, primeiramente, voltar à questão prévia de saber se as ciências sociais, em princípio, requerem um esforço de sistematização – a resposta está longe de ser evidente. As ciências sociais, sem dúvida, aceitariam tranquilamente que a física teórica realiza um tipo de cânone daquilo que pode ser posto na categoria de ciência, mas para reconhecer que aí está uma forma de ciência de que elas nem necessitam e que nem solicitam: a organização axiomática não entra nem em suas práticas nem em seus fantasmas epistemológicos.

Seria possível dizer que elas renunciariam a toda forma de "unificação", não evidentemente na escala global "das ciências sociais", mas, ao menos, de modo pontual, através de disciplinas? Deixar essa questão em aberto supõe, portanto, lembrar o quanto a axiomatização formal está longe de constituir a única modalidade da sistematização. Se abrirmos o espectro dos graus de sistematicidade praticável, a questão ganha, na verdade, novo sentido para as ciências sociais, e sua situação diante dessa aposta se revela talvez menos descontraída do que o que acabo de dizer. Como toda construção teórica, elas reconhecem a unificação sistemática como seu horizonte: para elas, também, a unificação é um atrativo. Mas é um horizonte custoso. Sacrificar-se por ele com toda força, na potência máxima, pode ocasionar o pior – à semelhança da ciência econômica, que faz com que seu ser formal de sistema (axiomatizado) esteja à frente de tudo, principalmente à frente da qualidade substancial de seus enunciados. Ora, há outra modalidade da unificação teórica apropriada às ciências sociais: a unificação pelos conceitos. É a generalidade dos conceitos que pode ser o operador da integração de um corpo teórico em ciências sociais – considerando que o corpo desses conceitos fundamentais forma uma economia tão potente que, em baixo número, eles demonstram sua produtividade.

É nesse ponto preciso que passamos facilmente da primeira questão – a relação das ciências sociais com o sistema – à segunda – sua relação com a filosofia, pois se, de um lado, a unificação teórica, a organização em "sistema teórico", permanece genericamente desejável para as ciências sociais e se, de outro lado, a unificação é operada sobre um corpo de conceitos fundamentais, então, evocando eventualmente Deleuze, podemos conceder à filosofia o estatuto de grande (primeira?) fornecedora de conceitos, em direção à qual as ciências sociais certamente ganhariam ao caminhar. Além disso, há essa possibilidade de emprestar, dentre as filosofias, uma que é em si sistematicamente organizada – é manifestamente o caso da filosofia de Espinosa; não seria também, por transitividade, o de uma ciência social que se inspira nisso a ponto de se proclamar "ciência social espinosista"?

Poderíamos imaginar que essa importação de sistematicidade, pela aproximação a uma filosofia ela própria sistematizada, e a mobilização de sua potência conceitual particular oferecem uma maneira cômoda, senão elegante, de regular o problema da unificação teórica em ciência social – em todo caso, para a ciência social que está engajada nessa direção. Ora, visto de dentro do campo das ciências sociais, não é bem assim – seria mesmo exatamente o contrário... Para se ter uma ideia das dificuldades de existência de uma ciência social espinosista, é preciso imaginar os julgamentos quase teratológicos que ela incessantemente atrai: afinal, uma ciência social que seu próprio nome denuncia como estando embebida de filosofia está condenada a ver negada sua qualidade de ciência social. Isso significa que as relações ciências sociais/filosofia são ainda menos simples que as relações ciências sociais/sistema. Entendemos facilmente a razão: as ciências sociais não são historicamente constituídas por um gesto inaugural de ruptura – com a filosofia, justamente? Que fazer com essa ruptura? É evidentemente impossível descartá-la com um aceno de mão: as ciências sociais se constituíram como positividades ao se declararem estrangeiras diante dos problemas metafísicos. Além disso, elas são o produto do movimento de aprofundamento da divisão do trabalho no campo do saber – que é o próprio movimento da disciplinarização. Devemos, portanto, assumir que filosofia e ciências sociais diferem sensivelmente em alguns de seus procedimentos intelectuais, e não conseguiríamos "fazer vista grossa" para tal separação.

No entanto, é plausível perguntar se é vantajoso mantê-la como está, pois, por simetria, pode também ser que o gesto de separação, tornado historicamente necessário, não possa ser inteiramente justificado em sua radicalidade intelectual nem ganhe em ser mantido tal qual. Em suma, reconstruir a relação das ciências sociais e da filosofia exigiria, primeiro, selecionar as razões conjunturais que presidiram sua formulação original, para constatar que algumas delas, antes justificadas, estão agora ultrapassadas. O primeiro argumento em favor de tal revisão foi há pouco mencionado: a unificação teórica pelos conceitos – e o reconhecimento que advém do fato de a filosofia se colocar como produtora em primeira linha de conceitos. O segundo argumento surge do fato de que as ciências sociais não param de fazer metafísica, mas, na maior parte do tempo, sem saber. Elas tipicamente fazem metafísica diante do problema da ação, ao redor do qual formulam suas hipóteses mais fundamentais. Todas as ciências sociais, com efeito, mobilizam uma hipótese comportamental fundamental, ou, às vezes, várias e, no extremo, contraditórias, cujos planos de fundo metafísicos são evidentes, ainda que permaneçam implícitos ou impensados.

54 | Papirus Editora

Nessas condições, que tipo de relação retomar entre filosofia e ciências sociais ou, para reformular a pergunta de forma um pouco mais precisa, como arranjar de outro modo que não seja pela negação essa tensão entre, de um lado, uma separação que não pode ser inteiramente apagada e, de outro, uma presença da filosofia nas ciências sociais que não pode ser inteiramente evitada? Se, provavelmente, é arriscado pretender responder completamente a essa questão, é ao menos possível mostrar que forma assume essa relação no caso de uma ciência social espinosista, não sem previamente indicar, antes que a escolha de se avizinhar da filosofia de Espinosa torne esse caso particular dificilmente universalizável, e sem dúvida impróprio para ser colocado como cânone da relação ciência social/ filosofia, que é justamente à questão do sistema que toda essa discussão nos conduz, já que essa relação particular que se estabelece entre a filosofia de Espinosa e uma ciência social espinosista consiste precisamente em certa modalidade de sistematização dessa ciência social.

Se o esforço de sistematização em ciência social gira amplamente em torno da questão fundamental da ação, é porque a identidade de uma teoria se forma em grande parte no conjunto de suas postulações comportamentais. Conhecemos, por exemplo, aquelas da teoria econômica padrão: o homem econômico é um ser interessado no sentido do utilitarismo consciente, uma duplicata de uma calculadora perfeitamente racional. Tendo conduzido a enunciados tão espetaculares quanto a chamada tese da "eficiência dos mercados financeiros", celebrada durante décadas como "uma das mais solidamente testadas de toda a ciência econômica" (Jensen 1978), não é preciso dizer que, nesses tempos em que as finanças despencam, existe um mal-estar na teoria neoclássica. De fato, o campo da ciência econômica está enfrentando uma dessas batalhas teóricas internas que prefiguram os grandes rearranjos hierárquicos e as modificações de *hegemon*, a neuroeconomia comportamental apresentando-se como o paradigma de substituição (Lordon 2010a), crítica da hipótese de racionalidade substantiva, rompendo ostensivamente com o apriorismo axiomático da teoria neoclássica e fazendo, às vezes, com que se ouçam estranhas ressonâncias espinosistas, visto que ela insiste no papel das "emoções" no processo de decisão dos agentes econômicos.

Uma economia política espinosista entra nesse debate comportamental por intermédio do conceito de *conatus*. E toda a questão de seu modo de sistematicidade é analisada com base nas propriedades particulares desse conceito, e mais precisamente da ambivalência epistemológica da qual ele pode estar investido, pelo fato de sua dualidade de estatutos intelectuais possíveis – dualidade que não é outra senão aquela dos registros de linguagem nos quais ele pode ser considerado. Alexandre Matheron toca em sua essência em algumas linhas decisivas que abrem sua releitura de Espinosa da perspectiva do *conatus*: "'Cada coisa, de acordo com sua potência de ser, se empenha em perseverar em seu ser'. Esse é o único ponto de partida de toda a teoria das paixões, de toda a Política e de toda a Moral de Espinosa. Mas esse ponto de partida é ele próprio a conclusão dos dois primeiros livros da *Ética*" (Matheron 1969, p. 9). Assim, no registro da filosofia, o *conatus* é *derivado*. Significativamente, ele é o objeto de uma *proposição* (de um "teorema"), chegando, aliás, bem tarde no desenvolvimento da *Ética* (III, 6). O *conatus* é, portanto, um produto da ordem geométrica. Podemos, além disso, facilmente remontar a cadeia apodítica para seguir os percursos demonstrativos que o fazem decorrer das oito definições e dos sete axiomas do *De Deo*. O *conatus* é, portanto, um dos produtos mais característicos da ontologia imanentista da potência de Espinosa, *e de sua organização sistemática*.

Entretanto, podemos fazê-lo mudar de estatuto para inclui-lo em um registro de linguagem totalmente diferente, e propô-lo às ciências sociais como seu ponto de partida – ou como um possível *ponto de partida,* já que é evidente que o *conatus* não é adequado a todas as correntes de ciência social, e que ele não lhes é interessante de maneira idêntica. Com essa reserva, o *conatus* adquire, então, um valor completamente diverso em ciência social: não mais aquele de uma *proposição* derivada de uma ontologia sistemática, mas aquele de *postulado* de uma teoria social da ação. E o *conatus* passa de algo fundado a fundador. É ele o responsável por sustentar uma ciência social que, tal qual sua filosofia de referência, assume o papel de colocar os fatos de potência e de eficácia no centro de sua visão do mundo social. Aí está, então, como se liga, *nesse caso específico*, a dupla relação ciência social/filosofia/sistema. De um lado, a ciência social empresta da filosofia espinosista um de seus conceitos mais potentes – e também todas as elaborações conceituais adjacentes, com a ajuda das quais o conceito de *conatus* desenvolve plenamente seus efeitos (certamente, penso na teoria da vida passional). Mas, de outro lado, as ciências sociais permanecem deliberadamente afastadas das considerações ontológicas que oferecem ao *conatus* sua matriz. Essa é justamente a parcela de ruptura irreversível das ciências sociais com a filosofia: as ciências sociais definitivamente se furtaram à obrigação de um fundamento ontológico *explícito*. Podemos, sem dúvida, vislumbrar formas de "des-divisão" do trabalho em ciências sociais, mas não a que faria voltar a um contínuo indiferenciado do saber como podiam pretender sê-lo as filosofias clássicas. Em todo caso, é esse fato dual, fato que poderia ser chamado de empréstimo ingrato ou, antes, etimologicamente, de empréstimo severo – empréstimo com um rompimento subsequente – que torna muito particular o modo de sistematicidade de uma ciência social espinosista, pois, o rompimento torna inimaginável importar para a ciência social a sistematicidade da ontologia espinosista tal e qual. Mas o empréstimo é suficientemente visível para que, sem tornar direta e imediatamente presente a ontologia espinosista no cerne da ciência social, ele não a deixe, todavia, desaparecer completamente. Logo, é outra presença do sistema ontológico em ciência social que está em vias de se esboçar aqui, uma presença discreta, como um plano de fundo. Afinal, avizinhar-se explicitamente da filosofia espinosista tem por efeito que a requalificação do *conatus* em postulado, à semelhança das ciências sociais, atribua-lhe um estatuto um pouco estranho: o *conatus* é certamente *extraído* de sua matriz ontológica, mantida, por sua vez, à distância; mas essa matriz não deixa de estar ali, à disposição, e poderia em princípio ser convocada de repente, *se quiséssemos*. Porém, temos em mente que, no jogo de linguagem próprio das ciências sociais, nós não o queremos. É inegável que essa convocação, sempre possível, faz com que o postulado do *conatus* perca um pouco de sua arbitrariedade, que, no entanto, como postulado, assume perfeitamente sua arbitrariedade... mas não deixa de encontrar um adicional de consistência nesse estatuto paradoxal, talvez mesmo oximórico, que faz dele um postulado *fundado*.

Fundador fundado, o *conatus* das ciências sociais se beneficia, portanto, de uma fundação furtiva, de um fundamento axiomático escondido. A sistemática da ontologia espinosista está ali sem estar. Ela está formalmente ausente da ciência social epônima, mas presente como presença de plano de fundo, por assim dizer, em filigrana. Não um sistema formal, mas sistema espectral.

Poderíamos muito bem levantar uma objeção, afirmando que, com critérios de economia intelectual rigorosos, para não dizer rigoristas, estritamente ajustados, em todo caso, ao registro próprio das ciências sociais, tudo isso não é realmente importante, e que esse plano de fundo da ontologia espinosista sistemática só oferece em definitivo um excessivo prazer do espírito – portanto, dispensável –, uma presença de concordância com função essencialmente ornamental. Poderíamos muito bem achar que o conceito de *conatus* e os conceitos que o acompanham – afetos, imaginação, *ingenium,* potência da multidão etc. – são suficientes *por si mesmos* para produzir um efeito de unificação teórica em ciência social e que o resto da filosofia espinosista poderia ser ignorado. Podemos, então, responder que ganhamos, todavia, ao guardá-la na memória, e por várias razões. Primeiro, porque, mesmo excessivos, os prazeres do espírito são sempre bons para usufruir! Depois, porque o manejo desses conceitos e de seu funcionamento supõe não retirá-los de seu *corpus* filosófico de origem. Enfim, porque, se existisse na modalidade espectral, uma ciência social assim ganharia um *prolongamento* fundacional sistemático, que talvez seja a forma máxima da sistematização que lhe seja permitido esperar, mas que, apresentando-se assim a oportunidade, ela não teria justificativa pragmática de deixá-la passar.

PARTE II – Estruturas

3. Por um estruturalismo das paixões*

Em um texto muito breve, no qual poderíamos ver a condensação heurística de todo um programa de pesquisa, Pierre Bourdieu evoca a "dupla verdade do trabalho" (Bourdieu 1998), conjunção-separação de uma verdade objetiva que ele vincula, sem dúvida para simplificar, à teoria marxista da exploração, e de uma verdade subjetiva, feita da relação fenomenologicamente vivida pelos agentes em sua atividade assalariada, na qual a verdade objetiva não pode sozinha evitar que eles sintam satisfação, e todos os tipos de "proveito[s] intrínseco[s] irredutível[is] ao simples retorno em dinheiro" (*ibid.*, p. 221). Nessa coexistência aparentemente contraditória de uma verdade subjetiva (possivelmente) feliz que deveria normalmente desmentir a verdade objetiva da exploração, Bourdieu vê dois aspectos da realidade social, sendo que nenhum deles deveria ser sacrificado. É, portanto, estabelecida menos uma contradição, no sentido formal do termo, que uma discordância entre essas duas "verdades", expressões de dois pontos de vista, mas com essa particularidade de que uma (a verdade subjetiva) entra na outra (a verdade objetiva) ou, com mais exatidão, que uma deveria entrar na outra para que esta ficasse realmente completa: a verdade objetiva, com efeito, faltaria com

---

* Este capítulo é a versão modificada de um texto publicado na revista *Tracés*, "Philosophie et sciences sociales", n. 25, novembro de 2013.

suas próprias pretensões se não incluísse as verdades subjetivas, que fazem, objetivamente, parte do mundo social – é um fato objetivamente constituído que certo agente, em certo instante, percebe sua prática sob certa verdade subjetiva.

Desde que seja plenamente reconhecida, mais do que se fazer como uma denegação ou uma tentativa de ressorção, a dualidade da verdade objetiva e da verdade subjetiva se apresenta como a figura mesma da superação da antinomia do subjetivismo e do objetivismo. E é difícil entender, na verdade, que maldição teórica poderia obrigar à escolha entre dois aspectos da realidade social evidentemente bem mais complementares do que excludentes. Uma vez que ele não parou de recusar as assinalações antinômicas para tomar o "partido das estruturas" contra o dos "indivíduos", ou o contrário, Bourdieu talvez não tenha ido tão longe quanto poderia na exploração das "verdades subjetivas", especialmente por se omitir de colocar abertamente a questão de saber de que essas verdades são feitas. Ora, aqui está uma resposta possível a essa pergunta: as verdades subjetivas são feitas de desejos e de afetos.

"Desejo" e "afeto": duas palavras diante das quais Bourdieu será até o fim reticente, senão em pronunciá-las, ao menos em constituí-las em termos teóricos de caráter definitivo.[1] Nós enxergamos muito facilmente as razões dessa reticência. Mesmo engajado em seu projeto de superação, dizer "desejo" e "afeto" significava provavelmente para Bourdieu ir longe demais na distorção subjetivista do excesso objetivista, e assumir para além do que podia imaginar o risco da assimilação a um individualismo espiritualista. Que possamos convocar os desejos e os afetos da perspectiva do pior subjetivismo psicologista não é evidentemente algo de se duvidar. Mas isso também não é fatal, pois podemos retomar esses termos de um autor inquestionável nesse quesito: Espinosa.

---

1. Talvez o mais perto que ele tenha chegado tenha sido no "prefácio dialogado", dedicado ao livro de Jacques Maître, *Autobiographie d'un paranoïaque* (Paris: Anthropos, 1994), em que Bourdieu fala das "pulsões" investidas pelos indivíduos nas instituições e utilizadas pelas instituições em suas próprias finalidades.

O empréstimo dos conceitos espinosistas de desejo e afeto ofereceria a Bourdieu, na verdade, dois princípios teóricos que possivelmente teriam faltado em sua sociologia, do "lado dos indivíduos": 1) a força motriz fundamental dos comportamentos individuais – é a energia do desejo; 2) as causas de primeira instância (e é preciso insistir nessa cláusula) que decidem as orientações dessa energia e fazem com que o indivíduo se mova em determinada direção e não em outra – são os afetos.

Espinosa chama de *conatus* esse esforço que cada coisa despende para "perseverar em seu ser" (*Ética*, III, 6). Seria preciso dedicar um tempo a especificar o estatuto teórico ambivalente do *conatus*, produto da ordem demonstrativa, derivado, de forma apodítica, dos fundamentos da ontologia da potência (divina), mas, em razão de um tipo de truncamento deliberado, igualmente passível de ser considerado do ponto de vista das ciências sociais, que constitutivamente sempre fazem de uma metafísica, como um *postulado,* uma Grande Hipótese, como, por exemplo, o *homo rationalis* da ciência econômica ou o *homo donator* caro ao *Mauss.**

Espinosa (Spinoza 2009) não estabelece em seu princípio apenas o esforço da perseverança no ser, mas mostra que tal esforço é a essência atual da coisa (*Ética*, III, 7) e, indo ainda mais longe, que tal essência, no caso da coisa humana, não é senão o desejo: "O desejo é a própria essência do homem, enquanto esta é concebida como determinada, em virtude de uma dada afecção qualquer de si própria, a agir de alguma maneira" (*Ética*, III, Definição dos afetos 1, p. 140). Essa fórmula, como sempre um pouco obscura, por ser rigorosa, sugere que o *conatus*, força de atividade genérica e intransitiva (isto é, *tal qual sem objeto*), necessita

---

* *Mauss* é a sigla de *Mouvement Anti-Utilitariste dans les Sciences Sociales* (Movimento Antiutilitarista em Ciências Sociais), que passou a existir no início dos anos 1980 na França, graças à mobilização de diversos intelectuais, dentre eles, sociólogos, antropólogos e economistas insatisfeitos com os rumos dessa disciplina diante dos modelos sociais e econômicos hegemônicos. O movimento, desde sua criação, possui uma revista, cujos artigos em versão digital ou impressa podem ser adquiridos em http://www.revuedumauss.com. Nesse endereço, diversas outras informações importantes de colaboradores e publicações podem ser encontradas. [N.T.]

de uma afecção, necessita ser afetado para encontrar suas orientações concretas e ser determinado como *desejo* de perseguir determinado objeto, e não outro. Portanto, são as afecções pelas coisas exteriores e os afetos que se seguem que colocam os corpos em movimento, fazendo deles corpos concretamente desejantes, assim determinados a realizar coisas particulares. Se a ação é, em princípio, fenomenologicamente, corpo em movimento, até nos atos verbais, que supõem emitir sons fisicamente, então, é um movimento de corpo que exprime a potência conativa do desejo e suas determinações particulares pelas afecções e pelos afetos.

Dizer isso não condena a qualquer regressão subjetivista ou psicologista, pois são sempre as causas externas das afecções, insiste Espinosa, que determinam as energias desejantes individuais às suas buscas particulares. Ora, a maioria dessas coisas exteriores que encontramos, que nos afetam e que nos movem são sociais ou dotadas de qualidades sociais. Elas podem ter o caráter abstrato de estruturas, de instituições ou de relações sociais. A relação salarial e a colocação em movimento dos corpos no trabalho, por exemplo, prestam-se, de modo ideal, à exposição de um estruturalismo das paixões que realiza à sua maneira a superação da antinomia do subjetivismo e do objetivismo, considerando tanto o extremo dos indivíduos, isto é, dos corpos em ação, quanto o das estruturas em cujo cerne esses movimentos encontram suas determinações afetivas.

Estruturas capitalistas e afetos salariais

É suficientemente evidente que o corpo assalariado, como, aliás, todo corpo em ação, é um corpo em movimento. Basta imaginar muito prosaicamente a coreografia que ele se inflige ao despertar, em suas maneiras de se preparar e de tomar o rumo do trabalho, em suas tensões e correrias. Ora, um corpo em movimento é um corpo desejante, isto é, um corpo que foi determinado a desejar os fins imaginados do movimento. É preciso, então, perguntar-se que afecções – que coisas exteriores – produziram os afetos que foram os operadores dessa determinação de se movimentar. Nesse caso, a resposta deve ser procurada nas estruturas da relação salarial, cujas formas elementares foram mobilizadas por Marx:

1) Uma economia mercantil, na qual a divisão do trabalho atingiu tal profundidade que ninguém pode mais vislumbrar atender por si só a suas necessidades materiais fundamentais, e na qual cada um, consequentemente, deve se inserir na especialização produtiva e passar pelas complementaridades da troca comercial, com seu canal específico, o dinheiro.

2) O fato de que o capitalismo reexprime à sua maneira essa necessidade genérica imposta pela simples economia mercantil, quando, na sequência do processo de acumulação primitiva e da apropriação particular dos meios de produção, a redução dos não proprietários ao empobrecimento total não lhes deixa outra opção de acesso ao dinheiro senão a venda de sua força de trabalho, necessidade transfigurada pela constituição jurídica (e moral) dos indivíduos reduzidos a sujeitos contratantes, livres proprietários de uma força de trabalho vendável.

É o conjunto desses elementos estruturais, geradores do que podemos nomear como situação salarial, que afeta concretamente os indivíduos, envolvendo, aliás, os requisitos mais fundamentais do *conatus* como esforço de perseverança no ser, o que significa aqui esforço de perseverança no ser material e biológico, esforço de conservação da própria vida. Acessar o dinheiro para poder entrar na troca comercial e, assim, atender aos dados elementares da reprodução material é, na verdade, um grande desejo! – o mais próximo do *conatus* entendido em sua forma mais básica como desejo de viver e sobreviver. E, uma vez que a necessidade do acesso ao dinheiro só pode ser satisfeita pelo salário, pois todos os outros meios de inserção na circulação mercantil foram eliminados, então, ela determina, pelo jogo de todas as estruturas capitalistas, um desejo pelo emprego assalariado.

O primeiro regime histórico da mobilização salarial não vai além dessa base, constitutiva em certa medida das formas elementares da relação salarial: apenas o aguilhão da fome determina a caminhada rumo ao trabalho. Tomaremos, portanto, cuidado para não considerar a palavra "desejo" nas conotações eufóricas que acompanham seus usos cotidianos. O desejo, aliás, é um dos três afetos ditos "primários" por Espinosa, sendo, desse modo, em si mesmo, distinto da alegria (e também da tristeza).[2] Em todo caso, ele pode ser desejo de evitar algo ruim – nesse caso, o mal do depauperamento material – bem mais que aquele de perseguir "positivamente" algo bom. Logo, é pouco dizer que as primeiras formas históricas da mobilização salarial são rodeadas de afetos tristes – o temor da miséria até a morte.

Medo de morrer e desejo de viver: é justamente um regime de desejos e afetos que as formas elementares da relação salarial instauram. E percebemos nesse momento, de modo geral, que esse regime de desejos e afetos duplica as estruturas econômicas do regime de acumulação ou, melhor dizendo, que as estruturas do regime de acumulação *se exprimem* sob a égide de certo regime de desejos e afetos. Mudam as estruturas do regime de acumulação e muda seu regime "dual" de desejos e afetos. São transformações que a história notoriamente faz ver, pois a força evolutiva do capitalismo reside precisamente em sua capacidade de ter superado suas formas elementares. Assim, por exemplo, a grande crise dos anos 1930 desemboca *in fine* (e pela guerra mundial interposta) na abertura de uma fase inédita da acumulação, conhecida pelo nome de fordismo (Boyer 1990), cujas estruturas diferem totalmente daquelas precedentes: economias relativamente autocentradas, restrições do comércio internacional, controle fechado do setor bancário, desenvolvimento muito fraco dos mercados de capitais, intervenções do Estado. Essa nova configuração de conjunto (chamado de "modo de regulação")

---

2. Desejo, alegria e tristeza são os afetos primários dos quais todos os outros afetos são derivados por especificação e combinação – alegria e tristeza são, respectivamente, variações para cima ou para baixo da minha potência de agir ou de meu poder de afetar, de produzir efeitos.

(*ibid*.) impulsiona um regime de crescimento forte e estável, no qual a progressão intensa dos salários se torna não somente possível por novos dispositivos institucionais (convenções de indexação sobre a produtividade e os preços, crescimento da importância da renda de transferência que opera uma desconexão relativa da renda familiar disponível de acordo com a conjuntura), mas se mostra funcionalmente adequada à coerência desse esquema de acumulação do capital: a massificação dos salários faz do consumo o componente principal da demanda final; essa demanda pode ser saldada em excelentes condições de regularidade em virtude dos novos mecanismos institucionais de formação dos salários e oferece *in fine* oportunidades estáveis a um aparelho de produção configurado para as séries longas e indiferenciadas.

Corresponde, então, a essa nova estrutura do regime de acumulação um novo regime de desejos e afetos sensivelmente diferente do anterior. Isso não quer dizer que os afetos tristes da participação no mundo do trabalho, da subordinação salarial e da labuta embrutecedora tenham desaparecido completamente – os dois primeiros, pelo menos, são a *própria base* da relação salarial e, *qualquer que seja sua forma*, fazem aí sentir sua presença, com uma distância maior ou menor. Mas, de um lado, a dinâmica econômica de conjunto – crescimento forte, pleno emprego, progressão rápida dos rendimentos salariais – faz regredir os afetos tristes da precariedade vital, criando as condições não apenas da reprodução, mas do desenvolvimento material dos assalariados; e, sobretudo, de outro lado, esse novo regime de acumulação fordista tem por característica incluir em seu regime passional os afetos alegres ligados à entrada do assalariado no universo do consumo de massa, isto é, ligados à satisfação em uma escala inédita do desejo por objetos comercializáveis. Portanto, não mais unicamente o aguilhão da fome e a ameaça contra a vida nua, mas o cintilar da mercadoria e o estímulo ao desejo aquisitivo: é um regime autenticamente novo de desejos e afetos e, como sabemos, sua contribuição histórica para a legitimação e estabilização política do capitalismo será considerável.

Imaginário, significações, afetos

Talvez pela primeira vez, ao menos no quesito trabalho, o fordismo tenha feito surgir um imaginário coletivo "positivo" do capitalismo acerca dos valores sociais da mercadoria e do consumo. Na verdade, como bem notaram as sociologias críticas desde os anos 1960, o consumo de massa produziu um dos rearranjos mais profundos e mais estruturais do imaginário coletivo contemporâneo, o desejo de aquisição dos bens materiais desencadeado pela extensão das possibilidades de consumo, para ser instituído como norma de vida. O consumo de massa e seu imaginário próprio estarão, portanto, no começo de uma extensão considerável da vida passional do capitalismo, ou do capitalismo considerado em seu regime de desejos e afetos – e, é preciso admitir, de seu ponto de vista, a produção desses vínculos passionais com e pela mercadoria será um imenso sucesso. Sua potência de expansão e atração pode ser avaliada, aliás, pelo papel que, sem dúvida, desempenhou na dissolução dos regimes socialistas, que não podiam se fechar hermeticamente, a ponto de não deixar passar nada do espetáculo dos bens materiais expostos do lado de fora nem, consequentemente, impedir toda estimulação do desejo mimético do lado de dentro.

Destacar a potência do imaginário capitalista-consumista em particular e do imaginário em geral é, pois, uma maneira de responder antecipadamente à objeção em possivelmente atribuir uma participação do desejo e dos afetos na ação, mas lhe negando a exclusividade e recusando que fosse esquecida a participação do "sentido": a ação humana não é a essência de um mundo de significações? Essa objeção, em particular, não deixaria de sublinhar que, procedendo de uma ontologia da potência, a filosofia espinosista e sua adaptação em ciências sociais geram, assim, uma visão do mundo reduzido a encontros, confrontações e composições de potências – os *conatus*. O desejo nada mais é que "uma expressão precisa e determinada"[3] do caráter de potência geral do *conatus*, e o conceito de

---

3. Em uma formulação que, por analogia, replica a caracterização das coisas como "modo": "As coisas particulares nada mais são que afecções dos atributos de Deus,

afeto participa tanto quanto dessa gramática da potência, designando-lhe precisamente os efeitos: como a potência é o poder de afetar, isto é, o poder de uma coisa produzir efeitos sobre outra ou várias outras, o afeto é o efeito em determinada coisa da exposição à potência de agir de uma ou várias coisas. Ora, a tradição "compreensiva" das ciências sociais se recusa a ver o mundo como um puro jogo de "forças", causalidade mecânica que se esqueceria da participação do sentido e das significações que informam a ação – e que faria verdadeiramente a humanidade do homem.

Entretanto, se existe outra antinomia a ser superada é justamente aquela da "explicação" – pelas causas, logo, pelas "forças", ou seja, pelas forças "cegas" (?) – e da "compreensão", implicitamente entendida como "a parte do homem", irredutível à "natureza", ela mesma ordem da causalidade indiferente, portanto, insignificante. É exatamente essa superação que o espinosismo opera à sua maneira, certamente não esquecendo a ordem do sentido, *porém, fazendo dele um efeito da ordem geral da potência*. A definição mesma dos afetos oferece, de entrada, uma indicação nessa direção: "Por afeto compreendo as afecções do corpo, pelas quais sua potência de agir é aumentada ou diminuída, estimulada ou refreada, e, *ao mesmo tempo, as ideias dessas afecções*" (*Ética,* III, 3, p. 98; grifo nosso). É preciso ler essa definição não apenas por causa da originalidade característica do espinosismo, que, na contramão do psicologismo espontâneo, toma os afetos, não "pela alma" em primeiro lugar, mas pelo corpo, ou melhor, *igualmente* pela alma e pelo corpo – e como variações de sua potência de agir, pois, aplicando a tese do paralelismo,[4] os acontecimentos corporais possuem como correlatos instantâneos acontecimentos mentais – ideias. E os afetos consistem sinteticamente em variações de potência de agir do corpo *e* produção correspondente de ideias pela mente.

---

ou seja, modos [*modi,* N.A.] pelos quais os atributos de Deus exprimem-se *de uma maneira definida e determinada*" (*Ética,* I, prop. 25, corolário; grifo nosso).

4. O termo "paralelismo", que se deve, na verdade, a Leibniz, só para constar, e não a Espinosa, foi aqui retomado por comodidade estenográfica, sem que, no entanto, entremos no mérito das críticas agudas que Chantal Jaquet (2011) lhe dirigiu.

A produção do sentido, mais precisamente, deve à potência do corpo a ligação de suas afecções e à potência da mente a ligação de suas ideias. A associação, tal que ela possa se fixar em uma memória, é, assim, um dos efeitos mais característicos da potência do corpo-mente humano: "Se o corpo humano foi, uma vez, afetado, simultaneamente, por dois ou mais corpos, sempre que, mais tarde, a mente imaginar um desses corpos, imediatamente se recordará também dos outros" (*Ética,* II, prop. 18). A associação está também no início da doação de sentido, e primeiramente por sua inserção em uma língua. "Compreendemos, assim, claramente, por que a mente passa imediatamente do pensamento de uma coisa para o pensamento de outra que não tem com a primeira qualquer semelhança. Por exemplo, um romano passará imediatamente do pensamento da palavra *pomum* [maçã] para o pensamento de uma fruta, a qual não tem qualquer semelhança com o som assim articulado, nem qualquer coisa de comum com ele, a não ser que o corpo desse homem tenha sido, muitas vezes, afetado por essas duas coisas, isto é, que esse homem tenha ouvido, muitas vezes, a palavra *pomum*, ao mesmo tempo que via essa fruta" (*Ética,* II, prop. 18, escólio). Porém, essas ligações, relacionando as coisas encontradas umas às outras, podem chegar a organizá-las em conjuntos significantes: "E, assim, cada um passará de um pensamento a outro, dependendo de como o hábito tiver ordenado, em seu corpo, as imagens das coisas. Com efeito, um soldado, por exemplo, ao ver os rastros de um cavalo sobre a areia, passará imediatamente do pensamento do cavalo para o pensamento do cavaleiro e, depois, para o pensamento da guerra, etc. Já um agricultor passará do pensamento do cavalo para o pensamento do arado, do campo etc. E, assim, cada um, dependendo de como se habituou a unir e a concatenar as imagens das coisas, passará de certo pensamento a este ou àquele outro" (*Ética,* II, prop. 18, escólio). Como, frequentemente, os termos decisivos podem passar despercebidos, aqui é "hábito" (ou "se habituou") que encerra os focos mais importantes desse conjunto de enunciados. Cada um encadeia seus pensamentos seguindo certo *hábito*, resultado da maneira como ordenou *em seu corpo* as imagens das coisas – ideia da qual se entende: 1) que é o próprio efeito da potência do corpo "deter" concomitâncias ou sucessões de afecções; 2) que, "paralelamente" (simultaneamente), a mente liga suas ideias seguindo uma ordem similar e dual em relação àquela pela qual o corpo liga suas afecções; 3) que esse movimento generalizado de concatenação do pensamento não tem nada de aleatório, mas se organiza de acordo com regularidades – "hábitos", cada qual possuindo os seus próprios – que coordenam as ligações nas mesmas direções – no mesmo sentido, poderíamos dizer, jogando com a polissemia da palavra –, e que tais hábitos foram primeiramente formados pelo corpo e no corpo, que eles existem e operam como *inscrições corporais* – "a maneira como [cada um] ordenou *em seu corpo* as imagens das coisas" (grifo nosso). Em cada um, constitui-se, portanto, um "hábito" hermenêutico, estrutura estratificada de esquemas concatenadores orientados, dos quais uma parte é comum em uma grande escala – todo mundo, por exemplo, associa o barulho do trovão à iminência de chuva –, uma parte é comum na escala de grupos mais restritos – as associações dos camponeses são as mesmas, mas diferem daquelas dos soldados –, uma parte mais idiossincrática, formada, por exemplo, de acordo com as fixações neuróticas de uma história pessoal. Deixando de lado esta última (ainda que...), é preciso dizer o quanto a análise da formação desses "hábitos" é devedora da sociologia. Experiências comuns ou, em outros termos, afecções comuns determinam concatenações comuns e, na sequência, hábitos hermenêuticos comuns. Se, por exemplo, as condições de existência material entram, para grande parte das pessoas, nas experiências vividas cotidianamente, então, a homogeneidade por grupos sociais dessas afecções vinculadas à vida material determina uma homogeneidade correspondente das ligações de ideias, portanto, das atribuições de sentido e das valorizações que as sucedem – e os "hábitos", consequentemente, estruturam-se, *para uma parte das pessoas*, sobre uma base de classe.

Em todo caso, um ponto importante é que não há por que ceder a uma antinomia fabricada da "potência" e do "sentido". O sentido advém de uma *doação ativa* que é a própria marca de um *conatus*, isto é, de uma potência; potência de uma coisa que liga de uma maneira que lhe é própria, seguindo certa ordem, as afecções de seu corpo e as ideias de sua mente. Assim como a inclusão do sentido na ordem da potência, e como uma de suas manifestações, leva ao que Lorenzo Vinciguerra (2005) não hesita em nomear uma semiofísica, processo de produção das imagens das coisas e das ideias imanente à potência do corpo de formar ativamente associações de afecções e à potência correspondente da mente de encadear seus pensamentos. A ideação e a imaginação estão, assim, na órbita imediata da vida afetiva, e a esfera das paixões é apenas um mundo de "emoções" brutas, infralinguísticas ou antepredicativas: ela é o biótopo onde se engendram, literalmente e em todas as escalas, as visões e as valorizações do mundo.

Por todas as mediações históricas que a análise de sua formação exigiria reconstituir, uma estrutura social tão massiva quanto o imaginário consumista da mercadoria entra, portanto, com todo direito no domínio passional, e mesmo como uma das manifestações contemporâneas mais notáveis de sua produtividade – permitindo, aliás, sublinhar de passagem que esse domínio das paixões é essencialmente um domínio *social*. A duplicação do regime de acumulação, que constitui seu regime "dual" de desejos e afetos, integra, desse modo, constitutivamente um imaginário coletivo – que não é, aliás, necessariamente um imaginário inteiramente *comum*, pois sofre variações conforme as classes e os grupos.

A energia do conatus *colado/conformado às estruturas*

O imaginário do capitalismo, assim como seu regime de desejos e afetos, e pelo simples fato de que ele está aí incluído, não para de se renovar. Do mesmo modo que ele acrescentou às únicas perspectivas da miséria a ser refreada as imagens regozijantes da vida em meio a objetos comerciais, o capitalismo neoliberal enriquece o imaginário fordista, esforçando-se para acrescentar aos afetos alegres extrínsecos do consumo os afetos alegres intrínsecos da "realização de si" no e pelo trabalho assalariado. E se trata, na verdade, de um "enriquecimento" a seus olhos, porque, no regime de desejos e afetos dos assalariados, já não deveria entrar apenas o acesso às satisfações transitivas, heterogêneas em relação à própria atividade laboriosa – o trabalho como meio puramente instrumental de acessar o dinheiro, simples canal de aquisição dos bens comerciais –, deveria também entrar o investimento na atividade em si mesma e por si mesma, elevada do estatuto de meio àquele de fim, e transformada em intransitiva, isto é, desejável em si. Assim, o neoliberalismo intenta modificar o regime de desejos e afetos herdado do fordismo para fazer com que os assalariados entrem em um novo regime de mobilização, mais intenso (evidentemente...), no qual a atividade, outrora indiferente, torna-se objeto, não mais mediado, mas imediato, do desejo. Entregar-se à empresa, desposar seus fins, apropriar-se de suas tarefas, fazer de seus compromissos horizontes pessoais, considerá-los como as melhores ocasiões de efetuação de suas próprias potências, fazendo disso a parte central de sua própria existência, todas essas coisas se tornam – ou devem se tornar – intrinsecamente desejáveis. Dessa forma, o regime neoliberal da mobilização salarial visa reconfigurar os desejos individuais para alinhá-los com o desejo-chefe do capital (Lordon 2010c). O fordismo tinha conseguido bem introduzir afetos alegres, os do consumo mercantil, no jogo passional do capitalismo, mas o caminho de mediação ainda era longo demais. O neoliberalismo planeja encurtá-lo, visando a coincidência total do desejo dos indivíduos com o desejo da instituição (ou, se recusamos essa hipóstase, dos homens que a encarnam). E ele consegue! Certamente, não em todas as faixas dos assalariados. O imaginário da mercadoria se enriquece, então, com um imaginário da realização de si pela vida salarial, e talvez seja preciso esperar pela extensão, a uma parcela do assalariado, do desejo de se tornar industrial, antes reservado ao capital, para perceber melhor o capitalismo como um regime histórico de investimento conativo.

Se, com efeito, o *conatus* é uma energia genérica e, como tal, intransitiva, então sua determinação para anseios particulares lhe vem necessariamente de fora, e apenas as afecções por coisas exteriores o orientam concretamente em direção a este ou aquele objeto. Mas as "coisas exteriores" que têm o poder de afetá-lo e de dirigi-lo a ações particulares são essencialmente estruturas sociais, ou melhor, são inscritas em estruturas sociais. Para ficar apenas no registro do que poderíamos chamar de formações macrossociais de desejo, aí estão, por exemplo, as estruturas do capitalismo, em suas configurações históricas sucessivas, que dão aos homens da era capitalista os objetos em que suas energias conativas se investirão, que determinam os movimentos de corpos assalariados, primeiramente, para lutar contra o perecimento, depois, pelas alegrias extrínsecas do consumo mercantil e, enfim, pelas alegrias intrínsecas da "vida preenchida" ou da "vocação realizada" no e pelo trabalho. E isso repetindo o que, antes delas, as estruturas sociais do feudalismo tinham oferecido – outros objetos, determinados por outros anseios: para os guerreiros, aqueles da glória no combate; para os senhores, aqueles da magnanimidade; e, para todos, aqueles da salvação – e o objeto desejado por todos no capitalismo, o dinheiro, é, então, vil entre todos... inversão que indica bem o caráter arbitrário dos objetos eleitos pelo *conatus* e como esse caráter é entrecortado pela configuração particular das grandes estruturas sociais.

A energia livre e sem objeto do *conatus* se liga e se investe nos objetos particulares, não por um poder de autodeterminação qualquer, mas por meio do trabalho de afecções exteriores produzidas por estruturas sociais. Poderíamos dizer que essa energia conativa é, literalmente, amorfa *ex ante*. Ela só toma forma escorrendo pelas estruturas sociais, nas formas institucionais e nas relações sociais, que lhe oferecem suas condições concretas de exercício e, por isso mesmo, configuram seus investimentos possíveis, determinando-a para alguma coisa – salvação, glória, fortuna (ou qualquer outro objeto a almejar). Não há, aliás, necessidade alguma de passar pela história grandiosa das formações sociais para perceber isso, e encontramos em escalas temporais e sociais bem mais modestas esse mesmo efeito de conformação das energias desejantes (que, de outro modo, flutuariam "livres" e indeterminadas) pelas estruturas de um ambiente institucional – onde é preciso ver o próprio cerne de um estruturalismo das paixões. Desses ambientes institucionais de média escala, Bourdieu cria um arquétipo possível com o conceito de campo, lugar por excelência de uma oferta feita aos *conatus*, convidados a se investir nas apostas particulares instituídas pelo campo – grandeza científica, artística, política etc. Assim, cada campo propõe objetos específicos próprios para capturar os desejos flutuantes – e para fixar aqueles já captados. *Illusio* é o nome dado por Bourdieu a esse tomar forma da energia do *conatus* e aos investimentos específicos que determinam localmente as estruturas do campo. Portanto, em sua própria escala, mas seguindo processos formalmente semelhantes àqueles das formações sociais macroscópicas, os campos são realizações concretas do estruturalismo das paixões, isto é, lugares de desejos, afetos e imaginário estruturalmente organizados.

Qualquer que seja a escala considerada, o "fato institucional" não seria essencialmente tomado como "negatividade", força de repressão que contém as intrigas (potencialmente antissociais) dos ímpetos de potência conativos, à maneira, por exemplo, do último Freud de *Mal-estar na civilização*. Bem ao contrário, as instituições devem ser inicialmente entendidas em seu *poder positivo de informação* (no sentido aristotélico do termo), poder de dar forma ao amorfo do *conatus*, compreendido como ímpeto de potência genérica. A exterioridade do social, portanto, não tem nada de uma exterioridade puramente repressiva. Em primeiro lugar, ela é aquilo pelo qual o *conatus* intransitivo consegue se tornar transitivo, isto é, de *conatus* por si, sem objeto, ele se atualiza como desejo de tais e quais objetos, não sendo, assim, poder negativo de repressão e de limitação, mas poder positivo de determinação e de constituição – e isso evidentemente sem excluir que certas construções institucionais tenham por efeito específico deter os *conatus* e de lhes proibir certos anseios.

As expressões locais das estruturas globais

Podemos facilmente determinar, desse modo, o que separa tal estruturalismo das paixões de uma ciência social individualista para a qual o sujeito é autodeterminado segundo as razões (o que aparece ao "sujeito" como suas "razões" não sendo nada mais do que as ideias correlativas de seus afetos e, especialmente, de suas volições). Não resulta disso, entretanto, que seja necessário considerar as estruturas como único termo teórico pertinente nem esquecer que elas são habitadas – nesse caso, por polos individuados de potência e de atividade que o espinosismo chama de *conatus*. A individuação da potência, portanto, não é em nada incompatível com a heteronomia – estrutural – de suas determinações. Existe até certa vantagem em reunir os dois polos considerados exclusivos, notadamente aquela de compreender a relação que articula o global e o local, uma relação que poderíamos dizer ser *de expressão:* as estruturas globais *se exprimem localmente* por meio dos afetos que produzem. Justamente porque esses afetos são produzidos nos corpos individuados é que eles devem ser considerados locais. Ainda que possam ser o efeito de estruturas sociais, globais por natureza, há uma localidade intrínseca dos afetos: não existe afeto sem corpo a afetar – coisa local. É bem desse modo, aliás, que Durkheim planeja mais tarde rearticular sociologia e psicologia, após uma ruptura inaugural muito mais fracassada do que era epistemologicamente necessária. Apenas a emancipação fundadora da sociologia tinha conseguido fazer com que acreditassem que ela, por princípio, acarretava um esvaziamento puro e simples dos fatos psíquicos. Ora, isso não é assim. Uma vez a ordem dos fatos sociais liberada como tal em sua autonomia, o psíquico, ou o psicológico, que devia ser *provisoriamente* negado, pode ser reintegrado na construção do conjunto, precisamente como lugar(es), *locus*, de inscrição (local) do social. Os fatos psíquicos aparecem, então, como as expressões individualmente localizadas da ordem social, as determinações sociais dos comportamentos individuais tomando forma de estados psíquicos – e, de novo, o global e o local se veem aqui articulados em uma relação *de expressão.*

Sem dúvida, podem existir afetos comuns: as estruturas e as instituições sociais têm exatamente esse poder de afecção em grande escala, ou seja, o poder de afetar a *todos* – a circunscrição de "todos" define a própria extensão do poder da instituição: as estruturas e as instituições do campo científico só afetam "todos" os cientistas e ninguém mais; as estruturas e as instituições do Estado afetam "todos" da nação. Produzido por uma potência de escala global, o afeto comum (ver adiante, Capítulo 6) permanece, no entanto, um afeto comumente experimentado pela multidão discreta dos indivíduos que vivem sob o *imperium* da instituição considerada – isto é, por *cada um* deles localmente. Assim, as estruturas da relação salarial, estruturas globais (e como!), afetam comumente, mas separadamente, *cada um* dos assalariados em seu corpo.

Por mais atenta que esteja ao peso, talvez mesmo à exclusividade (ao menos em última análise) das determinações estruturais, uma ciência social não fará, portanto, a economia da passagem pela localidade dos corpos afetados, corpos tomados pelas relações sociais e formas institucionais. São todas as estruturas da troca mercantil, da divisão do trabalho, da propriedade privada dos meios de produção e da "dupla separação" que estão ativas e visíveis em cada corpo assalariado, individualmente. Desse modo, estão presentes em cada um dos indivíduos, mas certamente, a cada vez, são refratadas de maneira diferente, já que "Homens diferentes podem ser afetados diferentemente por um só e mesmo objeto, e um só e mesmo homem pode, em momentos diferentes, ser afetado diferentemente por um só e mesmo objeto" (*Ética*, III, 51). A multidão salarial não tem, na verdade, nada de homogêneo; ela se distribui ao longo das cadeias hierárquicas, de acordo com os setores industriais, o tamanho das empresas, de acordo, evidentemente, com as trajetórias próprias dos indivíduos etc., dados perfeitamente conhecidos da sociologia e pelos quais podemos reunir uma afecção comum (aquela da relação salarial em suas estruturas) *e* a refração dessa afecção comum através das diversas complexões individuais socialmente constituídas. Disso resultam: os afetos comuns – todos os corpos assalariados se colocam em movimento a cada dia para uma atividade chamada "trabalho"; os afetos comuns de níveis inferiores, por grupos de assalariados com mesmas características sociais (determinando complexões semelhantes – por exemplo, os executivos da informática têm maneiras comuns que os distinguem dos operários do automóvel); os afetos mais idiossincráticos (amor ou ódio pelo trabalho assalariado, por exemplo).

Mas a expressão local das estruturas globais, por corpos afetados interpostos, exige a introdução de um terceiro termo, diante do qual podemos, aliás, adivinhar a necessidade da releitura da proposição (*Ética*, III, 51): os homens podem ser afetados diferentemente por um único e mesmo *objeto*. Ora, entenderemos precisamente por "um objeto" uma entidade tão abstrata quanto uma *relação social*, como a relação salarial, por exemplo. Isso porque a própria relação social se realiza concretamente nas interações sociais. Assim, o assalariado não presta contas à "relação salarial", mas ao patrão, não um patrão genérico da relação, mas um patrão particular *hic et nunc*, perfeitamente um "objeto" capaz de afetar a outros de maneiras variadas (mas a quem essa capacidade – essa potência – só advém da relação social, da qual ele é a realização, a encarnação local). Portanto, poderíamos dizer que as interações institucionais são a aparição fenomenológica das relações sociais – muito prosaicamente: aquilo que se dá a ver assim que vamos "às instituições". Observamos aí um empregado que interage com seu empregador, um aluno com seu professor, um fiel com seu pastor, um militar com seu superior etc. Por toda a diversidade em seu gênero, essas interações são sempre as efetuações de uma mesma relação social: todas as interações empregados/empregadores efetuam a relação salarial; as interações alunos/professores, a relação magistral; fiel/pastor, a relação pastoral; soldado/oficial, a relação militar etc. É pelas interações institucionais, tais como elas põem em cena "objetos" (pessoas), que se operam não só a efetuação, mas a *localização* das relações sociais, e por elas as afecções concretas com que os corpos individuais são afetados – logo, *in fine* a expressão local das estruturas globais que sustentam cada relação. No plano de fundo de toda interação empregado/empregador particular, há justamente a integralidade das estruturas da relação salarial, com toda a profundidade de seu desenvolvimento histórico, mas todo esse desenvolvimento só se realiza na localidade das múltiplas interações concretas concebidas como encontros de objetos determinados.[5]

---

5. Assim como, por exemplo, a forma institucional "código de trânsito" realiza-se no encontro do objeto-condutor e do objeto-semáforo (ou objeto-guarda).

Paixões descontentes, movimentos centrífugos e crises institucionais

A passagem pela distinção das relações e das interações que as efetuam é particularmente útil para pôr fim à constante objeção contra toda forma de estruturalismo, isto é, a ignorância da história e a incapacidade dinâmica. Render o mundo das estruturas sociais às potências de agir individuadas que as habitam era, sem dúvida, o primeiro passo para recolocá-las em movimento. Porém, é preciso acrescentar a isso a mediação das interações que efetuam concretamente as relações, pois tais efetuações não têm nada de mecânico. São *ex ante* subdeterminadas; sabemos *grosso modo* o que uma interação empregador-empregado vai produzir ou o que se supõe que ela vá produzir – atribuição hierárquica, comando e execução –, mas não sabemos nada *a priori* do detalhe e das modalidades dessa produção. Ora, no panorama da relação a efetuar, esse detalhe pode variar consideravelmente. Também as interações efetuam sempre as relações de maneira aberta e criativa: existem tanto "estilos" patronais quanto patrões e, simetricamente, cada assalariado particular faz falar sua própria complexão idiossincrática, recalcitrante ou dócil, inclinada a, por suas disposições a serviço da empresa, ou indiferente, resignada aos abusos de poder ou afeita à rebelião etc. Nada disso está escrito "para sempre" na definição da relação ou em sua essência, e são as efetuações concretas, locais, que, na interação institucional, adicionam um suplemento de determinação afetiva, imprevisível *ex ante*. Sem dúvida, eu entro com meu empregador na interação já normalizada segundo a relação salarial – por natureza – e afetada por suas determinações estruturais –, a necessidade de reprodução da vida material, o imperativo do acesso ao dinheiro, a não possessão dos meios de produção etc. Mas esse empregador concreto que é meu *hic et nunc* me afeta de modo suplementar e particular: por exemplo, ele sabe me despertar a vontade de trabalhar com ele e para ele ou, antes, ele me parece detestável. O suplemento passional da interação é, assim, acrescentado aos afetos genéricos da relação em conformidade com a aritmética das composições afetivas enunciada em *Ética* (IV, 7): "Um afeto não pode ser refreado nem anulado senão por um afeto contrário e mais forte do que o afeto a ser refreado". Dessa forma, os afetos se compõem positiva ou negativamente, razão pela qual, também, a *fluctuatio animi* (flutuação da alma), diz Espinosa, é a condição passional humana por excelência, oscilações entre afetos contrários produzidos por um único e mesmo objeto. Entretanto, para oscilar, as balanças afetivas acabam por pender para certo lado (sempre de acordo com a lei do afeto mais potente) e, por isso, determinam que se faça *alguma coisa*. Afetos de interação bem-combinados com aqueles da relação salarial acrescentam alegria ao sentimento da necessidade material, às vezes a ponto de fazer com que se esqueça completamente desta – e a relação, ajudada por suas próprias efetuações, reproduz-se muito mais facilmente. Mas a interação que só acrescenta paixões tristes destrói a base afetiva da relação. Por vezes, a ponto de submeter a balança afetiva ao limite do intolerável, levando o indivíduo a um movimento de escape – isto é, de se abster da interação. Evidentemente, cada complexão afetiva (nomeada por Espinosa de *ingenium*) tem seus limites próprios. Alguns, por resignação ou por persistência, suportam afecções entristecedoras que chacoalhariam outros bem antes, em direção à fuga ou à rebelião. Existem, no entanto, afecções que submetem muita gente a seus limites, e transformam, então, uma divergência individual em movimento coletivo.

Espinosa, em seu *Tratado político*, chama de indignação o irredutível que, em certo momento, faz dizer "nada além disso, tudo ao invés disso". Ela era definida na *Ética* (III, Definições dos afetos, prop. 20) como a tristeza que nasce por emulação afetiva no espetáculo de uma tristeza sentida por outrem. Agora, ela é o nome genérico do descontentamento político e, por isso, o indicador do limite do poder de afetar da instituição, a resposta à pergunta sobre saber até onde se estende o poder da instituição de fazer viverem os indivíduos sob suas relações – e, consequentemente, o limite de sua viabilidade política, pois, se é verdade que a instituição, a empresa, por exemplo, pode fazer com que seus sujeitos façam muitas coisas, ela não pode, todavia, fazer com que façam *qualquer coisa*: "De igual modo, embora digamos que os homens estão sob jurisdição não de si, mas da cidade, não entendemos que os homens percam a natureza humana e adquiram outra, nem que a cidade tenha o direito de fazer com que os homens voem ou, o que é igualmente impossível, que os homens olhem como honroso o que provoca riso ou náusea; entendemos, sim, que ocorrem certas circunstâncias, dadas as quais se dá também a reverência e o medo dos súditos para com a cidade, e retiradas as quais se retiram também a reverência e o medo e, com eles, a própria cidade" (*Tratado Político*, IV, 4, p. 39). Tudo é importante nessa citação, na qual podemos ver a concentração das características dinâmicas de um estruturalismo das paixões. Tudo é importante, começando pelo fato de que, extraída de um tratado nominalmente político, ela também oferece as ferramentas que permitem pensar amplamente as ordens institucionais *qualquer que seja sua natureza* – e revela-se do *Tratado político* de Espinosa que podemos fazer uma leitura como *teoria geral das instituições sociais* (ver Lordon 2008a e, nesta obra, Capítulos 5 e 6). Pensar as ordens institucionais, portanto, *mas, sobretudo, suas crises.*

Afinal, qualquer instituição não passa de uma estabilização temporária de certa relação de potências, sendo esta a mesma que tal instituição estabelece com os indivíduos contidos (a conter) em seu império. O *imperium* da instituição nada mais é que o afeto comum que ela consegue produzir para determinar que os indivíduos vivam de acordo com sua norma – e que Espinosa chama de *obsequium*, afeto de reconhecimento da autoridade institucional e de obediência aos seus comandos: assim, o *obsequium* salarial produz em todos os normalizados o movimento de se levantar pela manhã para "ir ao trabalho" e fazer o que foi designado a fazer. Porém, como todo afeto, esse afeto comum só é determinante na condição de não ser "reprimido ou suprimido por um afeto contrário e de intensidade superior". Indo da reprodução do regime à crise aberta, a relação de potência entre o *obsequium* institucional e os afetos contrários, reacionais, que fazem nascer muito frequentemente a subordinação e o comando, essa relação entre a instituição e seus sujeitos é, em graus diversos, sempre tensa. Também o *imperium* institucional é incapaz de estabilização definitiva, fragilidade intrínseca e horizonte permanente de crise, diante do que Espinosa cria os termos a respeito dessa instituição "canônica" que é o Estado: "Considero que o magistrado supremo, em qualquer cidade, só tem direitos sobre os súditos na medida em que seu poder seja superior ao deles" (Carta n. 50 – Espinosa 1983, p. 391). Não existe instituição para sempre, porque as instituições devem existir com os indivíduos que as habitam – ainda que se pense o contrário. Sua resistência a se deixar normalizar, mais fortemente o abuso de poder ao qual frequentemente as instituições estão inclinadas, na figura daqueles que as dirigem, tentação de todo poder de se estender indefinidamente, são muitos dos riscos com os quais cada instituição deve contar; risco de ultrapassar o limite invisível da indignação, essa irredutível soberania da consciência que um dia se precipita no descontentamento aberto e liberado do comando institucional: "Donde se segue que tudo aquilo que ninguém pode ser induzido, por recompensas ou ameaças, a fazer não pertence aos direitos da cidade. Por exemplo, ninguém pode ceder a faculdade de julgar: efetivamente, com que recompensas ou ameaças pode o homem ser induzido a crer que o todo não é maior que uma sua parte, que Deus não existe ou que o corpo, que ele vê que é finito, é um ser infinito e, de uma maneira geral, a acreditar em alguma coisa contrária àquilo que ele sente ou pensa?" (*TP*, III, 8, p. 29). Desse modo, existem bordas para as normalizações que a instituição pode receber de seus sujeitos, bordas que podem ser extravasadas, levando a instituição a pecar – isto é, a atingir aquilo que pode causar sua destruição. Existem, por exemplo, "certas circunstâncias, dadas as quais se dá também a reverência e o medo dos assalariados em relação ao empregador, e sem as quais se retiram também a reverência e o medo e, com eles, a obediência salarial". "Indignação": é esse afeto político genérico que Espinosa considera o motor de todas as sedições. Obviamente que ele deve ser compartilhado em escala suficientemente grande para, como afeto comum reacional, colocar-se contra o afeto comum institucional.

Logo, nada pode congelar a dinâmica coletiva dos afetos – e com isso garantir a perenidade às ordens institucionais que daí procedem. Eis, então, em que ponto um estruturalismo espinosista das paixões pode se religar com a transformação e a história: nesse ponto, onde o fracasso das interações institucionais que efetuam as relações estruturais faz renascer a indignação e alimenta o antagonismo dos afetos comuns. Pelo curto-circuito de uma metonímia que confunde o processo gerador com o efeito engendrado, poderíamos, portanto, dizer que uma relação social, uma estrutura, uma instituição nada mais são do que afetos comuns. Mas o que um afeto comum sustenta, outro afeto comum, contrário e mais potente, pode desfazer. Um estruturalismo das paixões é, assim, necessariamente um estruturalismo dinâmico, já que os polos de potência individuados só são contidos em uma ordem institucional por balanças afetivas que nada, jamais, consegue evitar que venham a ser modificadas, mesmo que o acúmulo de afetos tristes durante longo período faça com que seu limite de intolerável seja alcançado por um número suficiente de sujeitos, mesmo que um incremento de dominação imprudente o torne odiado por todos – e a história está cheia desses pequenos acontecimentos, desses microabusos (em demasia) que precipitam brutalmente uma sedição de grande amplitude, efeito aparentemente sem ponto em comum com sua causa, uma vez que foi preparado por acúmulos de longa data. A dinâmica dos afetos coletivos é, dessa forma, sempre suscetível à bifurcação, e o princípio formal do afeto comum que protegia a instituição de conhecer, então, uma repolarização se inverte, ensaiando uma contestação, às vezes, até chegar à sua destruição. Mas o limite do que pode ser dito de modo geral é rapidamente atingido e apenas a clínica afetiva de uma dada situação institucional pode decidir quanto à formação, contingente *a priori*, de uma dinâmica centrífuga das paixões coletivas ou, antes, à estagnação no *obsequium*. A raridade das erupções afetivas anti-institucionais atesta em si mesma as exigentes condições requeridas pela formação de um afeto comum sedicioso, isto é, de um afeto comum suficientemente intenso para vencer os *obsequia* individuais, esse balanço (passional) que cada um possui em sua situação de normalizado.

Sedição e crises, ou o determinismo passional buscado em novas direções

Seja na reprodução ou na crise, a pergunta continua sempre a mesma: a que tipos de movimentos as potências conativas estão afetivamente determinadas? Dispor de uma pergunta dessa natureza fornece, em todo caso, a ocasião de sair da antinomia das estruturas minerais votadas à reprodução e da *agency* supostamente sempre livre e capaz de tudo, se ela "quiser" (aliás, não entendemos que ela não "queira" com mais frequência...). Uma vez que são habitadas por polos de potência, há um tanto de *agency* nas estruturas, mas de *agency* restrita, determinada, a maior parte do tempo, a efetuar os movimentos requeridos pela normalização institucional, mas também, às vezes, determinada a dela escapar, se porventura as correntes de afetos coletivos vierem a se reverter. Tomando as duas pontas da cadeia, comumente consideradas contraditórias, poderíamos, então, responder assim à pergunta, feita em maio de 1968, sobre se "são as estruturas que descem às ruas". A resposta é: são primeiramente os corpos individuais desejantes que descem, mas eles só descem por terem sido afetados de certa maneira nas e pelas estruturas, isto é, sem paradoxo algum, eles descem para estarem presos às estruturas que os fizeram descer – e porque elas acabaram lhes parecendo odiosas.

Nem necessária nem impossível, a bifurcação no regime afetivo coletivo de uma instituição, quando ela se produz, é um acontecimento engendrado por ela e que a recoloca em questão. É aqui que se quebra a aliança considerada indestrutível da transformação histórica e da liberdade, pois, se os *conatus* podem começar a fazer coisas que não faziam até então, em nenhum momento, entretanto, eles param de ser determinados a suas sucessivas ações particulares. A filosofia do sujeito, e as ciências sociais que dela usufruem, sempre acreditaram atingir seu ápice com os episódios revolucionários ou os processos de crise – supostamente fora da expectativa de qualquer ponto de vista estruturalista e determinista. Contestações e revoltas seriam próprias do livre-arbítrio e só dele; rebeliões seriam acessíveis apenas por almas incondicionadas. Ali onde o determinismo estivesse vinculado à servidão, as movimentações da história atestariam os triunfos da liberdade – isto é, sua irredutibilidade. Mas isso significa desconhecer a variedade de coisas às quais os homens podem estar determinados. Tornar-se sedicioso não é fazer um salto miraculoso fora da ordem causal, mas somente se ver determinado a fazer *outra coisa*. As sedições ou as revoluções não são momentos abençoados de suspensão do encadeamento das causas e dos efeitos ou de recuperação pelos homens de um poder de criação incondicionado. É sempre o jogo necessário das potências e das paixões, mas perseguidas em outras direções. Novas afecções produziram novos afetos, que determinaram novos movimentos – agora centrífugos. Em vez de fazer, por exemplo, os gestos do *obsequium* salarial, os corpos escapam e se movimentam diferentemente: em direção ao piquete de greve, ao escritório do diretor a ser sequestrado ou à rua. Mas é justamente "alguma coisa" – o discurso excessivo, a demissão abusiva, o acordo trabalhista injusto –, e os afetos que seguem, que os motivaram. Não é necessário invocar nenhuma interrupção do determinismo para compreender esse tipo de movimentos, mas, antes, analisar precisamente como se constituíram as novas formações de afetos e como o estado das estruturas facilitou ou atravancou sua operação.

"Eu mantenho sempre o direito natural"

Sem jamais renunciar a seu determinismo intransigente, no qual ele viu o meio de acabar com a ilusão de uma exceção humana na ordem da natureza, fantasmagoria do mundo humano que se vê como "um império num império"[6] (*Ética,* III, Prefácio), Espinosa também proclamou, contra Hobbes, o fim do fim da política: mesmo se ainda tivesse algum teor de realidade, o contrato não pretenderia selar definitivamente as relações entre os sujeitos e o soberano, e a transferência de potência tem algo de intrinsecamente temporário, para não dizer de intrinsecamente precário. Esse é o sentido de sua resposta a Jelles, que lhe pergunta "Qual é a diferença entre a concepção política de Hobbes e a minha?" (Espinosa 1983, p. 391, Carta n. 50): "A diferença consiste em que mantenho sempre o direito natural", declara Espinosa, e é justamente por aí, na verdade, que seria

---

6. Ver, a esse respeito, "À propos d'une photo", em Citton e Lordon (2008).

preciso começar: com as potências individuadas tais como elas habitam o mundo e suas estruturas – já que o "direito natural", conceito não jurídico, mas ontoantropológico, nada mais é que a potência (*TP*, II, 4).[7] Ora, o *conatus,* esse "esforço pelo qual cada coisa se esforça por perseverar em seu ser nada mais é do que a sua essência atual" (*Ética,* III, 7), e assim como essa essência é, por natureza, inalienável, as propriedades que são deduzidas dela são necessárias – especialmente os movimentos espontâneos do autômato hermenêutico que somos nós,[8] avaliando se as coisas ajudam ou atrapalham a perseverança,[9] e o esforço que se segue para rechaçar as causas da tristeza.[10] Nenhuma dessas propriedades, portanto, cessaria de produzir seus efeitos pela passagem do estado de natureza ao estado civil, de modo, aliás, tão forte que Espinosa nega, nessa relação, a existência de qualquer descontinuidade de um a outro: a Cidade, segundo ele, "é a continuação do estado da natureza". Como inúmeros comentadores destacaram, o *Tratado político* rompe com o *Tratado teológico-político*, ao abandonar definitivamente todos os resquícios de contratualismo que ainda subsistiam:[11] não há nem "abandono", nem "transferência", nem "cessão" dos direitos naturais ao soberano pela entrada no estado civil, por essa razão específica de que o direito natural, essência atual do homem, não poderia ser considerado alienável sem causar espanto. Também o direito natural de cada um continua a ser exercido, obviamente nas condições afetivas que lhe são feitas, particularmente o fato de sua inclusão na ordem institucional da Cidade, mas sem nunca poder evitar

---

7. "Assim, por direito de natureza (...) de cada indivíduo, estende-se até onde se estende a sua potência. Consequentemente, aquilo que cada homem faz segundo as leis da sua natureza, fá-lo segundo o supremo direito de natureza e tem tanto direito sobre a natureza quanto o valor da sua potência" (*TP*, II, 4).
8. Como o enunciado anteriormente citado (*Ética*, II, 18, escólio). Ver a esse respeito, Vinciguerra (2005).
9. *Ética*, IV, 8: "O conhecimento do bem e do mal nada mais é do que o afeto de alegria ou de tristeza, à medida que dele estamos conscientes".
10. *Ética*, III, 37, demonstração: "Portanto, quanto maior for a tristeza, tanto maior será a potência de agir com a qual o homem se esforçará por afastar a tristeza".
11. Pierre-François Moreau (2005) ressalta que o abandono do contrato já estava em germe no próprio *Tratado teológico-político*.

que esse exercício o leve, em certas circunstâncias, a se voltar contra essa ordem institucional – e o que Espinosa diz da Cidade pode ser estendido a toda configuração de estruturas.

Sem dúvida, para ser completa, essa apresentação de um estruturalismo das paixões exigiria mostrar como estruturas e instituições são *elas próprias* produções passionais coletivas, cristalizações dessa composição de afetos individuais que Espinosa nomeia "potência de multidão" (Lordon 2010a). E as paixões são tanto produtoras quanto produzidas. Em todo caso, nada é linear, unívoco ou monótono nesse processo. Para retomar as palavras exatas de Bourdieu, acontece de a verdade objetiva das estruturas produzir verdades subjetivas desajustadas de sua própria reprodução – assim colocando-a em perigo. Não há o que escolher entre "as estruturas" e "a ação". "A ação" existe quando existem homens-*conatus*; existem estruturas que afetam esses homens e determinam seus movimentos; não existe estrutura eterna quando "eu mantenho sempre o direito natural".

4. A crise econômica em suas paixões*

Os economistas não pensam a catástrofe. Seria preciso se perguntar por quê. A história testemunha, entretanto, muitas devastações propriamente econômicas que levaram as sociedades à beira do caos: a hiperinflação alemã de 1923, os grandes desmantelamentos financeiros e bancários, como aquele de 1929. A crise iniciada em 2007 trazia potencialmente deslocamentos dessa magnitude – sofremos, assim, para figurar concretamente o que teria podido ocasionar a explosão do euro, da qual passamos tão perto no outono de 2011 e no verão de 2012.[1] No entanto, como se a ordem das coisas econômicas fosse supostamente de uma regularidade intrínseca ou, antes, admitisse apenas irregularidades "razoáveis", os economistas não têm outro conceito à disposição, senão o de "crise". O que eles poderiam chamar de "catástrofe"? Talvez uma destruição total das instituições da economia capitalista, isto é, o aniquilamento de seu "objeto" – razão pela qual a "catástrofe" permanece na ordem do impensável, exceto o impensado decisório? Só existirá, então, a "crise". E ainda: os economistas a pensam verdadeiramente?

Isso seria necessário, pois, no campo alargado do debate público e político, a "crise" certamente não faz feio no concurso dos "conceitos"

---

* Este capítulo é a versão modificada de um texto publicado em *Critique*, "Penser la catastrophe", n. 783-784, agosto-setembro de 2012.

1. A história talvez não esteja terminada no momento em que essas linhas são escritas.

mais malconstruídos. Para se ter uma ideia, basta pensar na proliferação incontrolada das "crises" de todos os tipos, "econômica", claro, mas igualmente "política", "social", "ambiental", "moral" ou – de modo absoluto – "de civilização". E é preciso também se interrogar sobre o sentido que poderia muito bem revestir a ideia de uma "crise econômica" continuamente evocada... há quase 40 anos. Não é preciso, portanto, contar com o discurso "midiático-especializado", que utiliza frequentemente o termo, para ir além das apreensões de senso comum que fazem a denominação genérica de humores políticos e sociais tristes, sentimentos de insatisfações coletivas e mal-estares variados, enfim, todos bem ou mal redutíveis ao enunciado implícito: "A crise é quando alguma coisa vai mal" – tipicamente, 30 anos de desemprego em massa, 30 anos de crise. Ora, com a liberdade para permanecer no registro das formulações vernáculas, a crise não é "quando alguma coisa vai mal", é "quando alguma coisa muda".

Porém, o que é "alguma coisa", objeto pertinente da mudança passível de qualificar uma crise? Não podemos dizer que a teoria econômica padrão (neoclássica) tenha brilhado por sua profundidade analítica, que se contentou com a mudança de sinal de uma derivada, aliás um retorno do caminho de crescimento: uma crise é uma flutuação para baixo na evolução do produto interno bruto. Em sua versão mais "maximalista",[2] a teoria neoclássica chega até mesmo a sustentar que, sendo a economia por si mesma um sistema de mercados perfeitamente estável e autorregulado, a desarmonia só pode vir de fora, e as flutuações só podem ter por princípio "choques exógenos", em geral, choques "de oferta", já que, nesse cenário muito particular e muito antikeynesiano, a oferta cria sua própria demanda – logo, nunca é desse segundo lado (da demanda) que podem vir os problemas. Assim, por exemplo, a Grande Depressão dos anos 1930 seria o produto de um "choque de oferta", nesse caso enorme, acontecimento bem inconveniente, vindo de fora, mas que, aliás, não se sabe exatamente bem de onde, e que teria brutalmente alterado as funções de produção –

---

2. Aquela dita dos *real business cycles*.

algo como um ataque massivo de estupidez coletiva que engendrou um repentino desmantelamento da produtividade. A lição é evidentemente transparente: o sistema dos mercados deixado por sua própria conta não conhece a crise, ele só a vivencia por estar inevitavelmente vinculado com o exterior (político, petrolífero, geoestratégico, tecnológico etc.), única origem de suas perturbações.

Fala-se evidentemente que a ciência econômica não se comporta muito bem enquanto continua a "nobelizar" esse tipo de contorção,[3] destinada a juntar alguns fatos dificilmente contestáveis (houve uma Grande Depressão, e outras crises também) e a fazer a defesa a qualquer custo de uma imagem dogmática da economia como "equilíbrio geral de mercados" otimizado e estável.[4] Devemos ser honestos em reconhecer que, perto dessas aberrações, a macroeconomia keynesiana não criou um conceito de crise muito mais profundo: também para ela, a crise é a flutuação conjuntural – aquela que, ao contrário da posição neoclássica que se contenta em esperar o jogo regulador espontâneo dos mercados, conclama as intervenções contracíclicas dos diferentes instrumentos da política econômica.

Vida e morte dos regimes de acumulação

A chamada teoria "da Regulação"[5] se definiu precisamente contra a pobreza dessas conceituações da crise para pensar a ruptura do início dos anos 1970 – as taxas de crescimento da produção e da

---

3. Robert Lucas, Finn Kydland, Edward Prescott.
4. Para ser realmente honesto, é importante sublinhar a dissonância entre, de um lado, o que deve ser nomeado *stricto sensu* a teoria do equilíbrio geral, que nunca escondeu não ser capaz de demonstrar a estabilidade do equilíbrio, e, de outro, a macroeconomia, inspirada por um enquadramento suficientemente simplificado para que a característica de estabilidade seja restaurada.
5. Na lista das obras fundadoras é preciso citar Aglietta (1976) e Boyer e Mistral (1978). Ver também Boyer e Saillard (orgs.) (1995) e Boyer (1990).

produtividade passam intensamente de uma tendência de 4% a 5% ao ano a um nível bem inferior, de 2% a 2,5% –, ruptura que não era visivelmente justificável nem pela denegação neoclássica (na teoria) nem pelas simples medidas de influência keynesiana (na prática).[6] Tratava-se de pensar, portanto, em outra coisa que não fosse uma flutuação banal, outra coisa que tivesse a ver com uma *mudança de época*. Inspirada pela historicização dialética herdada do marxismo, a teoria da Regulação teve, então, como primeiro movimento, romper com o universalismo trans-histórico (ou, antes, a-histórico) das "leis da economia", a fim de pensar a acumulação do capital em suas sequências particulares, isto é, como processo *periodizado*. Ainda era preciso, nesse processo, abandonar a imagem originária da economia como "sistema de mercados" e tomar por objeto alternativo o *capitalismo*, desde então concebido como conjunto de relações sociais institucionalmente aparelhadas, e cumprir a ideia de que, se o capitalismo só se faz ver em suas configurações institucionais, logo, ele está *constitutivamente* sujeito a transformações históricas (assim como a variações geográficas). O capitalismo muda, porque suas armaduras institucionais mudam. Se as relações sociais do capitalismo são suas invariantes de longo período, as instituições que as exprimem *particularmente* são produtos da história e, como tais, contingentes e temporárias, passíveis de formação e transformação pela história. E quem não teria essa intuição clara? A relação fundamental do assalariado não recebe atualizações bem diferentes de acordo com o modo como a olhamos nos 30 primeiros anos do século XX, de 1945 a 1985 ou sob o regime da globalização neoliberal? E igualmente para as formas da concorrência, aquelas do banco-finança, das organizações industriais, dos modos de intervenção do Estado etc. A teoria da Regulação dá certa consistência analítica a essa intuição elementar, porém correta, de que o capitalismo *varia*. Mudam as formas institucionais e mudam os mecanismos que guiam a acumulação do capital, e consequentemente as dinâmicas macroeconômicas dos caminhos do crescimento – regulares ou instáveis,

---

6.   Conforme testemunham as duas tentativas de influência keynesiana (Jacques Chirac 1974 a 1976 e Pierre Mauroy 1981 a 1982), solidárias no mesmo fracasso.

em ritmo elevado ou fraco, com taxas de emprego altas ou baixas, com tal ou qual consequência sobre a distribuição da renda e as desigualdades etc. O capitalismo, desse modo, só se mostra na sucessão histórica de seus regimes de acumulação, e chamamos de "crise" a transição de uma dessas "épocas" a outra – a crise "é quando alguma coisa muda", e o que muda em uma crise, insiste a teoria da Regulação, é a coerência de conjunto de um regime de acumulação.

Ora, a crise necessariamente acontece, porque as relações sociais capitalistas expressas em certo conjunto de formas institucionais são intrinsecamente contraditórias e porque as instituições só podem acomodar temporariamente essas contradições – "regulá-las", daí o nome da teoria. Assim, o regime de acumulação fordista, por exemplo, que reside na extração dos ganhos de produtividade pelo alongamento das séries, chega ao seu limite quando o mercado interno atinge a saturação e passa de uma demanda inicial de equipamento a uma demanda de renovação – menos homogênea, exigindo séries mais curtas e mais diferenciadas, logo, contraditórias em relação às formas vigentes da organização industrial, e perturbando seu regime de produtividade. Buscar prolongar a lógica fordista das séries longas por substituição das exportações pelo consumo interno só faz aumentar a desestabilização do regime cujo fechamento macroeconômico reside na progressão forte e regular dos salários, virtuosa em um esquema de crescimento autocentrado, no qual a dissolução do consumo interno é decisiva, porém, considerada equivocamente, visto que a economia se abre para além de certa fronteira e se encontra engajada no jogo da competitividade pelos custos. Em uma ilustração típica da intuição dialética marxiana, o fordismo morre, então, por ter sido bem-sucedido, e é o próprio funcionamento de sua estrutura que, no longo prazo, "entortou" essa estrutura, até levá-la a um ponto crítico, no qual se rompe a coerência antiga (Lordon 1995). Do mesmo modo, o regime neoliberal se encontra em perigo, por ter liberado os mercados de capitais e, consequentemente, por ter deixado as finanças estenderem suas operações até o ponto em que a acumulação de riscos e dívidas (públicas *e* privadas) já não é gerenciável, não passando mais, portanto, por processos resolutivos, senão em uma sucessão de defeitos massivos extremamente desestabilizadores (a incapacidade das famílias estadunidenses diante de seus créditos hipotecários *subprimes,* as insuficiências diante das dívidas soberanas, como na Grécia).

Acidentalmente, o regime de acumulação neoliberal mostra da melhor forma possível tudo o que separa analiticamente a crise conceituada como ruptura de um antigo esquema coerente da acumulação do capital da "crise-quando-alguma-coisa-vai-mal". O desemprego em massa, assim como as desigualdades ou a precarização, não são de forma alguma os índices de uma "crise" – que duraria 30 anos? –, mas são caracteres *permanentes* desse regime, produtos estáveis de sua coerência instalada – na verdade, há 30 anos... Isso, evidentemente, não significa que a crise não possa atingir esse regime de acumulação – ninguém está imune, e os acontecimentos recentes testemunham esse fato muito bem. Mas, precisamente, o que faz a crise no regime de acumulação neoliberal[7] não se encontra dentre os elementos que alimentam há várias décadas o discurso ordinário sobre "a crise": são as desestabilizações excepcionais[8] produzidas pelo funcionamento da estrutura – especialmente no compartimento das finanças dos mercados – e que a própria estrutura já não é capaz de acomodar: desde 2007 e do choque dos *subprimes*; na verdade, podemos dizer que o regime de acumulação neoliberal entrou em crise.

Porém, ele apenas *entrou*. O que mais é necessário, então, para que ele realmente esteja em crise? São necessárias as forças motrizes efetivamente produtoras de mudança – de transformações institucionais capazes de gerar uma nova "coerência" de conjunto da acumulação capitalista. Como a teoria da Regulação muito destacou, talvez seja diante desse tipo de coisa que cessem os poderes da análise macroeconômica pura, pois todo processo de transformação das formas institucionais

---

7. Que poderíamos nomear de modo mais exato, porém mais pesado, "capitalismo de desregulamentação em função de dominante financeira" (ver Lordon 2008a, epílogo).

8. Excepcionais no que tange à amplitude das variações dos parâmetros macroeconômicos (queda do crescimento, *déficit*, dívidas) e financeiros (desvalorizações massivas de certos ativos).

continua fundamentalmente tributário das práticas políticas. Isso revela a incerteza que inaugura uma fase de desestabilização de grande amplitude, a qual pode tanto desembocar em recomposições muito diversas, mas abandonadas a um jogo de relações de força pouco previsível *ex ante*, quanto ceder espaço a tentativas (dos dominantes!) de acomodar bem ou mal as divergências para manter tudo o que pode ser salvo do sistema precedente – à semelhança, aliás espetacular, dos esforços desesperados dos atuais governos para não ferir em nada as prerrogativas dos mercados de capitais, continuar a submetê-los à normalização das políticas econômicas (por agências de notação interpostas), até aproveitar do estado sísmico para realizar um avanço sem precedente da agenda neoliberal: cortes claros nos orçamentos públicos e sociais, "regras de ouro" orçamentárias, desregulamentações de todo tipo em nome da flexibilidade-competitividade etc., ou até mesmo a intensificação paradoxal do modelo que acaba de estar na origem de um choque marcante na escala da história do capitalismo. Quais são, então, de modo geral, as forças que vêm incidir nessa indeterminação e chacoalhar os processos institucionais em um sentido ou em outro? O ponto de vista de uma ciência social espinosista (Citton e Lordon 2008) dá a seguinte resposta: são os afetos coletivos.

Uma filosofia das crises como acontecimentos passionais

Passar pelo conceito teórico dos afetos é, desse modo, também uma maneira de sublinhar que o estado de crise só se constituiu completamente depois de ter se inscrito como tal nas mentes de cada um. Não se trata de ceder a uma forma extrema de construtivismo que reduziria os fenômenos do mundo social a um puro jogo de representações criadoras, desvinculado de qualquer ancoragem objetiva. Mas se trata de indicar que um determinado estado social, como, por exemplo, aquele que sucede o encadeamento risco sistêmico/contração do crédito/recessão/*deficit*/ políticas de austeridade, só produz seus efeitos pela mediação dos afetos coletivos conforme a sequência elementar que, na teoria espinosista do comportamento, conduz de uma afecção (o encontro com uma coisa exterior) a um afeto (o efeito desse encontro simultaneamente no corpo e na mente) e, desse afeto, a um redirecionamento do impulso de potência do *conatus* (que faz, então, um esforço de uma determinada maneira). Assistir a um jornal televisionado que noticie o fechamento de uma fábrica, ler estatísticas econômicas de emprego em baixa e bônus financeiros em alta, notar mais pobres nas ruas ou, então, receber sua própria carta de demissão, todos são encontros com coisas, são afecções – e também, em primeiríssimo lugar, afecções do corpo: assistir, ouvir, ler. Espinosa chama de afeto a variação de potência de agir do corpo *e* a formação de uma ideia, que resultam *simultaneamente* dessa afecção (*Ética*, III, 3). Nessa simultaneidade, revela-se, então, a bivalência dos afetos como acontecimentos ao mesmo tempo corporais e mentais, expressão, aliás, da união profunda do corpo e da mente, em que é preciso ver o quanto ela faz da ideação um fenômeno inseparável da vida passional, e até, na verdade, uma de suas manifestações. Não há diferença de ordem a ser estabelecida entre "as ideias" e "as paixões", como quer a representação corrente, menos ainda antinomia entre elas: não há ideia que não nasça de uma afecção antecedente e na vizinhança de seus afetos. Esse é o motivo pelo qual evocar os afetos como termo mediador entre as afecções (socioeconômicas) e os movimentos de corpos dos agentes (as reações que, compostas, sustentarão tal ou qual dinâmica política) não significa reenviá-los a um universo obscuro de paixões brutas e irrefletidas, mas, sim, considerá-los na formação de complexos ideais-passionais, em que o suporte passional dos conteúdos ideais é aquilo mesmo que determina esses movimentos de corpos, individuais e coletivos. Os corpos só se movem por terem sido afetados, sendo a questão geral, portanto, e especialmente a questão política, saber de que maneiras tal afecção produz tais afetos diferenciados.

Evidentemente nada autoriza supor que uma mesma afecção afete a todos de maneira idêntica. Espinosa, aliás, diz explicitamente o contrário: "Homens diferentes podem ser afetados diferentemente por um só e mesmo objeto, e um só e mesmo homem pode, em momentos diferentes, ser afetado diferentemente por um só e mesmo objeto" (*Ética*, III, 51). É isso, pois as afecções são, por assim dizer, refratadas pela complexão afetiva dos indivíduos (que Espinosa chama de *ingenium*). Ora, a exposição dos mecanismos fundamentais de formação do *ingenium* individual, como traços sedimentados das experiências afetivas passadas,[9] chama seu prolongamento sob uma espécie de sociologia que dá conta dos reagrupamentos dos indivíduos por classes de experiências semelhantes, dos quais resulta a formação de *ingenia* (em parte) semelhantes.[10]

Através da espessura da estratificação social, as afecções da crise econômica são, portanto, refratadas diferentemente, segundo as diferentes classes de *ingenia*, para produzir suas variadas ideias-afetos – isto é, seus efeitos políticos. Assim, a situação de crise só se constitui completamente no momento em que o estado das coisas determina, através do *ingenium* diferenciado do corpo social, afetos comuns de recusa. Por uma tautologia criadora característica do mundo social, existe (plenamente) crise quando, de uma dada afecção econômica, forma-se a ideia-afeto majoritária de que há crise.[11] Ou, mais exatamente, quando há uma *continuidade* nessa ideia-afeto, quando ela atinge um ponto intolerável e que, para além do habitual "estamos em crise", de modo que possa ocupar as mentes sem nenhuma consequência durante décadas, ela induz movimentos reacionais de corpos, movimentos políticos, suficientemente potentes para conduzir a uma transformação significativa das formas institucionais, da qual emergirá um novo regime de acumulação. Qualquer julgamento do tipo "estamos em crise" não é, portanto, elegível à categoria de *julgamento*

---

9. Para se aprofundar no tema do traço e do traçado na teoria espinosista do *ingenium*, ver Vinciguerra (2005).

10. Somente em parte, porque sempre resta, na trajetória biográfica de um indivíduo, um conjunto de experiências idiossincráticas, de modo que, tão próximos sociologicamente, dois indivíduos não poderão jamais ter *ingenia* realmente idênticos.

11. A formação de tal ideia-afeto majoritária não acontece, aliás, por si só; e seria necessário, de modo geral, mas também em cada caso, expor os mecanismos sociais que determinam tal formação: influências interindividuais miméticas, efeitos de autoridade transitando por locutores autorizados ou formadores de opinião, conduzindo a polos de capital simbólico concentrado etc.

de crise, conforme testemunham as décadas passadas de discurso público saturadas de "propostas de crise", mas *sem continuidade*. É o espírito de continuidade, precisamente, que qualifica o julgamento de crise: um julgamento de crise é uma ideia-afeto que tem o poder de unir o gesto à palavra. E isso porque também o acontecimento da crise só se estabelece com certeza *post festum*: que avisos de crise proliferem no discurso público definitivamente não basta para assegurar a existência da crise, como testemunha sua onipresença há 30 anos, mesmo quando a configuração neoliberal do capitalismo não parava de ser reforçada – e o paradoxo é impressionante entre esse sentimento coletivo da "crise" e o notável caráter estacionário das formas institucionais do presente regime de acumulação. A crise, portanto, só é conhecida *quando ela acontece*, precisamente porque ela é fundamentalmente uma *passagem à ação*. Também todos os julgamentos anunciadores que a precedem são nulos e inacabados se não levam o corpo coletivo ao ponto (verdadeiramente) crítico: o ponto em que ele se põe em movimento. Então, é preciso, antes, considerar, desses julgamentos que reivindicam a exterioridade, isto é, o ponto de vista privilegiado de onde crê poder se dizer o devir-crítico do mundo, os efeitos "na interioridade", e dizer em que medida eles pertencem ao mundo do qual pensam ter sido extraídos, no seio do qual, privados do poder de veracidade objetiva que imaginam possuir, eles contribuem de fato para a chegada, ainda que contingente, do acontecimento cujo diagnóstico externo pretendem realizar, pois ficar repetindo "estamos em crise" é *também* uma contribuição, ainda que interior, para a dinâmica social de conjunto, dinâmica dos afetos e dos julgamentos coletivos, que pode eventualmente acabar determinando a junção do gesto à palavra, a colocação em movimento e a transformação de estruturas, até que possamos ver *ex post* que ela foi suficientemente forte para merecer ser chamada de crise.

Em todo caso, dizer que só existe crise quando se formou uma ideia-afeto que sustenta um *julgamento de crise* não significa cair na pura arbitrariedade de um construtivismo totalmente autorreferencial, mas sublinhar o tanto de indeterminação que resulta da mediação dos afetos, conforme o próprio enunciado da *Ética* (III, 51). Isso justamente porque não saberíamos, *a priori*, localizar limites de ruptura objetivos que permitissem ter o diagnóstico apenas no registro das afecções econômicas (os fenômenos econômicos, estatisticamente documentados). Lembramos a profecia – com o recuo do tempo derrisoriamente falso – que anunciava "a explosão da sociedade francesa", se o número de desempregados ultrapassasse os 500 mil – era bem o início dos anos 1970 na França de Pompidou. Certamente porque essa elevação aconteceu progressivamente (e obviamente por inúmeras outras razões), a afecção econômica do desemprego em massa não produziu uma ideia-afeto coletiva suficientemente potente para fazer passar o limite do intolerável à opinião. Duvidamos de que possa existir em algum lugar uma taxa de desemprego (15%? 25%? Mas 25% é a taxa na Espanha, e ela não se mexe, pelo menos não ainda; talvez nunca?) que acabaria ocasionando desordens sociais que tendessem à mobilização popular em grande escala – e, enfim, transformações políticas substanciais –, mas ninguém pode dizer onde se encontra exatamente esse ponto crítico, cuja localização emergente é de fato totalmente endógena. Da mesma maneira, ficamos espantados com a atitude diferente dos corpos sociais (por exemplo, o francês e o estadunidense), para suportar certo nível de desigualdade, e ainda assim é o *ingenium* coletivo que manifesta suas tolerâncias e intolerâncias.

Assim, *ingenia* coletivos diferentes podem ser afetados diferentemente por uma única e mesma afecção econômica, e um mesmo *ingenium* coletivo pode ser afetado por uma única e mesma afecção econômica de diferentes maneiras em diferentes momentos. Quais afetos coletivos o estado de *credit crunch*, de recessão econômica e de políticas de austeridade vai produzir? É por essa questão que continua em suspenso o devir-crise desse estado, isto é, o nascimento contingente de dinâmicas passionais coletivas suficientemente potentes para levar a uma transformação (política) das instituições do capitalismo – e a uma mudança do regime de acumulação. Da mesma maneira, segue em aberto saber se o estado atual da economia se qualifica como crise *no* capitalismo, cuja aposta seria limitada à passagem de um regime de acumulação a outro, ou como crise *do* capitalismo. Nada pode impedir – ainda que nada torne isso necessário – que a questão do capitalismo em si e da oportunidade de superá-lo seja colocada a favor das desordens atuais. Uma "simples" crise do regime de acumulação poderia, então, mudar para crise do capitalismo se, na continuidade das afecções econômicas presentes, se formasse a ideia-afeto majoritária de que um limite de intolerável tinha sido ultrapassado por quem tem a ver com o próprio *capitalismo*. E se, um dia, esse acontecimento final se realizar, ele assumirá primeiramente a forma de uma crise do regime de acumulação, mas uma crise, de certo modo, do excesso, embalada por uma amplificação afetiva de intensidade inédita.

Uma dinâmica crítica só é lançada por uma formação de potência coletiva determinada a realizar uma ação transformadora. E a própria formação de potência só se constitui sob o golpe de afetos comuns suficientemente intensos. Tais afetos têm a ver com os limites do intolerável, "daquilo que já não pode durar". Mas a extensão do "aquilo" que é objeto do julgamento e a intensidade requerida para que seja julgado "não poder mais durar" são subtraídas de qualquer conhecimento certeiro *a priori*. Logo, para um estado de coisas econômicas se tornar uma crise é preciso saber quais afetos essa afecção vai produzir. Para sua sorte ou seu azar, os poderes vivem nessa indeterminação, à mercê da plasticidade do corpo social, cujas tolerâncias e capacidades de acomodação podem ir espantosamente longe, ou correr o risco de um limite invisível, cuja ultrapassagem só será constatada tarde demais. Desde o estouro da bolha dos *subprimes* em 2007, cinco anos de desordens econômicas profundas ainda não decidiram a qualificação definitiva das coisas. E a questão que segue aberta é saber se esse mesmo conjunto de afecções econômicas e sociais não determinou nenhum movimento coletivo amplo e cedeu espaço apenas a tristezas individuais separadas e a movimentos esporádicos sem continuidade; ou, antes, produziu afetos coletivos, mas portadores de questionamentos limitados, assim como o *New Deal* de Roosevelt, que se manteve no capitalismo, mas reconfigurando o regime de acumulação; ou, ainda, desencadeou a formação de uma potência coletiva revolucionária – a "catástrofe"?

PARTE III – Instituições

5. A legitimidade não existe:

ELEMENTOS PARA UMA TEORIA ESPINOSISTA DAS INSTITUIÇÕES*

Com um entusiasmo bem comparável àquele que outrora fez a fortuna das "estruturas", as ciências sociais de hoje se apaixonaram pelas "instituições". Ninguém sabe dizer exatamente qual é seu conceito – a definição satisfatória de instituição continua escondida –, mas todos têm certeza de saber reconhecê-las *in situ*. Cada um vê a instituição em sua porta, desde a coordenação rotineira pelo semáforo até a seguridade social, e a acumulação dos casos só deixa a essa noção a forma mais fraca de definição: aquela por extensão. Não interessa, todo mundo é institucionalista, até os mais improváveis: a teoria econômica neoclássica se declara, por sua vez, convencida. Justo ela, cujos agentes, há pouco tempo, nem mesmo se encontravam, exceto pela interposição de um leiloeiro oficial – claro que ela vê as instituições à sua maneira, isto é, essencialmente como agenciamentos de contratos otimizados, mas ninguém deveria ficar surpreso com isso... Se destacamos essa particularidade dos economistas-padrão, é possível ver na derrocada do conceito de "estrutura" diante daquele de "instituição" o cerne de toda uma conjuntura intelectual. As estruturas eram a negação do homem; não se podia perdoá-las. Inabitadas ou quase, já que os atores, rebaixados à categoria de ocupantes indiferentes

---

*   Este capítulo é a versão modificada de um texto publicado nos *Cahiers d'Économie Politique*, n. 53, 2007.

de lugares que lhes eram preexistentes, podiam ser negligenciados; as estruturas, eficientes por si mesmas, tiveram o mau gosto de tornar os sujeitos dispensáveis. O "estruturalismo" se mostrou, então, culpado por um crime de lesa-majestade em grande escala, porque a majestade lesada é aquela do eu soberano, a mais propagada, a mais bem-repartida, mesmo entre os intelectuais – acontecia de o *homo academicus* ser tão reticente quanto a média ao ver questionadas suas prerrogativas de sujeito. Contra a estrutura quase mineral, a instituição recupera a carne humana. Nela, vemos atores se dedicando a suas práticas, ela é uma parte desse mundo em que eles investem com suas significações; o sentido é o princípio de suas ações, e são estas definitivamente que movem a história.

É certamente derrisório pretender abarcar, por esse atalho, a mudança tectônica que afetou a vida intelectual no final dos anos 1970, e em cujo regime nos encontramos até hoje. Além disso, seria desonesto querer reduzir o desaparecimento do estruturalismo a um movimento de humor de mentes acadêmicas lutando contra a ofensa feita ao eu – lugar para eles abençoado. Entretanto, não está errado argumentar que as "estruturas" foram reviradas por uma revolta "humanista" que reconfigurou amplamente estas grandes categorias das ciências sociais, as "instituições" e a "legitimidade". Se os empregos teóricos da noção de instituição estão longe de ser univocamente determinados – assim, por exemplo, os regulacionistas a incluem na síntese original de um institucionalismo que continua estrutural (Boyer 2003 e 2004; Théret 2003) –, também é verdade que ela se dedicou idealmente a uma empreitada de restauração teórica do indivíduo-ator e de seus correlatos: o sentido e os valores. A inflexão das problemáticas da legitimidade ilustra esse giro teórico. Para sentir seu alcance, é preciso, de qualquer forma, lembrar que o conceito de legitimidade esteve originalmente vinculado às teorias da dominação. Como o poder ou a autoridade podem operar fora do único recurso da coerção física? Se Bourdieu, por exemplo, encontra essa pergunta weberiana, é justamente para retomar – mas com nova roupagem – a questão marxiana da ideologia, isto é, dos meios simbólicos da dominação. A resposta não está diretamente na noção de legitimidade em si, mas no conceito de violência simbólica. Insensível e inconsciente, não física, mas gnosiológica, a violência simbólica consiste na imposição das categorias dos dominantes aos dominados, e consequentemente de princípios de visão que lhes fazem apreender um mundo objetivamente contingente e desfavorável como se fosse natural e aceitável – talvez até feliz. Poderíamos, então, definir assim a legitimidade em Bourdieu: ela é o efeito específico da violência simbólica – e, por isso, o primeiro fator que contribui para a reprodução de uma ordem de dominação.

Por um efeito de amálgama um tanto previsível, a "dominação" teve a mesma sorte que as "estruturas". Também não há como ficar mais surpreso com o fato de a "legitimidade", levada pelo movimento geral, passar por uma metamorfose comparável àquela que substitui as estruturas pela instituição, em sua versão humanista-teórica. Ela já não é o rastro da violência simbólica, mas o resultado de um acordo pensado das consciências segundo os valores. Em seu nome, são feitos "julgamentos de legitimidade", cujo conceito tem a vantagem de concentrar as propriedades mais notáveis da nova atmosfera intelectual: existem indivíduos, consciências capazes de deliberação e de julgamento; o mundo e suas próprias práticas são sujeitos à sua atividade reflexiva; uma ou mais concepções do bem determinam o sentido dado aos acontecimentos e à ação. Dizer isso é, sem dúvida, correr o risco de uma reconstrução em rascunho grosseiro da paisagem recente das ciências sociais, o que é perfeito para proliferarem os observadores ávidos pelo detalhe e pelas diferenças. Mas, enfim, as imagens em grande plano não são necessariamente mentirosas, e frequentemente há como delas extrair dois ou três robustos fatos estilizados. Apesar das imperfeições inerentes à "visão de longe", é difícil recusar completamente a ideia de uma hegemonia crescente dessas ciências sociais confiantes de serem enfim "reumanizadas". Reticente em relação à ideia de paradigma, François Dosse (2003), que celebra o acontecimento, não hesita, entretanto, em falar de uma "configuração intelectual". Pouco importa, na verdade, o termo escolhido, o que importa é a constatação de uma determinada forma de unidade ou, digamos, de uma comunidade de princípios que possamos escolher pela estenografia "ciências sociais humanistas", pelo vocativo mais sofisticado "virada hermenêutica e pragmática" e, em todo caso, pelo trítico do ator, da consciência reflexiva e do sentido. As substituições respectivas das relações pelos sujeitos, das determinações pela reflexividade, da força pelos valores e do conflito pelo acordo oferecem um tipo de denominador comum que atesta uma mudança de época. Cada um a seu modo, Habermas (2012) e Ricœur (1991) podem ser apresentados como as grandes cauções filosóficas. À sua maneira e com suas diferenças específicas, a micro-história, as sociologias tourainianas e boudonianas, o paradigma da dádiva, entre outros, participam em certa medida dessa discussão.

No campo da economia heterodoxa, a escola das Convenções,[1] à qual adicionaremos a corrente das Economias da Grandeza (Boltanski e Thévenot 1991), é a representante mais típica. Sua preocupação com as dimensões hermenêuticas e morais da ação a diferencia em definitivo da teoria neoclássica, que só conhece os cérebros perfeitamente pré-configurados das antecipações racionais, ou melhor, das máquinas cognitivas que desempenham diversas formas de aprendizagem, mas para as quais, em todos os casos, a questão da legitimidade não faz sentido algum. Para tanto, a legitimidade convencionalista já não tem nada a ver com as problemáticas da dominação, e isso por causa de sua preferência evidente pelos fatos de deliberação e pelas diversas formas do acordo. Se a legitimidade se tornou um conceito central e mesmo a inseparável companheira da "instituição", é porque ela supostamente dá as condições de felicidade: a "boa" instituição é a instituição legítima. Ela é boa, porque o legítimo, agora saído da órbita da violência simbólica, tornou-se da ordem do acordo. Ora, o acordo não é somente desejável para a harmonia – preferível ao conflito – que ele faz reinar, ele tem igualmente excelentes características de coordenação e de mobilização pela adesão. Nessa nova configuração humanista-teórica, encontramos, enfim, os indivíduos-consciências reflexivos e, sobretudo, a natureza verdadeira do

---

1. Para apresentações gerais, ver Batifoulier (2001) e Eymard-Duvernay (2006).

mundo em que eles vivem: trata-se de um mundo moral. O legítimo é a expressão de um *bem* comum e a legitimidade é o primeiro dos requisitos a serem satisfeitos pelas instituições dos homens.

É possível simultaneamente tomar as "instituições" por objetos do mais alto interesse e não querer, no entanto, o quadro intelectual por meio do qual elas conquistaram, minorias à parte, sua eminente posição própria no campo problemático das ciências sociais? Podemos pensar as instituições independentemente do "ator", em cuja bagagem elas prosperarão? É imaginável ter para si uma ideia desmoralizada do mundo institucional, e a "legitimidade" se tornando consequentemente a primeira vítima de tal operação, de acordo com quais outros termos seria possível pensar a manutenção ou, antes, a crise das instituições? Começar a realizar esse programa supõe evidentemente encontrar uma base de partida totalmente refeita. Por mais curioso que isso possa parecer em um primeiro momento, a filosofia de Espinosa oferece exatamente o caminho. Poderemos certamente achar estranho convocar um filósofo clássico para apoiar um projeto de ciência social contemporânea. Mas essa obra é de uma época em que a filosofia não tinha ainda sido expulsa do domínio das positividades pela ciência, e ela guardou para si algumas sólidas aquisições desse fato. E, depois, não é necessário voltar ao pensamento de um filósofo, quando se trata de se desfazer de um humanismo teórico cujas raízes, sabemos bem, são... filosóficas? Ora, não poderíamos encontrar nessa empreitada suporte mais eficaz do que o pensamento espinosista, refratário à ideia humanista do homem, perturbado a ponto de merecer com frequência uma quarentena. Espinosa fala do homem e da ação em termos perfeitamente estranhos em relação às habituais coordenadas do "sujeito". E essa visão anti-humanista (teórica) do homem é projetada por ele no campo político das instituições. Ele nunca disse se estas seriam ou não legítimas. No entanto, ninguém mais do que ele esteve preocupado com a questão de sua persistência ou de sua ruína. Também seu pensamento se moveu dentro de um espaço paradoxal que, mesmo acolhendo as instituições e sua história, acabou sendo abandonado pelo sujeito e pela legitimidade.

A ação sem ator: Conatus e afetos

O estruturalismo teve seus defeitos, e as ciências sociais do ator souberam explorar de modo inteligente essas falhas. Se o abandono do sujeito se constituiu como um dos ódios mais ou menos confessáveis que ele esteve destinado a sofrer, na confrontação direta foi, sobretudo, a história que lhe faltou. É verdade que, desde o início, a eternidade das estruturas não era propícia ao movimento. Como "produzir" história com estruturas "que já estão ali" – e ali por ainda mais e mais tempo – da linguagem, do parentesco ou do inconsciente? A habilidade das ciências sociais humanistas consiste em ter conectado o motivo da raiva com aquele da crítica: se o estruturalismo é incapaz de dinamismo, é porque ele esqueceu os atores. O ponto de vista estratosférico das estruturas não permitirá a inteligência da transformação, pois esta é resultado de práticas e de ação. O argumento humanista-teórico, portanto, sutilmente faz voltar o ator no encalço da mudança. As forças motrizes da história são, em última análise, humanas, já que "são os homens que fazem sua história". Quando se perdem de vista os homens, o pensamento do movimento já não é possível. Traduzido em sua mais simples expressão, o silogismo humanista-teórico enuncia, então, que existe ação, já que existe mudança, e existem atores, já que existe ação. A conclusão se desdobra seguindo a lógica, e é aparentemente difícil não concordar com ela.

Descartando o estruturalismo por sua incapacidade dinâmica, as ciências sociais do ator, entretanto, também abandonaram o que ele tinha de melhor. A suspeita – que ganhou uma etiqueta desonrosa – diante das primeiras evidências da consciência e do sentimento do eu mais imediato só manifestava uma exigência elementar de desapego para com as apreensões comuns, nas quais o discurso particular da ciência (ou da filosofia, pouco importa) normalmente encontra sua principal justificativa. Somos gratos à astronomia por nos informar que, contrariamente às aparências, a Terra não é plana, mas somos bem menos gratos às ciências sociais críticas (o que deveria ser um pleonasmo) por nos dizerem que não somos exatamente como pensávamos. Ora, só podemos ficar surpresos com o grau em que as ciências sociais humanistas, ainda que com estilos às vezes, muito sofisticados, novamente validam a representação espontânea de sua condição humana que os indivíduos criam para si: eles são sujeitos dotados da interioridade de uma consciência moral; em princípio, gozam de uma liberdade de deliberação e de decisão, sem dúvida sob restrições; sua mente comanda com clareza a ação de seu corpo; eles são os atores de seus atos e, em caso de erro, responderão por eles. Tudo o que um indivíduo poderia espontaneamente dizer de si mesmo passa pela adesão e ratificação do humanismo teórico, que lhe dá um caráter de sabedoria.

Ora, das duas premissas do silogismo humanista-teórico apenas a primeira é verdadeiramente convincente. A origem, a vida e a morte das instituições funcionam, na verdade, pela ação. Foi bem isso que faltou ao estruturalismo, e ele perdeu a dinâmica histórica. Mas dizer que existe ação não implica necessariamente, contra as evidências, que existam atores – ao menos no sentido humanista-teórico do termo. Esta é a enorme vantagem da ontoantropologia espinosista: propor uma teoria da ação individuada, mas não subjetivista. O homem não é aí um "ator", ele não é uma mente comandando soberanamente um corpo. O homem é *conatus*. Esforço que desempenha "cada coisa (...) [para] perseverar em seu ser" (*Ética*, III, 6), o *conatus* é um impulso de potência. Poderíamos voltar (e a rigor seria necessário) aos fundamentos da ontologia particular – uma ontologia *da atividade* – da qual se deduz o *conatus* como "essência atual da coisa" (*Ética*, III, 7). Mas o que se apresenta como uma proposição *deduzida* (*Ética*, III, 6), que necessitou, aliás, ser trilhada muito longamente no encadeamento demonstrativo da *Ética*, pode também ser considerada um postulado para uma ciência social espinosista, e mesmo seu ponto de partida característico (para o desenvolvimento completo dessa ideia, ver o Capítulo 2 deste livro). A escolha certamente é se deixar lembrar que o *conatus* advém da potência infinita da natureza naturalizante, potência infinita de *causar*, produzir efeitos, encadear causas e efeitos. O determinismo universal da causalidade é, de certa maneira, outro nome para essa produtividade infinita da natureza que forma as coisas, as quais, por sua vez, tornam-se focos de produtividade, produtoras locais de efeitos, espécies de "delegatárias" da potência infinita da natureza – Deleuze afirma, mais precisamente, que eles a *exprimem* (Deleuze 1968): "Tudo o que existe exprime a natureza de Deus, ou seja, exprime a sua essência de uma maneira definida e determinada" (*Ética*, I, 36, dem.). As coisas, portanto, por serem *modos*, maneiras (*modi*), definidos e determinados de exprimir a atividade produtiva infinita da Natureza-Deus, são "herdeiras", evidentemente em proporções finitas, de seu caráter de potência absolutamente positiva e perseverante, isto é, do movimento intrínseco de produzir efeitos, destinado, todavia, a tomar a forma de um "esforço" (*conatus*), desde que outras potências finitas possam vir para contrabalançar.

Isso tudo não interessa necessariamente a uma ciência social que poderia se contentar em aceitar o *conatus* a título de hipótese, como motor fundamental de toda atividade de um modo finito e, assim, em particular, de toda ação humana. O *conatus* é um impulso de potência. Cada modo é produtivo à altura de sua potência de agir, de seu poder de produzir efeitos. Dessa forma, pelo fato expressivo dos modos, ocorrem *individuações* da potência; o mundo é povoado por indivíduos que se ativam potentemente, ainda que em graus diversos. Sem dúvida, já selecionamos tudo o que essa ontologia da potência e da atividade, transposta em teoria da ação individuada, pode ter de útil para um pensamento da mudança, uma vez que desde seu conceito fundamental – o *conatus* – e em todos seus correlatos – potência, esforço, impulso, *momentum* – ela se apresenta imediatamente como uma dinâmica – poderíamos até dizer, como uma energética.

Mas o *conatus*, esforço genérico da "perseverança no ser", ainda não diz nada em si mesmo daquilo que o determina a dirigir seu impulso por aqui ou por ali, a fazer concretamente isto ou aquilo. Ora, o que dá ao *conatus* suas orientações determinadas, diz Espinosa, são os *afetos*. Mas o que devemos exatamente entender por afetos? "Por afeto, compreendo as afecções do corpo, pelas quais sua potência de agir é aumentada ou diminuída, estimulada ou refreada e, ao mesmo tempo, as ideias dessas afecções" (*Ética*, III, definição 3). Os afetos são, portanto, variações ou modificações de potência. Para uma aproximação ponderada, poderíamos distinguir afecções de afetos da seguinte maneira: uma afecção é (frequentemente) um encontro – a definição sugere, de certa maneira, que se pensem os afetos com base nas afecções *do corpo*; um afeto é, ao mesmo tempo, o rastro físico e mental (Jaquet 2004) produzido por essa afecção e a modificação de potência que lhe é correlata. Isso pode ser dito de modo ainda mais simples: o que acontece comigo? – afecções; o que isso me causa? – afetos. Ora, "o que isso me causa" gira em torno de três afetos que Espinosa qualifica como "primitivos": alegria, tristeza e desejo[2] (*Ética*, III, 11, escólio). Alegria e tristeza são variações, respectivamente, para cima e para baixo da minha potência de agir. Mas o *conatus* reage imediatamente a essas modificações, pois "esforçamo-nos por fazer com que se realize tudo aquilo que imaginamos levar à alegria; esforçamo-nos, por outro lado, por afastar ou destruir tudo aquilo que a isso se opõe, ou seja, tudo aquilo que imaginamos levar à tristeza" (*Ética*, III, 28). Essa proposição é particularmente importante, e por duas razões.

Primeira, ela imediatamente mostra um dos caracteres do espinosismo, que é o de ser um utilitarismo da potência. O *conatus* tem seus gradientes: ele se esforça para remontar as linhas de potência. Assim, os afetos induzem os movimentos. Depois das afecções que indicam o que acontece comigo, e os afetos que indicam o que isso me causa, nós agora saberemos "o que vem na sequência": na sequência, estão desejos e esforços – para buscar as fontes de alegria e afastar as causas de tristeza. A ação é, portanto, induzida pelos afetos. Mas que direções específicas ela segue? A proposição 28 (*Ética*, III) oferece um primeiro elemento de resposta: nós buscamos (ou afastamos) tudo o que *imaginamos* que levará à alegria (ou à tristeza). Ora, a atividade imaginativa, pela qual se formam as ideias de coisas desejáveis, está ela mesma nos arredores dos afetos sentidos: "Cada um julga ou avalia, *de acordo com o seu afeto*, o que é bom ou mau, o que é melhor ou pior" (*Ética*, III, 39, escólio; grifo

---

2. Afetos primitivos dos quais todos os outros afetos serão deduzidos por especificação e combinação.

nosso). Logo, não existe nenhuma autonomia da vida mental. As ideias que tornam conscientes nossos objetos de desejos, e a partir das quais se formam nos princípios de valorização, estão inteiramente na órbita de nossa vida afetiva. "Quanto ao bem e ao mal, também não designam nada de positivo a respeito das coisas, consideradas em si mesmas" (*Ética*, IV, prefácio). "O conhecimento do bem e do mal nada mais é do que o afeto de alegria ou de tristeza, à medida que dele estamos conscientes. (...) Chamamos de bem ou de mal aquilo que estimula ou refreia a conservação de nosso ser" (*Ética*, IV, 8, e dem.). Os afetos são, portanto, imediatamente críticos – ainda que em um sentido bem pouco kantiano. E a subversão espinosista da moral se consuma em *Ética*, III, 9, escólio: "Torna-se, assim, evidente, por tudo isso, que não é por julgarmos uma coisa boa que nos esforçamos por ela, que a queremos, que a apetecemos, que a desejamos, mas, ao contrário, é por nos esforçarmos por ela, por querê-la, por apetecê-la, por desejá-la, que a julgamos boa". Importante inversão da ligação entre valor e desejo, já que, estando longe o valor (posicionado *ex ante*) que determina o desejo, é o desejo, ao contrário, por suas projeções e seus investimentos, que institui o valor.

Resta saber, de qualquer forma, como nós somos afetados, e o que determina que tal afecção produza em nós tal afeto, e não outro. As afecções são afetantes através do filtro do que Espinosa chama de *ingenium*. O *ingenium* é, em certa medida, minha constituição afetiva, o conjunto de minhas maneiras de ser afetado. Espinosa apresenta uma ilustração muito simples disso, no prefácio à quarta parte da *Ética:* "A música é boa para o melancólico; má para o aflito; nem boa nem má para o surdo". O poder de ser afetado do surdo não se estende até as afecções sonoras; quanto aos outros dois, elas certamente os afetam, mas de modos diferentes. E esta é a ideia: as afecções são refratadas por minha constituição afetiva. Logo, existem tantas maneiras de ser afetado, e em seguida de julgar, quantos *ingenia*: "Homens diferentes podem ser afetados diferentemente por um só e mesmo objeto, e um só e mesmo homem pode, em momentos diferentes, ser afetado diferentemente por um só e mesmo objeto" (*Ética*, III, 51). Essa é uma maneira de destacar que o *ingenium* não está dado de uma vez por todas, mas se constitui dinamicamente e se transforma sem parar durante as afeções encontradas e os afetos sentidos – Espinosa, sociólogo *avant la lettre*, não deixa de mencionar a importância assumida pela primeira educação (*Ética*, III, 55, escólio). Aliás, isso porque, encontrando geralmente afecções semelhantes quando suas condições materiais de existência são semelhantes, os *ingenia* se deixam reagrupar em classes de equivalência, caracterizadas por maneiras semelhantes de sentir e julgar, sem, todavia, que esses reagrupamentos excluam certa variedade interna, porque, mesmo sendo próximas, as trajetórias biográficas que eles unem, e ao longo das quais se formam os *ingenia*, continuam sempre singulares.[3]

Evolutivo e, em certa medida, autoalimentado por seu próprio trabalho de tratamento da experiência, o *ingenium* se apresenta sincronicamente como um complexo: ele reúne afetabilidades numerosas; uma única e mesma afecção pode provocar nele ressonâncias múltiplas. Assim, por exemplo, a afecção de uma reforma fiscal que abaixa os impostos pode afetar um mesmo indivíduo alegremente, como contribuinte, mas também tristemente, se ele adquiriu uma maneira de julgar politicamente "à esquerda", que lhe faz lamentar a retração do Estado social, da solidariedade redistributiva etc. Para que lado penderá sua alma *in fine*? A resposta é: para o lado dos afetos mais potentes. Surge aqui um dos aspectos mais centrais do espinosismo, o de ser um "quantitativismo" universal da potência (Ramond 1995). A vida psíquica, como cada coisa no universo, é regida pelo princípio de medida das forças: as coisas se afrontam e as mais potentes vencerão. A grande originalidade de Espinosa é ter trazido esse princípio, que entendemos muito bem pelos enfrentamentos de coisas externas, para a "interioridade" da vida psíquica: "Um afeto não pode ser refreado nem anulado senão por um afeto contrário e mais forte do que o afeto a ser refreado" (*Ética*, IV, 7).

---

3. Podemos, aliás, ver aí uma maneira de levantar a objeção geralmente contraposta à sociologia do *habitus*, reputada incapaz de compreender por quais mecanismos as trajetórias sociais trilhadas em condições iniciais idênticas podem divergir (no seio de uma mesma família, por exemplo).

Desse princípio geral, as proposições de 9 a 18 da quarta parte da *Ética* desenvolvem essas leis de potência que determinam a questão dos conflitos de afetos – caso a causa dos afetos seja imaginada como presente ou ausente, próxima ou distante no tempo, necessária ou contingente etc.

Por mais simplista que pareça, quais traços singulares esse retrato do homem-*conatus* já deixa transparecer? Não vemos nele nenhuma das características pertencentes ao sujeito clássico ou ao ator das ciências sociais individualistas (ou interacionistas). Aqui, não há nenhuma consciência unitária, reflexiva e que decida soberanamente sobre a ação. O homem é um impulso de potência, mas originalmente intransitivo e subdeterminado. Ora, todas as suas determinações complementares lhe chegam de fora. Ele não toma partido nas afecções que lhe atingem e tudo o que se segue se produz de um modo quase automático:[4] longe de ser a instância de comando que geralmente imaginamos, a psique nada mais é que um *lugar* onde se afrontam os afetos determinados pelo trabalho do *ingenium*, dado que ele próprio é o produto heterônomo de uma trajetória (socio)biográfica. Os balanços afetivos que resultam disso determinam, por sua vez, esforços em direção às fontes imaginadas de alegria e em oposição às causas imaginadas de tristeza. Todas essas ideias foram formadas, não por algum *cogito* soberano, mas na própria repercussão dos afetos anteriormente sentidos, pelos quais se constituíram maneiras de sentir e de julgar. O homem é um autômato conativo e afetivo; as orientações que serão assumidas por seu impulso de potência são determinadas por forças que estão essencialmente fora dele. Sem

---

4. Com todo rigor (filosófico), fazendo jus especialmente às partes IV e V da *Ética*, seria preciso suavizar esse retrato para indicar a possibilidade de uma trajetória de afecções pela qual o indivíduo se veja determinado a desenvolver sua razão, enriquecer o conteúdo com ideias racionais de seus pensamentos e, assim, aumentar a participação de sua própria necessidade naquilo que acontece com ele, nos afetos que experimenta, isto é, diminuir sua servidão diante das causas exteriores e enriquecer sua vida afetiva com o que Espinosa chama de "afetos ativos". Entretanto, essa é uma ocorrência muito rara ou muito parcial para interessar significativamente, em primeira instância, às ciências sociais, para as quais a servidão passional continua como hipótese geral mais realista.

nem sequer se dar conta, ele segue as direções e, no entanto, nada disso lhe impede de nutrir, por mecanismos cognitivos que Espinosa detalha (*Ética*, I, Apêndice), a ideia de seu livre-arbítrio ou, antes, a de que sua mente comanda seu corpo! Espinosa atém-se inicialmente ao regime de consciência truncada e de conhecimento mutilado: "Os homens se enganam ao se julgarem livres, julgamento a que chegam apenas porque estão conscientes de suas ações, mas ignoram as causas pelas quais são determinados" (*Ética*, II, 35, escólio).

As renúncias da vida sob as relações institucionais

Se a dupla conceitual *conatus*-afeto serve de base a uma teoria antissubjetivista da ação individuada, é, no entanto, na ordem dos fatos coletivos que ela expressa verdadeiramente todas as suas possibilidades. De fato, depois da *Ética*, e como seu desdobramento lógico, Espinosa escreve o *Tratado político* (TP). Trata-se da realização no espaço das instituições das leis da vida afetiva retiradas da *Ética*. E, na verdade, agora é possível responder a perguntas do seguinte tipo: supondo uma afecção coletiva – em uma empresa, em certa comunidade, no corpo social inteiro –, "o que isso faz com as pessoas?", "como isso as coloca em movimento?". Mas essas são, por excelência, questões políticas! Também capturar o problema institucional desse modo é um meio de sugerir que, da maneira com que o *Tratado político* procede a respeito das instituições *políticas*, compreender uma instituição *em geral* é compreender como se origina, reproduz e eventualmente desfaz a *relação* da instituição com aqueles que vivem sob suas normas. Porém, o que significa compreender essa relação – e também sua dinâmica, é claro – senão recolocar mais uma vez a questão de saber o que "isso faz" com os indivíduos por estarem dentro desse arranjo institucional – como e em que isso os afeta? Essa é justamente a problematização que permite ver no *Tratado político* um verdadeiro paradigma institucionalista. Não que toda instituição, vale dizer, possa ser brutalmente declarada isomorfa em relação ao Estado e deva ser pensada de acordo com o tipo do Estado. Mas porque, para além da questão do tipo do Estado, o *Tratado político* coloca amplamente a questão *das afecções e dos afetos institucionais*. Isso porque é possível aí encontrar certo número de mecanismos fundamentais que podemos considerar como uma gramática das relações institucionais e, consequentemente, desdobrar para casos de instituições mais variados. Podemos mesmo dizer com mais exatidão o que funda a generalidade dessa gramática e a possibilidade desse desdobramento. Isso está fundamentalmente no fato de entrar em uma relação institucional qualquer e entrar no estado civil: nos dois casos, trata-se de renunciar a viver *ex suo ingenio* (*TP*, III, 3) – segundo sua complexão – ou, como diz Espinosa, de renunciar a viver *sui juris* – segundo "seu direito" (*TP*, II, 15). Mas qual é exatamente a natureza desse "direito" ao qual renuncio ao entrar na relação institucional e quais são as forças que me prendem a essa renúncia – sustentando, assim, a relação?

O direito ao qual renuncio é meu "direito natural", diz Espinosa. Ora, duvidamos que o anti-humanismo teórico espinosista seja suscetível a desembocar em um prolongamento jurídico que tomaria a forma dos "direitos do homem". De fato, o direito natural para Espinosa, parecido com o de Hobbes, é perfeitamente estranho ao pensamento do jusnaturalismo e dos direitos subjetivos. O direito natural nada mais é que a expressão bruta do *conatus*. Meu direito sou eu. É o direito de fazer tudo o que estimo ser exigido pelas necessidades de minha perseverança: "A sua potência ou direito natural deve definir-se não pela razão, mas por qualquer apetite pelo qual eles são determinados a agir e com o qual se esforçam por conservar-se" (*TP*, II, 5). Assim, "o direito e instituição da natureza (...) não proíbem senão aquilo que ninguém deseja e que ninguém pode" (*TP*, II, 8). Por consequência, "o direito natural (...) de cada indivíduo, estende-se até onde se estende a sua potência" (*TP*, II, 4). Essas poucas indicações bastam para fazer compreender que esse direito natural, contrariamente a um conceito jurídico, é, na verdade, um conceito fundamentalmente antropológico. Aliás, vemos facilmente como ele é o próprio duplo do *conatus*, cuja natureza é ser um egocentrismo radical, um interessar-se obcecado por si mesmo – o interessar-se fundamental da perseverança no ser (Lordon 2006) –, e uma reivindicação espontânea e ilimitada das coisas: "porque sou eu", essa é a justificativa última do *conatus*. O *conatus* em estado bruto é um querer por si sem nenhum princípio de refreamento nem de moderação *a priori*. O direito natural, portanto, nada mais é que sua capacidade efetiva de satisfazer suas reivindicações em um meio onde outros podem contestá-las: ele é a medida positiva e brutal das potências.

Ora, esse direito natural, "não se opondo a contendas, ódios, ira, dolos, nem a absolutamente nada a que o apetite persuada" (*TP*, II, 8), do qual pressentimos o quanto ele hipoteca a possibilidade da coexistência pacífica, é precisamente aquilo a que se deve renunciar ao entrar no estado civil, e mais amplamente nas relações institucionais. Isso não significa que a entrada nessas relações seja *somente* uma questão de renúncia, pois inúmeras forças passionais empurram também "positivamente" os homens uns em direção aos outros, a começar pelo desejo da perseverança em sua forma mais basal – reproduzir a vida biológica e material –, condenado ao fracasso caso seja buscado solitariamente. E a vida passional é rica em mecanismos que fazem com que os homens concordem entre si... em certa medida. Uma medida, todavia, para além da qual o oportunismo egocêntrico do *conatus* ameaça retomar seus direitos (no sentido figurado e literal do "direito natural"). Logo, não existe na complexão passional dos homens algo suficiente para garantir as harmonias coletivas espontâneas. Também o suplemento de "coerência" deve ser produzido "de fora" por dispositivos aos quais é atribuída principalmente a tarefa de organizar a contenção dos impulsos de desejo, naturalmente anárquicos.[5] Manifestando, assim, o alcance *civilizacional* das instituições, quaisquer que sejam, das quais poderíamos logo dizer que são todas constitutivas do estado civil, oferecendo a esse conceito seu sentido mais geral, para além da simples denotação das únicas instituições *políticas*, a renúncia a viver segundo sua vontade é a própria operação de domesticação dos

---

5. "Principalmente" porque existem também outras soluções de "harmonização" dos *conatus*, além da pura e simples contenção (ver *infra* aqui mesmo).

conatus necessária à sua entrada em um regime de ação coletiva. Também a perspectiva da potência oferece uma visão da instituição sensivelmente diferente, ainda que não necessariamente contraditória, daquelas que viram primeiramente nela um dispositivo de coordenação,[6] ou até uma operação de construção social do sentido (Searle 2005), de doação de uma definição compartilhada das coisas ou, ainda, no registro mais marxista da teoria da regulação, a "codificação das relações sociais fundamentais" (Boyer 1990). Se as construções institucionais fazem com que os homens entrem em suas relações e se os homens são essencialmente *conatus*, isto é, potência, então, a instituição é, *para alguns*, um operador *de renúncia e de civilização*. Levando até o fim a generalização do enquadramento primeiramente político do *Tratado político* para um enquadramento mais amplamente institucionalista, podemos, assim, dizer que os homens considerados nas relações institucionais são os *sujeitos* da instituição – mas, evidentemente, sujeito-*subditus* e não sujeito-*subjectum*, sujeitos assujeitados, como sujeito do soberano.

Resta saber como a renúncia institucional é produzida e como os homens se tornam sujeitos das instituições. Se o *conatus* é uma força, somente outra força ou uma composição de forças pode impedi-lo de ir ao limite do que ele é capaz. Esse é bem o caso da relação institucional, na qual o *conatus* é tido como *uma configuração de potências e de afetos*. Mas os afetos são realmente da ordem da "potência" e da "força"? Sem dúvida alguma: por *definição*, eles são diretamente *quanta* adicionados ou subtraídos à potência de agir ou, antes, auxiliares ou obstáculos diante de sua efetuação. Ainda mais, são também em si mesmos forças distintas que se afrontam na psique de acordo com a lei de medida das potências. Se existe alguma coisa como *potências* afetivas, então, sem dúvida, elas têm papel decisivo na produção e reprodução das renúncias que as instituições impõem a seus sujeitos. E isso ainda mais quando a entrada na relação institucional é, nessa medida, causa de um afeto triste – a ser

---

6. Ver o número especial da *Revue Économique*, "L'économie des conventions", v. 40, n. 2, 1989.

imperativamente vencida, já que, como tal, induz em primeiro lugar a um movimento para afastar a causa – um afeto triste precisamente ligado... à renúncia a viver segundo sua complexão. O abandono do pleno exercício de seu direito natural é, primeiramente, uma amputação do *conatus*, uma restrição contrariante do domínio *a priori* ilimitado de suas efetuações de potência. Certamente que esse *a priori* de ilimitado não resiste um instante à análise, não apenas em razão da finitude das atitudes do corpo humano, mas porque o regime do exercício não restringido dos *conatus* é aquele do estado de natureza. Ora, a violência sem freios das relações e a precariedade da existência que aí predomina reduzem a nada ou quase nada as possibilidades *reais* dos direitos naturais – "como um sozinho em vão se esforçaria por precaver-se de todos, segue-se que o direito natural do homem, enquanto é determinado pela potência de cada um e é de cada um, é nulo e consiste mais numa opinião que numa realidade, porquanto não há nenhuma garantia de o manter" (*TP*, II, 15). Entretanto, o homem que só conhece o estado civil não tem acesso aos ensinamentos dessa experiência contrafactual, sendo que frequentemente a relação institucional lhe aparece inicialmente, portanto, como uma limitação do campo de suas potências, e essa diminuição é necessariamente a causa de um afeto triste.

Não é preciso, no entanto, dizer que a relação institucional é geradora de outros afetos, e notadamente de afetos alegres. A entrada no estado civil, entendido estritamente como a ordem das instituições políticas da Cidade, produz a *segurança*, que é "uma alegria instável, surgida da imagem de uma coisa futura ou passada de cuja realização temos dúvida" (*Ética*, III, 18, escólio 2). Por mais que Espinosa se recuse em *TP* a descrever a saída do estado de natureza nos termos funcionalistas do contratualismo, a emergência do Estado, cujo processo ele reconstitui geneticamente, revela sob sua forma pura a "transação" institucional *de fato* (e não de intenção) pela qual os sujeitos abandonam o pleno exercício de seu direito natural pelo benefício da segurança e seus afetos alegres específicos. De modo similar, a entrada nessa relação institucional que qualificamos de "salarial", de que conhecemos as tantas renúncias para viver "segundo sua inclinação" que ela impõe, destina-se ao acesso ao dinheiro e, consequentemente, ao afeto de alegria ligado à satisfação da perseverança material-biológica em uma economia do trabalho dividido, mas também todos aqueles ligados ao fato de que "todas as coisas acabaram por se resumir ao dinheiro (...) dificilmente [as pessoas] podem imaginar alguma outra espécie de alegria que não seja a que vem acompanhada da ideia de dinheiro como sua causa" (*Ética*, IV, Apêndice, cap. 28). Seria preciso, enfim, acrescentar a isso que certas instituições (geradoras de afetos de alegria ou tristeza), ou, digamos, certos domínios institucionais, ou os campos de conhecimento estão igualmente no início da determinação das orientações concretas do *conatus*, esse impulso de potência *ex ante* intransitivo, que só encontra objetos para perseguir quando está sob o efeito de afecções por coisas externas, principalmente coisas institucionais. Também essas instituições, conformes à perspectiva geral do estruturalismo das paixões (ver o Capítulo 3 deste livro), devem ser vistas em sua positividade, isto é, como potências de determinação do *conatus* em desejo.

Em todo caso, se a análise do *TP* revela uma tendência "institucionalista" bem mais forte do que poderia fazer acreditar seu objeto, é porque as forças e os mecanismos afetivos que ela mostra em funcionamento são de uma generalidade que faz com que sejam encontrados em todos os arranjos institucionais, e não somente no Estado. Afetos políticos por excelência, o *medo* e a *esperança*, cujo jogo de submissão ao soberano é comentado por Espinosa, são também afetos "institucionais" típicos, e não há relação institucional que não os mobilize de uma forma ou outra para prender seus sujeitos a suas renúncias conativas. Nenhuma relação institucional poderia *ex ante* garantir de maneira absoluta os benefícios de seu funcionamento esperado, e a entrada na instituição continua uma aposta cuja balança separa renúncias certas e *esperanças* de benefícios. Inversamente, o *medo*, que é "uma tristeza instável, surgida igualmente da imagem de uma coisa duvidosa" (*Ética*, III, 18, escólio 2), afeta aquele que tenta sair da relação institucional, cujos benefícios específicos serão, então, perdidos e eventualmente só serão substituíveis sob pena de um risco maior. Mas o medo é também aquele das sanções diretas que a instituição pode impor, em certos casos, a quem não se submete a seus requisitos, medo do indivíduo exposto a uma potência maior que a sua e aos danos que ela poderia lhe infligir. Os afetos de medo, que estão no princípio da restrição incorporada, fazem com que a instituição passe por suas maiores economias de força, já que o sujeito detém ele próprio seu gesto ao pensar naquilo "que lhe custaria", isto é, sem que haja necessidade de mobilizar uma força efetiva para contrabalançar fisicamente o impulso do *conatus* que gostaria de voltar por sobre suas renúncias.

De todas as relações institucionais, o estado civil é, sem dúvida, aquele para o qual o recurso à força é o mais evidentemente conhecido de todos como meio de execução da sanção das contravenções. Se, em outro campo, a maioria das desobediências do sujeito salarial para com suas renúncias características – e suas obrigações simétricas de observância, como respeito da disciplina, da hierarquia, dos regulamentos internos – são contidas pelos afetos de medo – aqueles do retorno ao mercado de trabalho, há outras, particularmente quando assumem a forma da contestação aberta, que se expõem, elas também, para encontrar *in fine* a confrontação pela força física. Ainda nesse caso, essa eventualidade é suficientemente conhecida, de modo intuitivo e prático, para normalmente bastar para desencorajar a obstinação pela rebelião. O empregado rebaixado não pode desejar por muito tempo continuar a ocupar fisicamente seu escritório tal como aí o conduziria seu *conatus* sem restrição: no fim das contas, ele será desalojado *manu militari*, e essa cláusula já diz muito em si mesma sobre a natureza das forças que serão aplicadas nessa expulsão. Ela, aliás, diz que, se as coisas andassem mal, seria a força de Estado que se encarregaria da operação, já que a ordem salarial está apoiada na ordem jurídica geral e pode, então, contar definitivamente com toda sua potência de *imposição*. Também a ordem salarial, como a ordem da Cidade, funda, em última análise, a regularidade de seu funcionamento sobre a presença latente nas mentes, quase instantaneamente reativável, da visão das consequências de uma subida aos extremos, conhecimento compactado que permite precisamente manter as interações ordinárias longe dos extremos. Esse é justamente o princípio dos "compromissos dolorosos", das "concessões engolidas", das aceitações de mau grado e de todas as amarguras dos conflitos "malterminados", os quais, ainda que tendo emprestado por um tempo as vias da sedição, tal como a sedição muito codificada da greve, foram rapidamente desencorajados de ir muito mais longe na escalada, cuja possibilidade teórica está, entretanto, sempre aberta ao enfrentamento dos *conatus*. Existem, portanto, relações institucionais que, reproduzindo-se na aparência pelo trabalho único do acordo, têm sempre à mão a força, o espectro de potências institucionais às quais as potências individuais teriam a certeza de sucumbir, intensificando os afetos de medo que dispensam a força de ter de se exercer verdadeiramente.

Aqui, surge algo como a "profundidade" de uma relação institucional, isto é, *a multiplicidade de seus planos de ruptura*, hierarquia de limites que a sedição crescente quebrará uns após os outros, se os sujeitos revoltosos assim puderem e desejarem, sendo a violência desencadeada o seu final. Isso porque, salvo em caso patológico, a subida aos extremos leva "um tempo", mesmo que seja um esquema narrativo e cinematográfico, que está se tornando um clássico acerca da ideia da "pequena besteira" que se desdobra em grande velocidade, pelo ritmo de suas compensações ausentes e de seus efeitos acumulativos. A maior parte do tempo, no entanto, rompemos primeiramente no plano mais imediato, mas tomando o cuidado de permanecer no plano seguinte "para ver". Para escolher um exemplo na ordem salarial, é preciso, assim, ter em mente todas as etapas que, começando com uma insatisfação benigna no ambiente de trabalho, poderiam, por meio de sucessivas rupturas, levar à contestação da autoridade de um superior, em seguida, a um descontentamento mais geral, à greve legal, ao piquete selvagem, ao fechamento da fábrica, ao enfrentamento físico, primeiramente "contido", depois mais e mais duro, com as forças da ordem, para terminar no desafio aberto à potência pública e ao devir-inimigo do Estado – uma trajetória de catástrofe que poderia ser chamada de "dinâmica Potemkin", não no sentido de fachadas de papelão, mas, sim, da dinâmica dos amotinados que acabam se tornando comandantes do navio valendo-se de uma história de carne estragada.[7]

---

7. Para uma leitura espinosista do *Encouraçado Potemkin*, ver F. Lordon. "L'empire des institutions (et leurs crises)", *Revue de la Régulation*, n. 7, 2010.

Claro que sabemos que a escalada se interrompe normalmente em suas primeiras etapas, pois os agentes possuem conhecimento tácito do peso crescente dos desafios de potência envolvidos nas ultrapassagens sucessivas dos estágios de ruptura. O espectro da força última, a força do Estado, está, portanto, no plano de fundo de muitos "compromissos institucionais", cujas transmissões estaríamos enganados de considerar harmonias comunicacionais, esquecendo rápido demais a extrema potência da última instância com a qual determinadas instituições poderiam contar.

Com graus diferentes de acordo com seu tipo, as relações institucionais têm em comum o funcionamento pelos afetos e pela potência. O indivíduo que está aí inserido é, de fato, a presa de um complexo de afetos que sua psique pesa, segundo as ponderações de sua complexão. Espinosa nomeia *obsequium* o comportamento que resulta de um equilíbrio afetivo que determina que o indivíduo seja o sujeito da relação institucional, isto é, a aceitação de se posicionar sob a lei e a observância de seus requisitos. É preciso dizer que o *obsequium* não tem a ver com a escolha de um sujeito-*subjectum* que avaliaria pela transparência de uma consciência reflexiva as vantagens e os inconvenientes de se submeter ou não à instituição. Ele é o *efeito* de uma configuração de forças (afetivas) que atravessam o indivíduo e o determinam a se mover conforme a relação institucional – ou, antes, a tentar escapar de suas garras. Não poderíamos dizer que o indivíduo "não conta nada" no movimento que o leva a se posicionar sob a relação institucional, pois são as suscetibilidades[8] de *seu ingenium* que dão os coeficientes de ponderação à balança afetiva determinante. Porém, feita essa reserva, a própria balança é puro produto do enfrentamento das potências afetivas no cenário interno da psique, um combate em que o renomado sujeito é só o palco, em meio a forças de que ele é a presa – e certamente não o senhor. Suas características idiossincráticas são seguramente mobilizadas, já que dão uma modulação

---

8. Poderíamos compreender a ideia de suscetibilidade do modo como ela funciona na física, como a sensibilidade, em certa relação, de um objeto diante das forças de um campo – assim, a suscetibilidade magnética que determina a imantação de um material mergulhado em um campo magnético.

particular aos efeitos das afecções institucionais – cada indivíduo não é afetado igualmente por uma mesma afecção (*Ética*, III, 51), e existem *ingenia* que, cedendo mais rapidamente a certa forma do medo ou da esperança institucionais, estão mais inclinados ao *obsequium*, ao passo que outros, oferecendo suscetibilidades medianas às mesmas forças, estão mais dispostos à má-vontade, ou seja, à rebelião.

Mas, em todos os casos, os comportamentos observáveis nada mais são que o efeito de uma complexão afetiva biograficamente constituída e das afecções que lhe foi dado refratar. O efeito global em cada um do complexo de afetos nascidos do conjunto das afecções institucionais é resultante de sínteses operadas na psique, de acordo com a lei de medida das potências. O anti-humanismo teórico de Espinosa acrescenta, portanto, seu próprio argumento àquele de um estruturalismo mais clássico que já notava que frequentemente não está no poder de um indivíduo recusar as situações institucionais que lhe são "propostas" – ou, com mais exatidão, que lhe são impostas. Dessa forma, a relação salarial, por exemplo, apresenta-se a um indivíduo apoiada em todo o peso da dependência monetária em economia de divisão do trabalho, sustentada, portanto, por todas as forças de uma *estrutura social*. Opor-se a isso e declarar "eu serei meu próprio patrão" é, sem dúvida, manifestar um *ingenium* antissalarial, mas cujas condições de possibilidade, condições de constituição anterior e de exercício presente não são de responsabilidade do próprio declarante. Ao peso das determinações de posição, que normalmente expõem os indivíduos a afecções diferentes segundo suas coordenadas na estrutura social, acrescenta-se, então, a própria modalidade de sua determinação afetivo-conativa local para conseguir apagar a figura do ator. O homem é um autômato afetivo; é claro que ele não está totalmente como "coisa nenhuma" naquilo que lhe acontece ou, antes, naquilo que se passa nele, já que as características de seu *ingenium* aí estão "para alguma coisa", mas em nenhum caso ele é o autor, no sentido pleno que exige implicitamente o termo. As instituições são agenciamentos de potências e de afetos, e os homens são determinados a se curvar diante delas ou a ir embora, dependendo do caso; mas não há, em todo caso, nenhum sujeito-*subjectum* em operação no processo que faz advir um sujeito-*subditus* institucional. E nenhuma vantagem ao recalcitrante fugitivo, que poderia se sentir tentado a recair em um lirismo da fuga para restaurar a ilusão de sua livre subjetividade.

A ideia de legitimidade: Aporética, circular e oca

Tal perspectiva sobre as instituições e a natureza das determinações que constituem seus sujeitos não poderia deixar de produzir efeitos sobre a ideia de legitimidade. Intensamente utilizada, mas nunca definida, onipresente, mas raramente questionada por si mesma, de uma compreensão aparentemente evidente, porém resistente ao exame menos imediato, a noção de legitimidade, em seus usos contemporâneos, tem atualmente abandonado as problemáticas da violência simbólica para se vincular majoritariamente ao institucionalismo do ator. A frequência de suas aparições está correlacionada à fortuna teórica das "instituições". A primeira questão colocada à instituição é ser legítima. Está em jogo a qualidade, e até mesmo, às vezes, a possibilidade de sua operação, pois tudo funciona atualmente com base "na legitimidade". Nada de arranjo nem de dispositivo que deva satisfazer seu critério. Instrumento de ruptura com o marxismo, acusado (sumariamente) de ficar atrelado ao materialismo das forças produtivas, e que só se interessava de modo reticente pela ordem simbólica, a legitimidade foi o veículo de um "retorno ao homem", que também vive, todos sabem, "de sentido". Ora, o que é a legitimidade, senão a exigência satisfeita de um requisito de sentido, e mais precisamente de aprovação? As condições materiais de existência não determinam tudo, não mais que os parâmetros de posição estrutural; os homens têm uma atividade reflexiva e judiciária, eles se debruçam sobre repertórios de significações e de valores que são mundos morais. Se há verdadeiramente algo como um "império do sentido" (Dosse 2003), então, a legitimidade poderia ser um de seus princípios cardinais.

Romper com o ponto de vista humanista-teórico sobre as instituições leva inevitavelmente a questionar em especial a ideia de legitimidade, pois, se as instituições são agenciamentos de potências e de afetos, *então*, *a legitimidade é falsa*. Para se decidir por esse esvaziamento radical, é preciso ter andado por um tempo em vão dentro do labirinto do conceito de legitimidade, em busca de sua definição perdida. Tanto que vale dizer imediatamente que a referência canônica a Weber não foi, então, um grande salvamento: a legitimidade racional-legal "baseada na crença (...) das ordens estatuídas", a legitimidade tradicional "baseada na crença cotidiana na santidade das tradições vigentes desde sempre", a legitimidade carismática "baseada na veneração (...) do caráter exemplar de uma pessoa" (Weber 2012, p. 141). Dificilmente poderíamos discordar... e é justamente esse o problema! Para sair dessas definições circulares, ou da abdicação que acaba por se contentar em analisar os efeitos institucionais da legitimidade, sem saber verdadeiramente em que ela própria consiste, pensei (Lordon 2000)[9] em dividir o conceito para nele distinguir uma dimensão (inter)subjetiva, feita dos conteúdos substanciais de sentido e de valor aos quais os agentes aderem e dos quais tiram seus julgamentos de legitimidade, e uma dimensão objetiva, esta puramente formal, consistindo simplesmente no fato do *acordo*. O legítimo, nessa montagem, é o que faz acordo, e esse acordo pode potencialmente, aliás, encerrar-se em um conjunto de conteúdos qualquer. Mas o assunto não está resolvido por enquanto, pois, para ser uma forma independente de seus conteúdos, o acordo não deixa de ser uma questão muito concreta: quem está de acordo? E, ainda mais precisamente: o quanto? Para ser elegível como forma e, por consequência, verdade objetiva da legitimidade, o acordo deve ser absolutamente unânime? Mas existe um único fato social que possa reivindicar essa condição de ter passado por unanimidade? Mesmo a língua tem seus falantes dialetais, seus afásicos, seus autistas, seus mudos e o pequeno grupo daqueles que prefeririam outros signos. Se a unanimidade é um critério impossível e desesperador, onde colocar o limite? Em 51%, como em uma eleição? Numa maioria qualificada?

---

9. Digamos de maneira ainda mais clara (se for necessário): a tese que desenvolvo neste capítulo se situa mais ou menos próxima ao oposto exato daquilo que eu defendia então.

Ou, então, numa minoria de bloqueio, mas composta por pessoas conscientes? Evidentemente, o abandono do único critério "consistente" – a unanimidade – faz cair no desvario. A escolha, portanto, situa-se agora entre o impossível e o indefensável. Sobra evidentemente a solução moral: o legítimo é isto, pois isto é o verdadeiro bem.

Ora, talvez o conceito de legitimidade só nos condene a inextricáveis aporias ou a errâncias sem fim por ser um problema malcolocado. Disso resulta que seria vantajoso descartá-lo. Certamente, é uma solução que o ponto de vista espinosista ajuda a adotar mais facilmente, pois, se no mundo institucional e social só existe o jogo das potências e dos afetos, então, a legitimidade não existe. Só existe o estado das forças – contanto que saibamos ver sua diversidade, para além das forças de dominação bruta: forças impessoais inscritas nas estruturas, mas também forças íntimas dos afetos, que operam até nas produções do imaginário (o "sentido") – que determinam que as relações durem ou esvaeçam. Nessas condições, a legitimidade nada mais é que um conceito oco e puramente nominativo: ele não faz outra coisa senão adicionar um qualificativo (inútil) ao estado das coisas. "Legítima", por exemplo, é a apelação suplementar, mas redundante, acrescentada ao simples fato da *existência* de uma instituição. Mas por que acrescentar assim o predicado de legitimidade àquele, verdadeiramente pertinente, da existência perseverante? Por que rebatizar de "legítima" uma relação de potências favorável da qual a instituição extrai o recurso da durabilidade?

Foi, portanto, adquirido o hábito de qualificar de legítima – mas tautologicamente – uma instituição, ou um poder, cuja característica realmente importante é ainda não ter suscitado uma coalizão de potência adversa capaz de abatê-la. Poderíamos voltar à dualidade do objetivo e do subjetivo, mas evidentemente de uma maneira bem diferente, dizendo desta vez que a legitimidade é objetivamente a apelação, ainda que inadequada, da medida das potências, quando ela é subjetivamente a crença no valor de seu próprio ponto de vista – no fim das contas, a legitimidade é que *nós* somos os gentios. A significação objetiva daquilo que insistimos em chamar de legitimidade do Estado, por exemplo, atém-se simplesmente ao fato de ele conseguir mobilizar potência de modo suficiente, de formas variadas – potência de sua força policial, mas também potência de afetos, alegres ou tristes, que determinam os sujeitos ao *obsequium* – para *se manter*. Em vez de buscar explicações escondidas no reino autônomo do sentido, trata-se de voltar a uma imanência grosseira: uma instituição não se mantém porque se compraz dessa virtude um tanto vaporosa que é a "legitimidade", mas simplesmente porque tem suporte e, ainda mais precisamente, *porque não caiu*. Existe mais profundidade do que se possa imaginar nessa aparente trivialidade. As coisas continuam como são até que encontrem outras mais potentes determinadas a destruí-las. Isso não é nada além da consequência mais direta da ontologia do *conatus*.

Então, nós nos enganamos completamente sobre a natureza do que é opor uma contestação em legitimidade. Emitir uma crítica em legitimidade não tem, como tal, nenhum dos sentidos que lhe atribuem o humanismo teórico e, em particular, as gramáticas da *Justificação* (Boltanski e Thévenot 1991). Contestar uma legitimidade nada mais é que *encenar um desafio de potência*, isto é, *tentar lançar uma dinâmica afetiva coletiva suscetível de compor uma potência capaz de rivalizar com a potência instaurada*. Além disso, paradoxalmente, o conceito de legitimidade talvez seja o que encontre mais dificuldades nos usos aos quais ele parece, *a priori*, o mais apropriado, a saber, nas reivindicações minoritárias de legitimidade – pensamos, por exemplo, naquele lugar comum da ciência política, que convida a distinguir legalidade de legitimidade, fazendo-nos considerar Pétain legal e De Gaulle legítimo. Nada melhor do que essas ocasiões para ver o quanto o conceito de legitimidade só pode sair de suas aporias para entrar na moralidade. Uma reivindicação minoritária de legitimidade só tem sentido pela invocação de princípios superiores – moralmente superiores e certos de valerem verdadeiramente, isto é, independentemente –, já que eles precisamente não realizam aqui e agora o acordo majoritário. Supondo que sejamos majoritários – e ainda, em quantos? –, podemos colocar a legitimidade, assim como Deus, do nosso lado; supondo que sejamos minoritários, então, não há outro argumento senão aquele da certeza moral. De fato, é a história que seleciona; aquela de que falamos às vezes, não sem razão, que é a expressão do ponto de vista dos vencedores. De Gaulle é legítimo em 1944 e vence. Em 1940, é outra história – exceto, bem-entendido, de *um* ponto de vista moral.

Porém, se podemos passar aos agentes seus golpes assertivos, é razoável que aqueles que têm por vocação analisar o mundo social os validem sem outra forma de processo? A perspectiva do *conatus* tem a vantagem de impedir toda forma de participação sub-reptícia do teórico da legitimidade nos esforços dos reivindicadores de legitimidade. Ela olha todas essas reivindicações tais como são, nada além disso: empreendimentos de *asserção* desigualmente destinados ao sucesso. Esses empreendimentos se diferenciam por sua potência afirmativa e sua capacidade de reagrupamento. Ainda que em graus diversos, todos têm em comum a característica de responder a um único e mesmo esquema, que não é definitivamente outra coisa senão a pura expressão do direito natural como justificação tautológica de *conatus* exclamando aqui: "É legítimo, porque somos nós!". Não existe estritamente mais nada além desse grito – salvo o futuro ainda desconhecido de um jogo de forças. Os *conatus* estão todos jogados no mesmo plano – o que não quer dizer, evidentemente, que sejam iguais *em potência*. A força de asserção e o dinamismo político irão distingui-los *de fato*. Os enfrentamentos acontecerão e a história dará seu veredito. Qualificar um desses empreendimentos, mais do que outro, de legítimo sem codicilo é um acréscimo indefensável, destinado a recair na alternativa entre o absoluto moral ou as maiorias qualificadas.

E, no entanto, todas as instituições não se equivalem...

Diremos, todavia, que essa evidenciação do conceito de legitimidade tem efeitos de indiferenciação difíceis de aceitar. Desejamos que ele funcione de modo idêntico em uma democracia modelo e na mais assustadora tirania, sob a relação de suas condições gerais de persistência – apenas considerando que uma configuração de potência e de afetos as sustente *efetivamente*. Mas não queremos renunciar a pensar que estamos melhores em uma mais que em outra – e a qualificar essa preferência. Ora, tal qualificação continua perfeitamente possível, mesmo descartando a ideia de legitimidade. Para encontrar aí um caminho, bastaria quase se deixar guiar pela formulação mais espontânea do problema, mesmo que ela aparente ser simples e vulgar: existem instituições ou regimes institucionais em que a vida é mais *agradável* do que em outros. Contrariamente ao que poderíamos de início pensar, essa posição do problema tem em si toda a profundidade da imanência, estando diretamente vinculada aos modos de sentir do *conatus*, e aqui estamos nós novamente com a pergunta inicial: estarmos expostos a tal afecção – em particular às afecções de tal relação institucional –, *o que isso nos causa*? Logo, em vez de buscar critérios escondidos do legítimo, seria talvez mais judicioso *qualificar uma instituição pelo regime coletivo de afetos e de potência que ela instaura*. Temos certamente que considerar mais uma vez as diferenças significativas entre as instituições, mesmo no ponto mais distante da polaridade equivocada do legítimo e do ilegítimo, e particularmente se acabamos de formular a questão do regime coletivo de afetos, completando-a deste modo: essa instituição sob a qual estamos funciona com afetos alegres ou com afetos tristes? Essa é a única questão normativa admitida pelo ponto de vista do *conatus* (ele admite uma!), mas de uma normatividade bem particular: *a normatividade imanente da potência*. Os afetos são os registradores dessa norma, porque, devemos lembrar, são definidos por Espinosa como variações da potência de agir. Não há, na realidade, nenhum valor celeste, salvo na imaginação dos homens, que determina seus esforços para se orientar nesta ou naquela direção. Apenas os gradientes da potência dirigem os *conatus*: os homens se esforçam na busca pelos afetos alegres, pois sua potência de agir é aumentada ou ajudada, e na fuga dos afetos tristes, pois sua potência de agir é diminuída ou reprimida. Só existe a norma imanente do *conatus*, mas ela é bem mais imperativa; e é com base nela que os sujeitos apreciam sua vida sob as relações institucionais.

Para não cair jamais no léxico nem na problemática da legitimidade, Espinosa demonstra plena consciência dos afetos contrastados que podem produzir as instituições e das consequências que daí derivam quanto à sua perenidade... ou à sua ruína. A questão é colocada muito claramente no panorama da Cidade política, mas podemos nos inspirar nisso de modo mais amplo: ela funciona majoritariamente pelo medo ou pela esperança? "Porque a multidão livre conduz-se mais pela esperança que pelo medo, ao passo que uma multidão subjugada conduz-se mais pelo medo que pela esperança: aquela procura cultivar a vida, esta procura somente evitar a morte" (*TP*, V, 6). "Cultivar a vida", para Espinosa, nada tem a ver com uma efusão lírica ou uma notação poética. Trata-se da própria expressão da norma de potência do *conatus*. Se escapar à morte é a forma mínima da perseverança no ser como simples conservação biológica, o culto à vida indica sua forma superior, afirmativa e expansiva, isto é, o esforço para aumentar o domínio e a intensidade de suas potências. Ora, o medo só resulta em arrependimentos de potências e nas formas mais baixas da perseverança: "Da cidade cujos súditos, transidos de medo, não pegam em armas, deve antes dizer-se que estão sem guerra do que dizer-se que têm paz. Porque a paz não é ausência de guerra, mas virtude que nasce da fortaleza de ânimo (...). Além disso, aquela cidade cuja paz depende da inércia dos súditos, os quais são conduzidos como ovelhas, para que aprendam só a servir, mais corretamente se pode dizer uma solidão do que uma cidade" (*TP*, V, 4). Também aqui as palavras não foram deixadas ao acaso. Na *Ética*, que precede em alguns anos o *Tratado político*, Espinosa reserva a "fortaleza de ânimo" a um regime de potência bem alto: "Remeto todas as ações que se seguem dos afetos que estão relacionados à mente à medida que ela compreende, à fortaleza, que divido em firmeza e generosidade" (*Ética*, III, 59, escólio) – "à mente à medida que ela compreende", logo, pelas forças da razão, e não mais pelo trabalho delirante da imaginação, isto é, em um regime já muito libertado da servidão passional e que, por isso, libera o acesso a potências humanas mais altas. A legitimidade, que é, em última análise, uma noção fundamentalmente moral, não tem lugar no universo totalmente desmoralizado de Espinosa. Mas isso certamente não extirpa toda diferença, e as relações institucionais se distinguem dramaticamente por serem mais ou menos propícias à efetuação de nossas potências. "Quando, por conseguinte, dizemos que o melhor estado é aquele onde os homens passam a vida em concórdia, entendo a vida humana, a qual não se define só pela circulação do sangue[10] (...), mas se define acima de tudo pela razão, verdadeira virtude e vida da mente" (*TP*, V, 5).

Repressões (tristes) ou sublimações (alegres) do conatus

As recompensas nem sempre são tão altas quanto a vida e a morte, e as diversas configurações institucionais mostram em todos os níveis a diferenciação das formas de vida, isto é, os graus de potência, que elas propõem a seus sujeitos. Assim, por exemplo, as instituições de regulação do "pegar" podem variar consideravelmente sob a relação de suas soluções de potência. Se existe algo como instituições do "pegar", é porque o *conatus* como impulso de potência contém no repertório de seus gestos mais brutos aquele da *pegada para si*, da captura, da apropriação, até da absorção.[11] Ora, é suficientemente evidente que o egocentrismo pronador do *conatus* está no princípio de movimentos fundamentalmente antissociais, desde quando o que existe para pegar já não é algo para pegar da natureza, e sim para arrancar das mãos de outrem. O potencial de violência carregado pelas pronações anárquicas designa um dos problemas vitais do grupo, ameaçado sem parar em sua reprodução pela divergência das lutas de captação. É por isso que o próprio processo de civilização pode ser considerado por meio de uma economia geral da violência, em que a violência pronadora dos *conatus*, aliás, predomina (Lordon 2006). As construções civilizacionais opostas

---

10. A referência à "circulação do sangue" permite a Espinosa, mesmo que alusivamente, destacar tudo o que diferencia seu *conatus* daquele de Hobbes, pois, em Hobbes, o *conatus* nada mais é que o conjunto dos movimentos, a serviço da reprodução *do* movimento fundamental, o movimento vital, aquele precisamente da circulação do sangue. Ora, o *conatus* espinosista, bem além desse conservacionismo biológico, carrega uma concepção bem mais vasta das efetuações de potência.

11. Sinto-me obrigado a mencionar aqui muito brevemente o problema da constituição das relações dos homens com as coisas, diante do que tomo a liberdade de remeter a meu trabalho *L'intérêt souverain* (Lordon 2006).

às tendências espontaneamente pronadoras dos *conatus* são construções institucionais, uma vez que é o caso de impor limites à expressão sem rédeas dos direitos naturais – "direitos" de cada um de escolher tudo o que deseja e consegue pegar. Pensamos imediatamente no direito, mas, desta vez, no direito jurídico e legal, o direito de Estado, como uma das mais evidentes instituições de contenção dos direitos naturais conativos e de suas tendências pronadoras. Se a instituição do direito legal toma para si os afetos alegres vinculados à segurança das possessões, ela também tem por efeito frustrar os desejos de tomada unilateral soberana e, assim, opor-se frontalmente às efetuações de potência. Dessa maneira, o direito legal proíbe e, para garantir essa proibição, está pronto para contrabalançar as forças conativas por meio de sua própria força – aquela do Estado e de sua polícia. Visto que ele é uma instituição repressiva, que barra pura e simplesmente algumas realizações do *conatus*, o direito funciona aqui majoritariamente pelos afetos tristes – em todo caso, relativamente a outras soluções institucionais de regulação do pegar, pois nem todas essas regulações desvelam necessariamente a forma oposicional interditora.

É assim, por exemplo, o caso da dádiva/contradádiva, que funciona de acordo com uma economia de força bem diferente. Está bem claro, entretanto, que a dádiva/contradádiva tem a ver com o problema do pegar, já que, de certa maneira, anuncia indiretamente a indignidade social e moral da pronação selvagem, colocando no topo da pirâmide do prestígio o gesto contrário de dar. Assim, a tripla obrigação identificada por Mauss (1974) é, em si, um tipo de ato civilizacional que afirma o caráter antissocial do pegar bruto e que coloca o *receber*, pela doação, como única modalidade possível da aquisição de coisas. Poderíamos ver nisso apenas uma proibição de outro gênero, menos jurídica e mais moral. Porém, estaríamos esquecendo que, para garantir um efeito proibidor dessa natureza, a forma de regulação proposta pela dádiva/contradádiva *não se esgota*. Mauss descreve abundantemente as imensas recompensas de prestígio oferecidas àqueles que se lançam na promessa das dádivas e em suas competições de grandeza. Ora, como mostrar mais claramente que, barrando o pegar, a dádiva/contradádiva não restaura menos coisas a pegar, mas, sim, coisas de outro tipo, objetos simbólicos da glória, do prestígio ou da honra, oferecidos em lutas de conquista às vezes muito vivas, mas atualmente *regradas*? O impulso pronador do *conatus*, portanto, não é simplesmente contrabalançado sem outra forma de processo. Soluções alternativas lhe são propostas, novos pontos de aplicação: não mais a escolha brutal de coisas rumo à qual lhe dirigiria seu movimento mais espontâneo, mas a aquisição agonística bem-organizada de grandeza à qual o conduz agora a construção institucional da dádiva cerimonial. Assim, as formas da dádiva/contradádiva não se contentam em barrar a pulsão pronadora do *conatus* por uma oposição frontal de força, elas lhe oferecem um tipo de vaso de expansão ou, mais exatamente, um redirecionamento rumo a novos objetos de desejo. Essa "estratégia" civilizacional de substituição, ou de deslocamento, que subtrai aos desejos pronadores seus objetos mais imediatos, realiza assim uma gigantesca operação de sublimação social, pela qual as pulsões mais brutas do *conatus* são desviadas de seus caminhos potencialmente violentos e metamorfoseadas em impulsos agonísticos, não menos intensos, mas bem-canalizados nas formas de luta instituídas pelo próprio grupo, que controla as regras, as sanções e as recompensas.

Sob essa relação, podemos ver na dádiva/contradádiva um tipo de paradigma civilizacional, que oferece talvez uma das primeiras realizações dessa solução extremamente geral de regulação das pulsões pronadoras dos *conatus*. Eliminar os bens a possuir e substituí-los por *troféus*, cristalizações dos julgamentos de grandeza realizados pelo grupo, é uma estratégia de formação das energias conquistadoras dos *conatus*, das quais encontraremos muitas declinações, até nos universos sociais mais contemporâneos. Como os palcos arcaicos onde primeiramente aconteceram as competições suntuárias da dádiva cerimonial, um bom número desses microcosmos que Bourdieu chama de "campos" são também teatros de uma agonística instituída: aí lutamos intensamente pela conquista dos troféus locais, formas da grandeza específicas do campo, frequentemente disputadas com grande violência, mas uma violência sempre simbolizada, isto é, conforme o *nomos* do campo: a grandeza política é ganha pela conquista eleitoral do poder; a grandeza esportiva, pela performance física de acordo com as regras; a grandeza capitalista, pela oferta pública de compra validada pelos mercados etc. Mas, em todos esses universos, como outrora nos palcos da dádiva cerimonial, o *conatus,* interditado por pronação unilateral brutal e frustrado em suas escolhas espontâneas vê, mesmo assim, serem-lhe oferecidas soluções de realização. Ali onde a proibição do direito legal era sem apelação e sem algo além, deixando o impulso reprimido unicamente em seus afetos tristes, as soluções de sublimação oferecidas pelas agonísticas instituídas propõem efetuações de potência alternativas e substitutivas. Apesar das renúncias que lhe são impostas, como em todas as relações institucionais, *o conatus, então, encontra aí seu lugar* – isto é, afetos alegres. Também a vida sob as instituições de sublimação é mais agradável que sob as instituições de repressão. O impulso existencial do *conatus* só encontra aí uma entristecedora negação de se efetuar, ao contrário das possibilidades de realização que podem se revelar intensamente mobilizadoras. Uma mesma renúncia a exercer plenamente seu direito natural é produzida – já que, em um e outro caso, o "direito" de possuir sem mais nem menos é barrado – porém, sob regimes de afetos muito diferentes. O mesmo problema de regulação do pegar oferece, portanto, em suas diversas soluções institucionais, possibilidades de efetuação de potências desiguais e, definitivamente, formas de vida dessemelhantes.

A legitimidade, ou "Deus e meu direito"

Essas são distinções que os sujeitos dessas instituições sabem fazer muito bem. Nem todos os agentes, aliás, têm a mesma possibilidade social de ascender aos domínios das agonísticas instituídas, e alguns deles, desprovidos das formas de capital social que permitem adquirir os "direitos de entrada" (Mauger 2006), não têm outra escolha senão viver a regulação de seus *conatus* pronadores sob o regime de afetos tristes das instituições de repressão. Nada permite afirmar que tais instituições sejam mais ou menos "legítimas". A única coisa que se pode dizer em relação a isso é que elas são menos provedoras de afetos alegres. "Legítima" ou "ilegítima" é sempre uma questão de afirmação singular, de pontos de vista particulares. Aquele cujo impulso pronador, condenado às instituições de repressão, só vê lhe sendo oferecido um número restrito de possibilidades de efetuação de potência, considera "legítimas" as soluções de realização que ele, apesar de tudo, inventa para si, mesmo quando são declaradas ilegais. Assim, ele chama de legítimas suas raras fontes de afetos alegres. De fato, a economia paralela e a luta de gangues não são menos mobilizadoras de apostas de grandeza do que as competições dos artistas ou dos executivos, e estas, reciprocamente, não são, *no fundo*,[12] menos violentas: "A verdade é que a natureza é só uma e é comum a todos. Mas nós somos enganados pela potência e pela cultura, e daí o dizermos muitas vezes, quando dois indivíduos fazem a mesma coisa, que a um deles é lícito, e ao outro não, fazê-la impunemente, não por ser diferente a coisa, mas quem a faz" (*TP*, VII, 27). Como *todas* as efetuações de potência, sem exceção, aquelas que permanecem disponíveis aos *conatus* mais tolhidos, mesmo correndo o risco da ilegalidade, são consideradas legítimas por eles, e pela legitimidade de seu direito natural (ou do que resta dele), isto é, porque são *suas*. Por um argumento implícito de direito natural absolutamente idêntico, aquele cujo *conatus* goza do acesso às formas mais altas e mais reconhecidas da simbolização social das mesmas pulsões considera ilegítimos todos os esforços que não respeitam estritamente a legalidade do estado civil que lhe garante realizações existenciais também gratificantes e também reconhecidas. Cada um, portanto, adequa ao seu caso o privilégio da legitimidade, e isso, em última análise, segundo a mesma justificação conativa final – "porque sou eu" –, ou, a rigor, consente em fazer com que outros usufruam dele, em relação aos quais sente uma proximidade de determinada natureza ou, melhor dizendo,

---

12. O que não quer dizer que a *forma* não conte nem que todas as violências sejam equivalentes. Aliás, a ordem legal do estado civil distingue muito bem as violências físicas das simbólicas. Existem certamente razões para isso, mas a custo de uma injustiça sistemática.

uma *simpatia*, uma maneira pontualmente semelhante de ser afetado. Fora dessa forma frágil, porém máxima, de descentralização, cada um indexa a legitimidade sobre seu *conatus* e seus próprios afetos alegres; *sua* atividade é a forma superior *da* atividade – desprezo do empreendedor pelo artista (improdutivo), do intelectual pelo empreendedor (inculto), do cientista pelo filósofo (desconhecedor das realidades); e, por toda parte, só surgem disputas por uma metacaptura da legitimidade, isto é, da qualificação como legítima(s) de sua própria atividade de captura e de seus próprios objetos a capturar.

Então, é possível voltar ao problema específico das reivindicações minoritárias de legitimidade, para fazer desta vez a distinção entre reivindicações minoritárias dominadas e reivindicações minoritárias dominantes – para tratar um pouco destas. Afinal, por um lado, ser minoria rebelde e minoria conformada são coisas certamente bem diferentes! Por outro, é o momento de dizer que nem todos os sujeitos da instituição estão abrigados pela mesma insígnia. E nisso não há nada de particularmente surpreendente: em primeiro lugar, uma mesma afecção institucional (como todas elas) pode afetar diferentemente homens diferentes (*Ética*, III, 51); mas, sobretudo, quando a instituição é suficientemente complexa, a diversidade de posições que ela propõe tem por correlata a diversidade das afecções institucionais que ela expõe, e a relação institucional, não selecionando os sujeitos todos de modo idêntico, tampouco os afeta de modo idêntico. Como em toda situação individual ou coletiva, aqueles que reclamam a legitimidade para o arranjo institucional onde eles estão mais bem-posicionados julgam de acordo com seus afetos. A instituição os afeta alegremente; seus interesses de potência os determinam, então, a desejar a perseverança desta – à qual sua própria perseverança está ligada. O discurso de defesa que se segue, de sua parte, é necessariamente *pro domo*, já que a instituição é, em certa medida, sua *domus* existencial. Também a instituição, em sua diversidade de posições e de afecções, distingue seus sujeitos de acordo com a qualidade (julgada por eles) das soluções que ela propõe para a efetuação de seus *conatus*, visto que a vida sob as relações instituições nada mais é que o esforço de perseverar no ser, buscado por outros meios – mas com felicidades desiguais. De diferentes formas e sobre uma base de composições de afetos evidentemente muito dessemelhantes, as reivindicações minoritárias dominadas e dominantes, entretanto, têm totalmente em comum a característica de não fazer nada a não ser falar a linguagem assertiva do direito natural. Como diz a expressão corrente, verdadeiramente oportuna ao espinosismo, todo mundo está certo "de seu bom direito" – seu direito natural, claro. Ainda que conhecendo os destinos mais contrastantes, alguns se apoiando sobre os "valores" da moral, outros sobre as ideias vagas do "interesse geral", todos agitam uma bandeira, em última instância, semelhante da "legitimidade", na qual "seu direito" é realçado por um princípio superior destinado a fazê-lo aparecer como maior do que é. "Deus e meu direito", "*Gott mit uns*": essas talvez sejam as fórmulas definitivas, tautológicas, afirmativas e transfiguradoras da legitimidade – mas, claro, reservadas àqueles que não sabem que Deus não existe.

Até onde vai o poder da instituição de fazer com que seus sujeitos vivam sob suas relações?

Como a análise do mundo social poderia entrar nesses conflitos de reivindicações e neles assumir uma posição sem aderir *de facto* à causa de certas partes? Não existe julgamento de legitimidade possível vindo de fora. As instituições satisfazem alguns de seus sujeitos e entristecem outros. Dizer que são legítimas significa ratificar o ponto de vista majoritário ou o ponto de vista dos dominantes – ou, então, formular um julgamento moral. Na verdade, a questão verdadeiramente pertinente é aquela de sua manutenção. É uma questão de potências e afetos. Como evolui a configuração de forças que fez com que os sujeitos da instituição persistissem em suas renúncias? Onde se situam os limites dessa configuração de forças e quais são os seus pontos de ruptura? Que poder ela tem sobre os sujeitos e onde cessa esse poder? Essa questão do limite e da crise é a preocupação constante do pensamento político de Espinosa, que desde o *Tratado teológico-político* defendia que a ruína do Estado viria bem mais do interior que do exterior. A ontologia do *conatus* e do direito natural é perfeitamente adequada a essa intuição, pois "o esforço pelo qual cada coisa se esforça por perseverar em seu ser nada mais é do que a sua essência atual" (*Ética*, III, 7). O impulso de potência do *conatus* só pode ser temporariamente contido ou regulado, mas jamais erradicado. Consequentemente, ele sempre é uma ameaça latente à instituição que apenas temporariamente faz os *conatus* se curvarem às suas relações. "Tu me perguntas qual é a diferença entre a concepção política de Hobbes e a minha. Respondo-te: a diferença consiste em que mantenho sempre o direito natural e que considero que o magistrado supremo, em qualquer cidade, só tem direitos sobre os súditos na medida em que seu poder seja superior ao deles" (Espinosa 1983, Carta n. 50 a Jelles). Hobbes pensa a constituição do Estado como um modo de *abandono* irreversível dos direitos naturais dos sujeitos ao soberano; já Espinosa considera que, entrando nas relações institucionais, os homens certamente renunciam ao pleno exercício de seu direito natural, *sem, porém, abrir mão dele.* Isso justamente porque a instituição é mortal e, a cada instante, coloca-se a questão de saber *até onde se estende seu poder de fazer com que os sujeitos vivam sob suas relações.* A instituição, para se manter, deve, portanto, reproduzir imperativamente o *obsequium*, isto é, fazer pender em seu favor a balança dos afetos que resulta da vida sob a relação institucional. O que significa *a contrario* que ela não pode impor qualquer coisa, que ela não pode deixar que se faça qualquer coisa com seus sujeitos: "Donde se segue que tudo aquilo que ninguém pode ser induzido, por recompensas ou ameaças, a fazer não pertence aos direitos da cidade" (*TP*, III, 8), ou seja, à potência da instituição. E Espinosa evoca "aquelas coisas que a natureza humana abomina a tal ponto que as tem por piores que qualquer mal, como o homem testemunhar contra si mesmo, torturar-se, matar os pais, não se esforçar por evitar a morte e coisas semelhantes a que ninguém pode ser induzido, nem com recompensas nem com ameaças" (*TP*, III, 8). Evidentemente que Espinosa fala desse monstro frio que é o Estado e de uma época em que era preciso muito para fazer os sujeitos perderem a cabeça. Entretanto, a hipérbole e a dramaticidade extrema não enfraquecem em nada a generalidade da proposta. Nos graus inferiores que correspondem ao novo estado da civilização dos costumes, também é verdade, e talvez o seja até mais, que "ninguém pode ceder a faculdade de julgar" e não pode ser induzido – por quais recompensas e por quais ameaças? – "a crer que o todo não é maior que uma sua parte [ou] que Deus não existe" (*TP*, III, 8), isto é, a extrapolar as delimitações de sua *tolerância*, como se diz de um material e das pressões máximas que ele pode suportar. Ultrapassado esse limite, os afetos tristes são de uma intensidade tal que podem fazer com que os sujeitos se voltem contra a instituição, pois "cada um necessariamente apetece ou rejeita, pelas leis de sua natureza, aquilo que julga ser bom ou mau" (*Ética*, IV, 19), e "quanto maior é a tristeza, tanto maior deve ser a parcela de potência de agir do homem que ela contraria" (*Ética*, III, 37, dem.). Se a vida sob a relação institucional se tornou entristecedora a ponto de ser julgada intolerável, a lei do *conatus*, conduzindo os indivíduos a rejeitar "o que eles julgam ser mau", o que imaginam ser a causa de sua tristeza, também os conduz a denunciar suas renúncias institucionais passadas: ruptura com a instituição e subtração de suas relações. Para que seja assim, é preciso, então, que se produza uma modificação brutal na balança dos afetos, um deslocamento repentino da fronteira do aceitável e do inaceitável, em cujo fim o sujeito assume o risco de afrontar as potências nas quais acreditava até então – aliás, não apenas aquelas da própria instituição, mas também aquelas da vida fora da instituição e das quais a instituição o protegia: pensemos, por exemplo, na ruptura de uma relação salarial que se efetua sempre a custo dos afetos de medo ligados às incertezas que atingem novamente a perseverança material. E se o afeto de raiva contra a instituição é suficientemente intenso e, sobretudo, suficientemente compartilhado para decidir, não mais somente fugas individuais, mas movimentações coletivas, então, pode se formar uma coalizão de potência sediciosa determinada à confrontação com a potência institucional. "É certo que a potência e o direito da cidade [ou da instituição] diminuem na medida em que ela própria ofereça motivos para que vários conspirem" (*TP*, III, 9, nota do autor). Proposição decisiva na qual se concentra a quase totalidade da visão espinosista da política, e na qual cada palavra conta: "a potência e o direito", pois é isso, potência e direito são aqui uma única e mesma coisa; "diminuem", "na medida em que", "vários", pois essas são as palavras do "quantitativismo" universal da potência (Ramond 2005): as forças se medem, e do seu saldo de conjunto dependem a estabilidade ou o movimento, a reprodução do *obsequium* ou sua ruptura, a manutenção das relações institucionais ou a bifurcação de uma trajetória sediciosa. Não entra nenhuma espécie de legitimidade lá dentro, a não ser pelas ideias variadas criadas pelos diversos direitos naturais organizados sob a instituição, cuja prolongação é benquista por alguns, afetados alegremente, e cuja crise é desejada por outros, afetados tristemente. Não há interesse algum em colocar a si mesmo dentro dessas ideias – se não for para dar conta de sua formação, pois, é preciso dizer, romper com a "legitimidade" não significa absolutamente desinteressar-se pela ordem das produções simbólicas, pelo contrário. Dizer que a legitimidade não existe seguramente não significa afirmar que, para tanto, ela pare de existir nas mentes dos agentes, mas como uma produção imaginária, na verdade, correlativa dos afetos de alegria (ou de tristeza) experimentados por uns e outros. Se os homens não param de julgar baseados em seus afetos, as produções de seu espírito são abundantes, ainda que a ignorância na qual encontram as causas que os determinam os condene a ter somente ideias "mutiladas e confusas" (*Ética*, II, 40, escólio). Nesse registro que Espinosa chama de conhecimento do "primeiro tipo", essas ideias que tentam sustentar reivindicações de legitimidade são, como todas as suas semelhantes, as ideias de direitos naturais particulares e de seus afetos particulares. Podemos, então, vê-las em seu engendramento e sua circulação, o que é, aliás, interessante; mas nada faz com que se acredite nelas. Ora, esse não é o risco que corre aquele que, não tomando partido nos conflitos que analisa, aposta em declarar legítimo isto ou aquilo? Em contrapartida, como são compostos os grupos presencialmente e quais potências respectivas eles organizam é o que conta na prática. Isso porque, sem dúvida, é inútil desgastar-se em diagnosticar o futuro das instituições pelos critérios da legitimidade. Quando uma instituição entra em crise, é porque encontrou, diante de cada coisa que está exposta, uma coisa mais potente que ela e que começa a destruí-la – e essa coisa pode ser uma parte dela mesma que já não se reconhece sob sua relação característica e agora provoca a ruptura. Não é que a instituição seja ilegítima. É que ela está a um passo de sucumbir.

6. A potência das instituições

Gilles Deleuze chama de "dramatização" essa forma de problematização que, renunciando às interrogações de essência e à pergunta "o que é?", dedica-se às interrogações de operação e às perguntas estratégicas de eficácia: "Onde? Quando? Quem? Quanto? Como?" (Deleuze 2004). Talvez as ciências sociais tivessem interesse em "dramatizar" seu pensamento a respeito das instituições, se julgarmos pela distribuição de seus esforços até aqui, tendo a questão de saber "o que elas são" recebido (quase) toda atenção. É verdade que a própria noção de instituição parece tão extensiva, para não dizer extensível, e os empregos das diferentes correntes teóricas tão diversos e tão específicos, ainda que pressupondo sempre implicitamente o genérico "*as* instituições", que um pouco de ordem não seria supérfluo. A disputa pela definição que se seguiu adveio de uma produtividade louca ou miserável, dependendo do ponto de vista – louca, se considerarmos a quantidade das definições gerais atualmente em circulação; miserável, tendo em vista sua explosão extrema e a ausência quase completa de convergência que disso resultou, e finalmente o pouco progresso em relação à circunscrição extremamente ampla, mas, ao menos, apta a recortar o fato institucional em toda sua variedade, intuição sentida por Fauconnet e Mauss[1] em sua época. E, em

---

1. "(...) são sociais todas as maneiras de agir e de pensar que o indivíduo encontra preestabelecidas (...). Seria bom que um termo especial designasse estes fatos

meio a todos esses esforços, quase nada investido na questão de saber "como funciona". Evidentemente que o estado da pesquisa progrediu consideravelmente e sabemos agora muitas coisas sobre *o que* fazem as instituições, notadamente as instituições econômicas – minimizar os custos de transação, reduzir as assimetrias de informação, reverter os fracassos de coordenação, complementar as incompletudes da racionalidade, regular o problema principal/agente etc., apenas para ficar nos elementos mais funcionalistas do "caderno de obrigações" dos economistas. Como as instituições seguram os seus agentes sob suas prescrições comportamentais? Como suas normas criam efeitos sobre os indivíduos? Por quais mecanismos eles são levados a seguir as regras institucionais, em vez de suas inclinações próprias ou, antes, a fazer das regras institucionais suas inclinações próprias?

A teoria econômica neoclássica das instituições nunca enfrentou tantos problemas metafísicos com esse tipo de perguntas, geralmente reguladas pelo império postulado da racionalidade sobre os comportamentos individuais e por uma visão das instituições como soluções de equilíbrio de jogos sequenciais que recapitulam os dados do "problema" (coordenação, principal/agente, assimetria de informação etc.) que os agentes têm "para resolver". Se as soluções em questão são racionais, não é preciso, então, dizer que os agentes, também eles racionais, serão presos aí pelo próprio fato. O trabalho de Avner Greif (1998 e 2006), notável, todavia, pelo grau em que ele abre a teoria neoclássica aos ensinamentos da história, em um esforço de extroversão bastante inabitual, não vai além desse argumento fundamental, pois, sob o império de uma norma formal que poderíamos considerar muito semelhante àquelas da escolástica, Greif tem por ambição explícita reengendrar as instituições que ele qualifica como "autoexecutórias" (*self-*

---

especiais e parece que a palavra *instituições* seria o mais apropriado. Com efeito, que é uma instituição se não um conjunto de atos ou de ideias que os indivíduos encontram diante de si e que mais ou menos se lhes impõe? Não há razão alguma para reservar exclusivamente, como de ordinário se faz, esta expressão às disposições sociais fundamentais. Entendemos, pois, por esta palavra tanto os usos e os modos, os preconceitos e as superstições como as constituições políticas ou as organizações jurídicas essenciais" (Fauconnet e Mauss 2005, p. 12; grifo do autor).

enforcing), o que quer dizer: eficazes, pelo simples fato da interação dos agentes, tipo de demonstração *a fortiori* pelo qual a ordem institucional é "explicada" sem necessidade de recorrer aos *dei ex machina* – abstenção virtuosa a seus olhos, pelo próprio fato de dar sentido à ideia de uma teoria propriamente econômica das instituições econômicas. Entretanto, a beleza formal dos critérios de parcimônia não torna necessariamente convincentes as demonstrações, e Robert Boyer (2009) mostra bem que, pretendendo desconsiderar tudo ou quase tudo só para fazer as instituições surgirem apenas das interações privadas, Greif não só passa ao lado do princípio institucional, mas se vê a maior parte do tempo obrigado a reintroduzi-lo por contrabando, dissimulado atrás das hipóteses aparentemente anódinas. Poderíamos dizer de maneira aproximativa que esse princípio é o coletivo. Bem mais que apenas as composições de estratégias individuais racionais, é a "força do coletivo" que as instituições tomam de empréstimo para dirigir os agentes a suas normas.

Invocar a "força do coletivo", no entanto, só permite dar um primeiro passo na direção da eficácia institucional – compreendida como efetividade de seu poder normalizador, e não como a *otimalidade* econômica incessantemente evocada por Greif. E resta saber mais precisamente qual é a natureza dessa força, como ela se forma e como opera. A última obra de Luc Boltanski (2009) traz sobre essa relação grande interesse. Primeiro, porque sua própria posição no campo das ciências sociais tem por efeito relançar o debate entre heterodoxias econômicas (tais como a escola das Convenções e a teoria da Regulação), e entre "sociologia crítica" e "sociologia *da* crítica". Em seguida, porque, tendo antes passado da primeira à segunda dessas sociologias, Luc Boltanski retorna em seus passos e conclui uma retificação de trajetória[2] que o leva agora claramente a querer sair da oposição para elaborar uma síntese, deixando os lugares aos dois níveis da crítica (aquela do sociólogo e aquela dos agentes). Enfim, porque essas críticas tomam precisamente como ponto de aplicação as instituições, das quais Boltanski não somente propõe uma

---

2.   Inaugurada com a obra coescrita com Ève Chiapello (Boltanski e Chiapello 2009).

"nova" concepção, mas igualmente anuncia uma análise da eficácia – o capítulo central da obra não se intitula "O poder das instituições"?

A autoridade veridicional das instituições

Sem contradizer uma linha original que, no quadro das "economias da grandeza", não parou de insistir nas competências hermenêutico-críticas dos agentes, o retorno de Luc Boltanski à sociologia crítica passa pela afirmação de uma concepção da instituição cuja característica central reside em seus efeitos de produção de sentido. Sobre a base de arbitrariedade de um mundo essencialmente insignificante, as instituições são, em primeiro lugar, instâncias de veridição. A "posição original", diz Boltanski (2009, p. 92), essa ficção construída com fins exclusivamente conceituais, é intrinsecamente vazia de sentido; ela é o reino da incerteza radical quanto ao "que consiste o que é". Levantar essa incerteza e fazer emergir sentido é a operação própria das instituições. Ao dizer em que consiste o que é, as instituições são o princípio de engendramento do que, por oposição à proliferação indefinida dos acontecimentos do *mundo*, Boltanski chama de *realidade*, conjunto das significações socialmente atestadas e temporariamente estabilizadas. Na verdade, é difícil, ao menos nesse grau de generalidade, não pensar na sociologia de Pierre Bourdieu, cuja leitura não teológica de Pascal (Bourdieu 2001) faz da "miséria do homem sem Deus" o próprio nome da falha de fundamento e do desaparecimento da transcendência do sentido (Delhom 2009), o fundo de ausência que a vida social dos homens se empenha indefinidamente em preencher.[3] *A economia das trocas linguísticas: O que falar quer dizer*

---

3. Percebe-se nesse ponto que a locução "em que consiste o que é" já se encontra nos escritos de Bourdieu (2001, p. 293) e precisamente com o mesmo uso, isto é, para referir o poder de veridição ligado ao capital simbólico: "Ser conhecido e reconhecido também significa deter o poder de reconhecer, consagrar, dizer, com sucesso, o que merece ser conhecido e reconhecido e, em geral, de dizer o que é, ou melhor, em que consiste o que é" (*ibid.*, p. 296).

(Bourdieu 1996) já não era inteiramente dedicado à análise dos atos de veridição, e a própria ideia de violência simbólica não está ligada à distribuição desigual do poder simbólico entendido como a capacidade social de retirar *em certo sentido* a indeterminação, isto é, de dissipar a incerteza radical por meio de um ato performativo, em última análise, arbitrário? Na realidade, Luc Boltanski não pretende de modo algum calar tal ressonância, pelo contrário, ela é a própria expressão de seu retorno à sociologia crítica, na qual são as ideias do arbitrário e da fragilidade intrínseca das construções de sentido que as instituições arremessam sobre a indeterminação da "posição original", que mantêm aberta na prática a possibilidade da crítica e, assim, na teoria, a rearticulação da sociologia crítica com a sociologia da crítica. "A violência está tacitamente presente nas instituições, porque elas devem lutar contra o desvelamento da contradição hermenêutica" (Boltanski 2009, p. 145): dificilmente encontraremos marcadores lexicais mais explícitos entre "violência" e "desvelamento".

Por todo o interesse desse "retorno", decorre que essa síntese sociológica passa, de certa maneira, ao lado de seu problema central, e isso sem deixar, no entanto, de nomeá-lo explicitamente, aliás diversas vezes: a *autoridade* do fato institucional. E se, como um exemplo ao qual pudéssemos acrescentar outros dez, Boltanski evoca "a devolução a uma instituição da *autoridade* necessária para dizer em que consiste o que é" (*ibid.*, 143; grifo do autor), ligando, desse modo, formalmente o ato veridicional às suas condições sociais e simbólicas, em nenhum momento sua análise adentra as *origens* dessa devolução, ou seja, *os mecanismos sociais da produção de autoridade*. O autor, na verdade, esteve a ponto de fazer isso diversas vezes, especialmente quando introduziu nos contornos de uma frase a ideia da instituição como "potência deôntica" (*ibid.*, p. 140), mas sem que esse início de pista fosse verdadeiramente explorado. É essa intuição da potência das instituições que gostaríamos de explorar aqui, de uma maneira que não almeje tanto a crítica da tese de Boltanski (não que não houvesse muitas oportunidades), mas, sim, um tipo de complemento na forma de uma proposição que, aliás, poderia interessar de modo mais geral esse conjunto um pouco fluido que chamaremos, por comodidade, de "socioeconomia das instituições". Com efeito, Boltanski avança tanto na problematização do fato institucional da veridição que ele próprio suscita a questão à qual, no entanto, não responde: afinal, para sublinhar bem o caráter profundamente *tautológico* dos enunciados de instituição,[4] cuja tarefa é *"confirm[ar]* que o que *é* [em certo contexto] *é* em todos os mundos possíveis" (*ibid.*, p. 114; grifo do autor), e para mostrar que esses enunciados, ortogonais no registro da argumentação, estão completamente inseridos naquele da *asserção* e da *afirmação*, surge infalivelmente a questão de saber qual é a natureza das forças que permitem à inconsistência intrínseca de uma tautologia ser sólida e, mais ainda, ter valor. Observaremos, ainda nesse ponto, que esse era precisamente o objeto da "economia das trocas simbólicas" desenvolvida por Bourdieu em *A economia das trocas linguísticas*, com base na ideia de que a eficácia simbólica dos enunciados de autoridade não devia nada a um improvável poder elocutório das palavras, mas devia tudo às forças extrínsecas que lhes acrescentam as propriedades sociais dos locutores. "Capital simbólico" é o nome atribuído genericamente a todas essas adjunções vindas de fora dos indivíduos e indexadas às posições que eles ocupam em seus universos sociais de referência. A ideia do capital simbólico, entretanto, não retira todos os mistérios da autoridade, e ainda restam perguntas a respeito dos processos concretos de sua operação, exceto se nos ativermos a um tipo de "eficácia topológica", ou melhor, se deslocarmos a simples localização desse poder especial (o que já é considerável) para, tendo-o retirado dos indivíduos, conferi-lo agora às *posições* na estrutura do campo. Tão preocupado, todavia, com o *modus operandi*, Bourdieu não vai completamente até o fim em uma clínica da autoridade pelo risco, nessa passagem, de deixar funcionar a "eficácia topológica" como uma dessas qualidades ocultas cuja dissipação, aliás, ele metodicamente procurava.[5]

---

4. "O trabalho de confirmação [das instituições] cujo operador principal é (...) a tautologia"; "Os enunciados [institucionais] apenas pronunciam quase-tautologias" (*ibid.*, p. 157).

5. Poderíamos, sem dúvida, acrescentar que o *habitus* fornece, do lado dos "receptores", as disposições para reconhecer a autoridade, e cria assim as condições de sua

A autoridade, uma questão de potências e afetos

É nesse exato momento que a herança espinosista pode se mostrar de alguma utilidade nas ciências sociais. Poderíamos inicialmente defendê-la, afirmando, muito amplamente, que a filosofia de Espinosa é uma ontologia da atividade e da produtividade – entenda-se: da *produção dos efeitos* – e que, por essa razão, ela está particularmente disposta a se munir das questões de eficácia. É a centralidade da ideia de *potência* que lhe confere esse caráter. Ainda que não seja essencial de um ponto de vista das ciências sociais, é útil evocar rapidamente o dispositivo ontológico que a coloca em cena. A potência em Espinosa se declina de um extremo a outro do ser – a partir da potência infinita de Deus, energia infinitamente produtiva, "infundida"[6] nas coisas finitas (chamadas por Espinosa de "modos"), de certo modo delegatárias, por sua vez, da potência divina e, por isso, aptas a produzir efeitos na ordem da natureza naturada. "Não existe nada de cuja natureza não se siga algum efeito", enuncia a proposição 36 na conclusão da primeira parte da *Ética*, em cujo fim se encontra revelada a base ontológica da causalidade intermodal. Pois é justamente aí que Espinosa quer chegar, e notadamente a esses modos particulares que são os homens, de que se segue a natureza de cada um de produzir "algum efeito", com a propriedade especial de que tais efeitos sejam majoritariamente "cruzados", isto é, exercidos pelos homens uns sobre os outros, em um mundo social, por consequência, fortemente fechado em si mesmo. A eficácia em Espinosa é enunciada, então, em dois conceitos: *conatus*, nome da potência própria de cada modo,[7] expressão local e finita da infinita produtividade causal

---

eficácia, mas isso ainda não esclarece totalmente a maneira como essa autoridade *opera* concretamente.

6. Para formular as coisas de modo um pouco mais rigoroso, seria conveniente dizer que a potência de Deus *se exprime* nos modos: "Tudo o que existe exprime a natureza de Deus, ou seja, exprime a sua essência de uma maneira definida e determinada" (*Ética*, I, 36, dem.). Sobre a importância desse conceito de expressão, como ele faz com que se passe do infinito de Deus ao finito das coisas (ver Deleuze 1968).

7. O *conatus* é apresentado em *Ética*, III, 6: "Cada coisa esforça-se, tanto quanto está em si, por perseverar em seu ser", sendo *conatus* o nome desse *esforço*.

ou, em termos menos ontológicos e mais socioantropológicos, a própria energia da ação; e *afeto*, o efeito em cada coisa do encontro com uma coisa exterior. A potência espinosista, portanto, é o poder de afetar, o poder de uma coisa produzir efeitos sobre uma ou várias outras. A diversidade dos afetos que o modo humano pode experimentar é considerável, se bem que eles se multipliquem, por especificação e combinação, a partir dos três afetos primários, isto é, desejo, alegria e tristeza. São a própria matéria da vida passional, cujos elementos e mecanismos mais importantes são engendrados na parte III e na primeira metade da parte IV da *Ética*.

Nem o *conatus*, que se apresenta indiscutivelmente como um polo *individuado* de potência, nem a ideia de afeto, espontaneamente reenviada ao registro psicologista das "emoções", devem, entretanto, induzir a fazer do espinosismo um individualismo sentimental, preocupado exclusivamente com as agitações do sujeito e do qual todo caráter propriamente social teria sido excluído. Primeiramente, deve-se considerar que, contrariando o cartesianismo, afirmando um determinismo sem reservas e recusando ao homem toda extraterritorialidade que lhe subtrairia à "ordem comum da natureza", isto é, ao encadeamento das causas e dos efeitos – o homem, em nenhum caso, poderia ser considerado "como um império num império"[8] (*Ética*, III, prefácio) –, o espinosismo

---

8. Seria conveniente a um trabalho (a ser feito) de recenseamento sistemático dos marcadores lexicais e das alusões discretas evidenciar a profunda influência espinosista presente na sociologia de Durkheim e de Mauss de maneira tão subterrânea quanto dissimulada – como é necessário no momento de fundar uma ciência social separada da filosofia –, mas da qual podemos ter uma primeira ideia por meio do seguinte esboço, relativo especificamente à recusa do homem como "império num império", à afirmação de seu pleno pertencimento à ordem comum da natureza e de sua submissão ao encadeamento das causas e dos efeitos: "Todas as tradições metafísicas que fazem do homem um ser à parte, fora da natureza, e que veem em seus atos fatos absolutamente diferentes dos fatos naturais, resistem aos progressos do pensamento sociológico. (...) Tudo o que a sociologia postula é simplesmente que os fatos chamados sociais estão na natureza, isto é, acham-se submetidos ao princípio da ordem e do determinismo universais, sendo por consequência inteligíveis (...) portanto, é razoável supor que o reino social (...) não faça exceção a esta regra" (Fauconnet e Mauss 2005, pp. 3-4). Durkheim também argumenta nesse sentido, aliás, com termos estranhamente espinosistas: "Se a sociedade é uma realidade específica, ela não é, porém, um império dentro de um

oferece, sem dúvida, a crítica mais radical das ilusões do livre-arbítrio e da subjetividade como capacidade soberana de autodeterminação – "Os homens enganam-se ao se julgarem livres, julgamento a que chegam apenas porque estão conscientes de suas ações, mas ignoram as causas pelas quais são determinados" (*Ética*, II, 35, escólio). Em seguida, deve-se considerar que Espinosa faz dos afetos um conceito tão contraintuitivo quanto heterogêneo diante do psicologismo das emoções, já que ele os define (inicialmente) como variações da potência de agir do corpo[9] (*Ética*, III, definição 3), afirmando, assim, que o corpo é o suporte da experiência dos encontros. Por fim, nota-se que as "afecções", essas experiências do corpo ocasionadas pelos encontros com coisas exteriores ou, em outros termos, essas experiências dos efeitos da potência das coisas exteriores sobre si e dos afetos que daí resultam são eminentemente sociais. Elas o são até no caso mais enganador do encontro interpessoal, encontro de uma pessoa certamente singular, mas constituída, imbuída e expressiva do conjunto de suas qualidades *sociais* (gênero, etnia, grupo social, reputação etc.). Elas o são por um motivo ainda mais forte, todas as vezes que o indivíduo se vê exposto ao efeito das coisas exteriores coletivas sobre ele – aquelas mesmas às quais, seguindo Mauss, podemos atribuir uma natureza institucional. Como todas as coisas exteriores, e com a potência superior que lhe é própria, as instituições ativam a sequência elementar da ação que encadeia a afecção (a exposição do corpo a uma coisa exterior), o afeto (o efeito experimentado) e a reorientação que se sucede da potência de agir do *conatus,* determinado a fazer, por reação, alguma coisa.[10] Em outras palavras, meus encontros (afecções) me fazem

---

império: ela faz parte da natureza, é sua manifestação mais elevada. O reino social é um reino natural que não difere dos outros, a não ser por sua maior complexidade" (Durkheim 2003, pp. xxv-xxvi). Para uma discussão do escândalo que continua provocando a tese (profundamente espinosista) naturalista em ciências sociais (ver Citton e Lordon 2008, "À propos d'une photo").

9. São, todavia, variações da potência de agir do corpo imediatamente acompanhadas de seus correlatos ideais: "Por afeto compreendo as afecções do corpo, pelas quais sua potência de agir é aumentada ou diminuída, estimulada ou refreada, e, ao mesmo tempo, as ideias dessas afecções" (*Ética*, III, definição 3).

10. A proposição mais típica dessa orientação reacional da potência de agir é dada pela definição 1 dos afetos (parte III): "O desejo é a própria essência do homem,

alguma coisa (afeto) e, por conseguinte, fazem-me fazer alguma coisa (redirecionamento do *conatus*).

A potência da multidão, princípio último das autoridades

Não por função – o espinosismo é uma crítica radical do finalismo, tanto quanto do livre-arbítrio (*Ética*, I, apêndice) –, mas como um efeito, as instituições têm a propriedade de reduzir a diversidade espontânea dos afetos e, consequentemente, de homogeneizar os comportamentos que os sucedem. É desse modo porque as instituições, coisas coletivas, são justamente por isso dotadas de uma potência em sua escala, ou seja, do poder de afetar *todos* – portanto, de afetá-los (em parte) *de modo idêntico*. É preciso, nesse ponto, fechar a *Ética* e abrir o *Tratado político*, uma vez que ele prolonga e põe em ação no espaço coletivo os mecanismos da vida passional "individual"[11] (*Ética*, I, apêndice), porém, para fazer uma releitura atualizada que, para além de seu caráter original de obra de filosofia política clássica, atestado por seus objetos próprios – a saída do estado de natureza e a passagem à Cidade, as formas de governo etc. –, conseguiria aí encontrar mais amplamente os elementos de uma teoria realmente geral das *instituições sociais* (ver, a esse respeito, Lordon 2008a, assim como o Capítulo 5 deste livro). Dessa perspectiva, a questão central do *Tratado político* é justamente saber de onde o Estado (as instituições) tira esse poder especial de afetar em grande escala e, ao fazer isso, de produzir uma ordem dos afetos e dos movimentos subsequentes de *conatus*, por homogeneização, por normalização dos comportamentos. A resposta a essa questão está inscrita no conceito central do *Tratado político*: a *potência da multidão*.

---

enquanto esta é concebida como determinada, em virtude de uma dada afecção qualquer de si própria, a agir de alguma maneira".

11. As aspas para comodidade assinalam aqui que apenas uma leitura equivocada da *Ética* poderia restringi-la a um quadro exclusivamente centrado no indivíduo, no qual estaria ausente qualquer referência coletiva-social.

Porque ela é uma afirmação radical da imanência e de que a filosofia de Espinosa abandona as soluções de exterioridade transcendente e só busca aqui na Terra as origens de todas as potências sociais.[12] A potência da multidão é a expressão de que os homens se afetam interindividualmente e *coletivamente*. Os corpos sociais, totalidades com forte fechamento sobre si mesmas, vivem, portanto, sob o regime da *autoafecção*, outra maneira de dizer que o que acontece aos homens é o efeito dos outros homens, em singularidades ou coletividades – sabendo que, pelo efeito dos homens "em singularidades", passam sistematicamente efeitos dos homens "em coletividades": mesmo a interação mais "isolada" confronta os indivíduos interagindo com suas qualidades sociais respectivas mais elementares (gênero, grupo social etc.), remetendo assim a esquemas de reconhecimento coletivos, que ultrapassam de muito longe seu colóquio singular, e é através dessas qualidades sociais, e dos julgamentos aos quais elas não param de ceder espaço, que a sociedade inteira está presente em cada uma de suas interações de influência ou de entreafecção, *prima facie* interindividuais, de modo que um indivíduo jamais afeta outro sem que, em parte, toda a sociedade por trás dele contribua para isso.

É preciso, em todo caso, entender por potência da multidão certa composição polarizada das potências individuais, tal que, superando pela própria composição todas as potências de que é constituída, ela seja um poder de afetar todos. A forma mais simples da autoafecção da multidão é aquela estudada no *Tratado político*, ao esclarecer o que faz propriamente a atitude do soberano – qualquer que seja a figura: monarca, oligarca ou povo – se *impor*, isto é, afetar de uma maneira quantitativa e qualitativa tal que os indivíduos efetivamente dirijam suas potências de agir de certo modo, adequado às normas da ordem social e aos requisitos da perseverança do Estado. Ora, a resposta espinosista a essa questão é de

---

12. Erraríamos totalmente se fizéssemos do Deus espinosista, como fonte última de todas as potências de coisas, a matéria de uma objeção, pois esse Deus nada mais é que a Natureza em si, a natureza naturante, potência de produção infinita das coisas e que, como figura primeira da imanência, estabelece uma relação de homonímia com os deuses transcendentes das religiões.

uma clareza perfeita: a soberania do soberano, a própria *força* pela qual ele *reina* sobre seus súditos e os determina ao *obsequium*,[13] é justamente a composição de suas potências, captada por ele e devolvida contra eles. Portanto, a soberania, fato de potência, não tem outra origem senão aquelas às quais ela se aplica – e, nesse sentido, ela é tipicamente o efeito de uma autoafecção do corpo social. Na abordagem da filosofia clássica, na qual a palavra "direito" (natural) não possui nossa significação jurídica, mas aquela quase antropológica da potência – "direito de natureza (...) de cada indivíduo, estende-se até onde se estende a sua potência", escreve Espinosa em *TP*, II, 4 –, a soberania é retomada como um direito-potência de uma magnitude superior àquela de todos os outros "direitos" individuais, e consequentemente apto a se impor sobre eles. Com essa particularidade – que só uma filosofia da imanência é capaz de liberar tão claramente –, esse direito-potência superior nada mais é que a composição dos direitos-potências individuais, que, por assim dizer, submetem-se a si mesmos, mas por um processo de composição que estão condenados a desconhecer:[14] "Este direito que se define pela potência da multidão costuma chamar-se estado (*imperium*)" (*TP*, II, 17). É necessário, então, o curto-circuito da análise para relacionar à própria multidão a potência à qual ela se submete, e para extrair daí, consequentemente, a ideia central na filosofia política espinosista de que o poder político é sempre *de empréstimo*. O poder de afetar do soberano não lhe pertence; aquele que reina só é o receptáculo de uma potência que não é sua, o ponto no qual se investe e pelo qual transita a potência da multidão antes de recair sobre a multidão. O fato constitutivo do poder, pelo qual ganha sentido a distinção entre *postestas* (poder) e *potentia* (potência),[15] é, portanto, a *captura*. Alexandre Matheron (1969) diz as coisas de modo ainda mais direto: "O poder político é o confisco pelos dirigentes da potência coletiva de seus sujeitos".

---

13. Espinosa chama de *obsequium* o comportamento conforme às regras da Cidade.
14. E se, mesmo assim, eles o conhecessem *individualmente,* ainda ficariam presos na relação de potência devastadora que os faz confrontar o soberano.
15. Devemos a Antonio Negri e Alexandre Matheron a notação dessa distinção conceitual fundamental do "poder" e da "potência" (ver Negri 1993 e Matheron 1969).

Espinosa não diz explicitamente como se opera concretamente a composição cujo produto é a *potentia multitudinis*. Foi Matheron que reuniu os índices com base nos quais se pode elaborar um modelo formal de engendramento da potência da multidão constitutiva do Estado – por isso, nessa ocasião, foi assinalado que Espinosa se separa das ficções do pensamento contratualista para vislumbrar a Cidade como o resultado *endógeno* do jogo necessário das forças passionais no estado de natureza.[16] É necessário aqui indicarmos esse trabalho pela exposição detalhada desse mecanismo gerador (Matheron 1969), mas podemos ao menos sublinhar que é a própria definição de potência (da multidão) que indica imediatamente seu *modus operandi*: o afeto comum. Se a potência é o poder de afetar, então, a potência da multidão, como poder de afetar todos – ou, mais precisamente, de afetar todos de modo idêntico – é *ipso facto* o poder de produzir um afeto comum. Potência e afeto: é a dupla de noções duais ajustada à polaridade agente/paciente que permite ler os fatos de autoridade. A composição das potências pode, então, ser considerada como composição dos afetos. Ora, é "pelos afetos" que o próprio mecanismo da composição consegue ser esclarecido, desta vez voltando à *Ética*, que liberta os mecanismos elementares da vida passional. Como os homens se afetam entre si? Outra maneira de perguntar: como eles exercem suas potências uns sobre os outros? É a questão explorada pela parte III e pela primeira metade da parte IV do livro. O operador decisivo da composição dos afetos individuais em afetos coletivos é mencionado em *Ética*, III, 27: a emulação "simpática". Eu observo alguém afetado e "represento" imaginativamente para mim mesmo seu afeto, e a partir daí eu sinto esse afeto: "Por imaginarmos que uma coisa semelhante a nós e que não nos provocou nenhum afeto é afetada de algum afeto, seremos, em razão dessa imaginação, afetados de um afeto semelhante".

---

16. Depois de tê-lo considerado no *Tratado teológico-político*, Espinosa abandona definitivamente o modelo do contrato no *Tratado político* – "definitivamente", pois o *Tratado teológico-político* já revela uma hesitação e uma oscilação quanto a esse assunto (ver, a esse respeito, Moreau 2005).

Não é o caso de entrar na demonstração dessa proposição, que mobiliza bem profundamente a teoria espinosista dos corpos e de suas afecções mútuas, mas é imperativo entender, ao menos, o estatuto exato sob o qual esse enunciado deveria ser compreendido, e especialmente sublinhar que esse mecanismo da imitação afetiva deve ser plenamente reconhecido em seu caráter *elementar*. "Elementar" significa aqui, precisamente, que não é observado *tal e qual* na realidade do mundo social, ainda que contribua inteiramente com os mecanismos de sua produção (desse modo, para ilustrar, embora haja nitrogênio no ar, poderíamos dizer que é o ar que respiramos, não o nitrogênio – *e sim* o oxigênio). A proposição 27, aliás, oferece ela própria a pista desse caráter elementar, enquanto inobservável, por meio da cláusula "que não nos provocou nenhum afeto" anexada ao objeto afetado ao qual estamos expostos. É absolutamente impossível, na verdade, que nos encontremos nessa posição de neutralidade afetiva diante de outrem, mesmo que totalmente desconhecido para nós, pois imediatamente o reconhecemos (ainda que sob o efeito de uma interpretação imaginária) em suas qualidades sociais mais simples e aparentes, como seu gênero, por exemplo, ou a cor de sua pele. Basta evocar essas duas qualidades para ter ideia do plano de fundo de afetos pré-constituídos que é espontaneamente mobilizado a cada interconhecimento, e mesmo a cada interação concreta, atestando que a cláusula "que não nos provocou nenhum afeto" nunca se efetiva na realidade social. Isso porque seria muito equivocado ler essa proposição 27 como uma proposição *empírica*, fazendo dela, em seguida, o índice de um "espinosismo mimético" que, só conhecendo interações planas, ignoraria, assim, o caráter institucional e estrutural dos fatos sociais. E isso porque o mecanismo imitativo "bruto" evidenciado por tal proposição deve ser visto como um "tijolo de base" que permite acessar todos os fatos de emulação afetiva, tais como sempre se apresentam – baseados na imitação "neutra", tipo de ficção conceitual justificada pelo procedimento construtivo no qual será incluída – na forma complexificada e real de imitações *qualificadas:* eu imito os afetos de alguém por *já* ter reconhecido, na socialização, certas qualidades suas, e esse reconhecimento prévio me pré-afeta e tem por efeito distorcer (aumentar, diminuir, inverter) minhas imitações em uma direção ou outra – segundo os mecanismos adicionais especificados nas proposições de 29 a 35 da parte III.

Mutatis mutandis, é desse estatuto teórico muito particular que é preciso dotar o mecanismo da emulação afetiva, no momento em que ele se vê incluído em um modelo mais amplo de formação dos afetos coletivos compostos. Na verdade, fazer da imitação "simples" o operador dessa composição só tem sentido em situações tão rudimentares que só podem ser fictícias. Esse é tipicamente o caso do que Espinosa chama de estado de natureza, no qual reconhecemos, aliás, a "posição original" considerada por Luc Boltanski, e que serve a Alexandre Matheron como ponto de partida para desenvolver seu modelo de "gênese do Estado". A irrealidade dos estados de natureza e das "posições originais" deveria ser suficientemente patente para dispensar o contrassenso perfeito que consiste em enxergar nesse tipo de exercício a mínima intenção de gênese *histórica*. Reproduzindo em aspecto monetário o modelo de Matheron, André Orléan e eu (Lordon e Orléan 2008) propusemos falar de método das "gêneses conceituais" para destacar melhor seu duplo caráter de experiência de pensamento e de ficção teórica sem contrapartida empírica, *mas passível de evidenciar mecanismos reais*. Contrariamente ao que poderia fazer crer uma concepção exageradamente empírica das ciências sociais, aparecem aí problemas que lhes são familiares, e que não conseguiríamos distinguir simplesmente os referenciando ao registro de um teoricismo sem objeto. Durkheim, em busca das formas elementares da vida religiosa, estava destinado a se ver confrontado por esses problemas, e foi com palavras muito semelhantes que ele os resolveu por conta própria:

> Certamente, se por origem se entende um primeiro começo absoluto, a questão não tem nada de científica e deve ser afastada resolutamente. Não há um instante radical em que a religião tenha começado a existir e não se trata de encontrar um atalho que nos permita transportarmo-nos até lá pelo pensamento. Como toda instituição humana, a religião não começa em parte alguma. (...) O problema que nós nos colocamos é completamente diferente. O que queríamos era encontrar um meio de discernir as causas, *sempre presentes*, das quais dependem as formas mais essenciais do pensamento e da prática religiosa. (Durkheim 1983, p. 210; grifo nosso)

As instituições soberanas

Foi necessária toda essa riqueza de precauções para fazer com que o modelo de gênese (conceitual) do Estado por composição mimética dos afetos individuais em afeto comum não fosse recebido como pura elucubração especulativa. Imitando-se em coisas que devem ser julgadas boas ou ruins, os indivíduos acabam por convergir em direção a uma definição unanimemente acordada do lícito e do ilícito, em um tipo de gênese dos costumes anterior à captação soberana, que ocorre na sequência, conservando a norma, e que formalizará a polaridade axiológica do aprovado e do reprovado na polaridade jurídica do legal e do ilegal.[17] A composição imitativa é, portanto, produtora de um afeto de grande extensão, já que, pelo fato da propagação, todos chegam a experimentá-la. Afetar nessa escala é uma performance da qual nenhum indivíduo por si só seria capaz. Apenas a multidão o é, mas por meio de um efeito totalmente não intencional de polarização dos afetos individuais. Logo, ela produz, em última análise, o cimento que lhe dá sua consistência e a sustenta como corpo: o afeto comum. "Dado que os homens, como dissemos, se conduzem mais pelo afeto que pela razão, segue-se que não é por condução da razão, mas por algum afeto comum que uma multidão se põe naturalmente de acordo e quer ser conduzida como que por uma só mente" (*TP*, VI, 1). Rompendo com as ficções racionalistas do contratualismo, Espinosa identifica no afeto comum um (o) operador de comunidade e, ao mesmo tempo, o princípio verdadeiro do *imperium*, isto é, da autoridade política. Os sujeitos se curvam, afetados pelo afeto comum, cuja captura identifica para eles imaginariamente a fonte no soberano; seus movimentos conativos são homogeneizados em orientações

---

17. A apresentação extremamente resumida aqui proposta está aquém do mínimo necessário. É preciso, então, indicar Matheron (1969, cap. VIII) ou Lordon e Orléan (2008), no aspecto monetário, para uma apresentação digna desse nome, de modo que ela deva necessariamente insistir nas competições de potências que complexificam a dinâmica propriamente imitativa, sendo que certos agentes se esforçam para fazer prevalecer sua norma (jurídico-moral ou monetária), pretendendo encarná-la e ser seu guardião e posteriormente seu senhor.

conformes à norma decretada pelo Estado. A autoridade política não tem, portanto, outra base senão as paixões da própria multidão em seu poder de autoafecção, em seu poder, como multidão, de impressionar cada um de seus membros.

Mas é preciso dizer mais e extrair da proposição do *Tratado político* citada acima todas as consequências de sua própria generalidade de formulação. "Algum afeto comum", eis o que não prejudica em nada a natureza do afeto nem dos domínios nos quais ele se manifesta. Bem além do *imperium* propriamente político, também o conceito duplo "potência da multidão/afeto comum" liberta, de fato, o princípio de autoridade social *em geral*. A esse respeito existe uma famosa intuição que, fora de qualquer intenção espinosista, Michel Aglietta e André Orléan teriam tido, ao falar da "moeda soberana" (Aglietta e Orléan 1998), decalagem decisiva para distanciar o conceito de soberania dos usos exclusivamente políticos aos quais estava direcionado e aplicá-lo em uma matriz institucional totalmente diferente, pois o que esses autores entendem por "moeda soberana" está completamente de acordo com a caracterização espinosista *geral* do *imperium*: pode ser chamada de soberana a moeda capaz de *se impor socialmente* como o representante unanimemente reconhecido da riqueza. O ser soberano da moeda é, portanto, o seu *se fazer autoridade*. E, formalmente falando, é pelos mesmos mecanismos que o soberano monetário e o soberano político se fazem reconhecer um ao outro: por captação da potência da multidão como poder de produzir um afeto comum (Lordon e Orléan 2008). Nesse nível de abstração, é, portanto, possível estender a qualquer norma institucional o que o caso político e o caso monetário já acabaram de ilustrar, e dizer que a *potentia multitudinis* constitui o princípio fundamental de todo "impor-se socialmente", de todo "fazer-se autoridade", isto é, *o princípio de toda eficácia institucional*.[18]

Entretanto, é necessário logo acrescentar que, nas instituições reais, esse princípio fundamental só se manifesta de maneira extremamente

---

18. Para uma análise particularmente desenvolvida da problemática do afeto comum em termos monetários e financeiros, ver Orléan (2011).

mediada. Tal grau de mediação é próprio da complexidade do aparelho institucional de conjunto, tanto que sua proliferação tem por efeito fazer a autoridade de uma instituição se basear essencialmente na autoridade de instituições anteriormente constituídas, e assim tornar menos aparentes as operações da *potentia multitudinis*. Desse modo, a autoridade doutoral do especialista ou do universitário, por exemplo, apoia-se na autoridade da instituição – ou, é preciso dizer, provém dela –, nesse caso, a universidade, que, por meio de titulação interposta, simbolicamente os formou; mas a instituição universidade, por sua vez, só retira sua própria autoridade do reconhecimento do Estado – e recordamos que a economia do poder simbólico de Bourdieu via no Estado um tipo de banco central, "emprestador de autoridade de última instância", no qual vêm se "refinanciar" (se "re-dotar") todas as autoridades de categoria inferior.[19] É preciso, então, atravessar todas essas mediações dos efeitos de autoridade – esses "canais de autorizações" aos quais se refere Boltanski (2009, p. 143) – para remontar ao princípio último da potência da multidão, tal como ele foi novamente tornado visível pela instância última que é o Estado. Mais do que um simples amparo mútuo, as instituições enredam entre si relações de verdadeiro engendramento. Para Espinosa, a captura propriamente política no princípio do Estado é, assim, o efeito, por derivação, de um afeto comum, um "recurso" que já está lá, cuja natureza é teológico-supersticiosa (*Tratado teológico-político*). Da mesma maneira, é possível situar a produção do afeto comum monetário na órbita do afeto comum estatal; a moeda remobiliza em seu benefício o recurso de uma circulação de *potentia multitudinis* (política) já estabelecida, na forma da divisa impressa na efígie – aquela do soberano político, claro. E, como anteriormente, nada seria mais falso do que ver nessas sequências elementares teses de caráter histórico, ali onde só há a ilustração *conceitual* de um mecanismo da proliferação institucional e de sua necessária transformação arquitetônica. Fauconnet e Mauss

---

19. "Refinanciamento" que, em suma, só pode ser parcial, dado que nem todas as formas de autoridade social derivam "inteiramente" do Estado (ver Bourdieu 2008, pp. 91-136).

(2005, p. 12), mais uma vez, percebem perfeitamente essa dinâmica de engendramento autocatalítico das instituições: "Nada vem do nada: as instituições novas só podem ser feitas com as antigas, porquanto estas são as únicas que existem". No "alto" dessa arquitetura das instituições (a menos que seja preciso dizer "no fundo" ou "no plano de fundo"), o princípio ativo difundido em toda sua espessura é justamente aquele da potência da multidão, expresso em múltiplas ramificações localizadas, especificadas e "parcializadas" do afeto comum – sendo esta a ocasião de novamente assinalar o quanto a imitação afetiva como princípio de produção do afeto comum só tem sentido no quadro da gênese conceitual; o afeto comum "na realidade" só se desenvolve por ramificação, por meio dessas inúmeras mediações. Portanto poderíamos dizer, em resumo, que a vida do corpo social nada mais é que a vida do afeto comum, ou a vida sob o afeto comum, mas com a condição de ver no "afeto comum" o mesmo tipo de complexidade com que Espinosa concebe o espírito como *ideia*, ideia complexa constituída por um número enorme de ideias parciais. É, de certa maneira, no que Fauconnet e Mauss tocam, ao notar que "se as instituições dependem umas das outras e dependem todas da *constituição do grupo* social, é óbvio que *exprimem* este último" (*ibid.*, p. 9; grifo nosso). Em qualquer nível da estrutura institucional, os homens seguem as normas e curvam-se diante da autoridade, porque são impressionados por ela, ou seja, afetados, e porque, no fundo desse poder, para além de todas as mediações, existe a força da potência da multidão.

A crise das autoridades institucionais, ou a ambivalência do afeto comum

É possível dizer que as normas são sempre seguidas e as autoridades sempre operantes? Sabemos muito bem que não, porque o fundamento último da autoridade é imanente, e as ordens políticas e institucionais são atingidas por uma fragilidade constitutiva. Nada é mais destrutivo para elas do que a revelação do caráter arbitrário dos valores que elas afirmam, valores morais prescritos aos comportamentos dos sujeitos, valor de si afirmado pelo soberano como legitimação de sua reivindicação para reinar. A imanência, na verdade, tem a arbitrariedade como correlato necessário, visto que os círculos autorreferenciais da potência da multidão, que dão à autoridade sua estrutura formal, podem potencialmente se fechar sobre quaisquer conteúdos. Aqui Pascal se une a Espinosa e trata dos abismos abertos por essa falha de substância, simplesmente "coberta" pela forma "autoridade", e dos perigos que sucederiam essa revelação: "O costume faz a equidade exclusivamente por ser admitido; é o fundamento místico de sua autoridade. Quem a restringe a seu princípio esmaga-a. (...) A arte de agredir e subverter os Estados consiste em abalar os costumes estabelecidos, sondando-os até em sua fonte, para apontar a sua necessidade de justiça" (Pascal 1999, pp. 110-111). Preservar a ordem é, então, manter a qualquer preço o respeito das grandezas, contra seu irredutível caráter arbitrário. Se Pascal saúda as "opiniões sadias do povo" (*ibid.*, p. 114) que espontaneamente "honra[m] as pessoas de nobre nascimento" (*ibid.*, p. 119), é porque ele vê nelas a ancoragem melhor, ou, digamos, a menos ruim, onde arrimar uma ordem social compreendida como ordem de crenças. Mas é preciso crer nos semi-hábeis que "desprezam [os grandes], dizendo que o nascimento não é uma vantagem do indivíduo, mas do acaso" (*ibid.*, p. 119) e, inconscientes das devastações que podem causar seus discursos, "fazem-se de entendidos" (*ibid.*, p. 117). Os hábeis, que sabem realmente, reconhecem-se no que, por seu saber, eles acrescentam o "pensamento oculto" (*ibid.*, p. 120), aquele que, sem se deixar enganar, não comanda menos imperativamente o respeito, por meio da consciência clara da gravidade das apostas – mas, sobre as defesas que a ordem das grandezas tenta erguer contra o arbitrário, quase seria preciso citar *in extenso* os *Três discursos sobre a condição dos grandes*...

Espinosa, entretanto, não fincou no corpo, como Pascal, a obsessão da ordem a preservar ou, mais exatamente, ele não está pronto a sacrificá-lo a qualquer preço. Ele também não para de olhar com uma lucidez bem positiva o trabalho das forças tal como ele se opera para o melhor e para o pior. Ora, ele entra nessas operações como uma possibilidade sempre aberta de questionar a ordem institucional valendo-se de um redirecionamento da vida passional coletiva que coloca os sujeitos contra a autoridade. Aliás, é pouco dizer que Espinosa não para de ver a decomposição no horizonte da ordem: "É, além disso, certo que a cidade corre sempre mais perigos por causa dos cidadãos que dos inimigos" (*TP*, VI, 6). O problema virá, portanto, mais provavelmente de dentro. Virá, mais precisamente, dessa dimensão de si irredutível que se torna em cada um o direito natural, direito de sentir e de julgar, que pertence à própria natureza humana, como expressão da potência de pensar do espírito: "(...) embora digamos que os homens estão sob jurisdição não de si, mas da cidade, não entendemos que os homens percam a natureza humana e adquiram outra, nem que a cidade tenha o direito de fazer com que os homens voem ou, o que é igualmente impossível, que os homens olhem como honroso o que provoca riso ou náusea" (*TP*, IV, 4), e Espinosa anuncia, assim, o princípio de todas as sedições, política, salarial, monetária[20] etc.

A perspectiva de Boltanski deve ser procurada nessa fórmula que afirma a incompressibilidade da faculdade de julgar e, consequentemente, de criticar. Evidentemente que resta aberta a questão de saber com base em quais limites e em quais condições essa faculdade se torna ativa. Mas ela está ali, e o poder (a instituição) que abusa está condenado a encontrá-la. Está sob seus riscos e perigos, pois fazer passar pela crítica o limite do que Espinosa chama de "indignação" significa começar a desfazer o afeto comum... por indução de um afeto comum contrário, se as indignações individuais, por sua vez, entram em ressonância e chegam a se compor coletivamente: "(...) deve-se ter em conta que pertence menos ao direito da cidade aquilo que provoca a indignação da maioria. É, com efeito, certo que os homens por inclinação da natureza conspiram, seja por causa de um medo comum, seja pelo desejo de vingar algum dano comumente sofrido. E uma vez que o direito da cidade se define pela potência comum da multidão, é certo que a potência e o direito da cidade diminuem na medida em que ela própria ofereça motivos para que vários conspirem" (*TP*, III, 9).

---

20. Como a ideia de "sedição monetária" seja talvez a que faça menos espontaneamente sentido, é útil indicar que se justifica caracterizar assim os movimentos coletivos de recusa da moeda oficial e de fuga em direção a instrumentos monetários "paralelos", como aqueles que sobrevêm em episódios de superinflação (Orléan 2011).

Nessa citação decisiva para uma teoria das ordens institucionais e de suas crises, é preciso entender duas coisas, que Espinosa, aliás, vai cuidadosamente especificar: 1) A potência da multidão é sempre passível de se fracionar, e jamais garante permanecer una: "O gládio do rei, ou direito, [é] na realidade a vontade da própria multidão, *ou da sua parte mais válida*" (*TP*, VII, 25; grifo nosso). Assim, podem se formar correntes antagonistas de potência coletiva. A perseverança do soberano, então, só depende agora da relação de força que se estabelece entre eles. 2) De toda maneira, é sob o signo da força e da luta que a ordem foi originalmente constituída, e só um defeito de acuidade poderia fazer com que isso fosse esquecido na tranquilidade aparente do regime: "Considero que o magistrado supremo, em qualquer cidade, só tem direitos sobre os súditos na medida em que seu poder seja superior ao deles" (Espinosa 1983, Carta n. 50 a Jelles). E Espinosa, *uma vez que fala do próprio estado civil*, acrescenta: "coisa que sempre ocorre no estado natural" (*ibid.*). Parece que ouvimos Foucault invertendo o aforismo de Clausewitz: "A política é a guerra continuada por outros meios" (Foucault 1999, p. 22). É justamente de guerra que se trata. Espinosa diz isso ainda mais explicitamente no momento em que a evocação da destruição da cidade torna mais fácil de ouvir: "Se, contudo, [as leis] são de natureza tal que não podem ser violadas sem que ao mesmo tempo se debilite a robustez da cidade, isto é, sem que ao mesmo tempo o medo comum da maioria dos cidadãos se converta em indignação, a cidade, por isso mesmo, dissolve-se e cessa o contrato, o qual, por conseguinte, não é defendido pelo direito civil, mas pelo direito de guerra" (*TP*, IV, 6). No horizonte de todas as construções institucionais ("o direito civil"), existem a força e a guerra – aliás, Pascal também diz isso,[21] bem como a sociologia crítica: Bourdieu muito insistiu acerca das disputas de forças nas origens; Boltanski, que renova essa vertente, não discorda.[22] Mas o fato mais marcante, visível

---

21. "(...) se não se foi capaz de fazer que seja forçoso obedecer à justiça, fez-se que fosse justo obedecer à força; por não se poder fortificar a justiça, a fim de que o justo e o forte existissem juntos, e que a paz existisse, que é o soberano bem" (Pascal 1999, p. 112).
22. "O poder de que a linguagem institucional é investida não pode ele próprio se manifestar sem trair também a violência que nele habita" (Boltanski 2009, p. 143).

nesse mesmo artigo 6 do capítulo IV, é a inferência contida nos dois-pontos que precedem o "por conseguinte".* Por retroprojeção do encadeamento da crise sobre o encadeamento da gênese, Espinosa deduz a ambivalência profunda do direito de guerra, no caso tanto como potência constitutiva quanto como potência destrutiva: as ordens institucionais perecem pelos mesmos mecanismos que lhes fizeram nascer.

Sentido, discurso e afetos, ou as potências da imaginação

Colocar, assim, a vida e a morte das autoridades institucionais sob o jogo exclusivo das potências e dos afetos poderia fazer pensar que o essencial das abordagens hermenêutico-pragmáticas da sociologia da crítica (e da nova síntese proposta por Boltanski) foi deixado de lado: a crítica não é uma questão de *sentido* e de *argumento* – precisamente a que potências e afetos são considerados alheios? É verdade que uma leitura abandonada às ressonâncias espontâneas de palavras como "afeto" só verá erupções passionais ou, à maneira nunca elegante da *Behavioral Economics*, "comportamentos viscerais" (Loewenstein 2000), o oposto exato do esforço discursivo organizado que visa à recriminação/reivindicação justificada, e como um eco da distinção aristotélica da *phonè* (a voz, mas da ordem do quase grunhido animal) e do *logos* (que sozinho alcança a dignidade do discurso). Ora, nada seria mais injusto com a filosofia espinosista do que essa imputação de desconhecimento da ordem do sentido. Não é uma extensa parte do *Tratado teológico-político* dedicada à questão da superstição como patologia do imaginário coletivo e, por isso, não diretamente relacionada com o que as ciências sociais situam, às vezes, sob a ideia de "ordem simbólica", entendida como o conjunto estruturado das crenças, das representações e das ideologias? Na verdade, a questão das relações de

---

* Vê-se que, na citação extraída da tradução em português, a pontuação é diferente dessa a que se refere o autor, pois os dois-pontos não aparecem, como na tradução francesa. [N.T.]

sentido é objeto de um tratamento bem mais fundamental ainda, cujo cerne pode ser lido na segunda metade da parte II da *Ética*. Espinosa mostra aí como faz parte da própria atividade do *conatus* ligar as afecções do corpo para delas tirar um sentido, e isso não somente segundo a ordem fortuita dos encontros de coisas, mas também conforme os "interesses" específicos de uma complexão singular: "Um soldado, por exemplo, ao ver os rastros de um cavalo sobre a areia, passará imediatamente do pensamento do cavalo para o pensamento do cavaleiro e, depois, para o pensamento da guerra etc. Já um agricultor passará do pensamento do cavalo para o pensamento do arado, do campo etc. E, assim, cada um, dependendo de como se habituou a unir e a concatenar as imagens das coisas, passará de certo pensamento a este ou àquele outro" (*Ética*, II, 18, escólio). Por sua atividade de ligação e de associação seletivas, ou pré-dirigidas – pré-dirigidas pela orientação de conjunto de uma complexão tal como ela se constituiu anteriormente e tal como ela continua a se construir na atividade presente de ligação e de associação –, o *conatus* como potência de pensar coloca no plano do sentido seu mundo. Em vez de apresentar em detalhes os mecanismos dessa atividade,[23] podemos, ao menos, assinalar que o *conatus* é uma potência *espontaneamente hermenêutica*, é um autômato interpretativo – a experiência comum sabe disso muito bem, pois pode constatar diariamente seus julgamentos-reflexos produzidos antes mesmo de qualquer deliberação, antes, eventualmente, de ser retomado pelo sobressalto da reflexividade.

Vemos, portanto, que a produção de sentido e de ideias não é nem um pouco alheia à ordem da potência. É, aliás, uma lítotes, visto que se trata de dizer que a potência hermenêutica é a própria síntese da potência de agir do corpo e da potência de pensar da mente: potência de agir, já que tudo começa com a capacidade do corpo de ser afetado e de ligar (corporalmente) suas afecções; potência de pensar como capacidade correlativa da mente de encadear suas ideias segundo uma ordem similar ao encadeamento das afecções do corpo (*Ética*, II, 18, escólio).[24] Se

---

23. As obras de referência nesse assunto são Bove (1996) e Vinciguerra (2005).

24. "Compreendemos, assim, claramente, o que é a memória. Não é, com efeito, senão certa concatenação de ideias, as quais envolvem a natureza das coisas exteriores

as ideias imaginativas são assim elaboradas na órbita das afecções do corpo, então, elas estão necessariamente ligadas aos afetos. Aí onde as situações de interlocução são espontaneamente vistas como comunicações de mente a mente, Espinosa convida, portanto, a ver *em primeiro lugar* entreafecções de corpo. A voz é justamente um modo da duração! Ela é vibrações de corpos aéreos, depois de corpos-tímpanos etc. Acrescenta-se a *visão* do locutor, a identificação espontânea de suas características sociais, do humor (afetos) que parece tingir seu discurso, a percepção de uma eventual ambientação (propriedades particulares do lugar da interlocução, presença de outros locutores): tudo isso, portanto, é primeiramente uma questão de corpos e de afecções de corpos. Tais afecções, por sua vez, são produtoras de afetos que determinam a recepção, a significação que ela opera, mas *por meio da complexão imaginativa adquirida*, de modo que ela mesma remobilize todo seu repertório de esquemas e de ideias. Vale dizer que esse repertório é de natureza eminentemente social. Se as complexões imaginativas e disposicionais dos indivíduos[25] (o que Espinosa chama de *ingenium*, e no qual é possível ver consonâncias com o *habitus* de Bourdieu) foram formadas na sucessão das afecções de cada um, isto é, de suas experiências, essas afecções não são em parte menos semelhantes por "classes de equivalência", por indexação a posições sociais comuns dos indivíduos, tanto que elas fazem viver experiências semelhantes, e concatenar, desse modo, suas afecções e suas ideias seguindo esquemas semelhantes. Assim, as maneiras de pensar escapam da pura dispersão idiossincrática e encontram-se (parcialmente) homogeneizadas por esses efeitos de equivalência por proximidade social (Bove 1996).[26] E as complexões imaginativas são, de ponta a ponta, socialmente constituídas.[27]

---

ao corpo humano, e que se faz, na mente, segundo a ordem e a concatenação das afecções do corpo humano."

25. Sobre a natureza profundamente disposicional do *conatus*, ver Bove (2002).

26. Em particular, os capítulos I e II, para uma análise em termos espinosistas dos determinantes, ao mesmo tempo, idiossincráticos e coletivos da constituição do *ingenium*; e, para a redução da diversidade dos *ingenia* por classes de trajetórias de afecções, ver Bourdieu (2009, pp. 100-102).

27. Para se convencer ainda mais de que a análise da atividade da imaginação individual não determina em nada uma posição individualista, poderíamos recordar que as

O ponto mais importante dessa análise, entretanto, está no fato de que a atividade imaginativa é, para Espinosa, uma forma de cognição dominada pelos afetos – "O conhecimento do bem e do mal nada mais é do que o afeto de alegria ou de tristeza, à medida que dele estamos conscientes", enuncia na *Ética,* IV, 8. E, como sempre, o corpo afetado reage conativamente: ele reorienta sua potência de agir para realizar ações, entre as quais, eventualmente, atos de fala: ele começa a falar (pois falar é justamente remexer seu corpo de certa maneira). Contrariamente ao que poderíamos inicialmente acreditar, a cognição e a interlocução não são, portanto, nem um pouco alheias à ordem da potência e dos afetos: elas aí estão completamente imersas. Aliás, isso é a coisa mais comum do mundo, e nos espantamos que inúmeras pesquisas de ciências sociais ainda não a levem a sério: as situações de interlocução são inevitavelmente carregadas de afetos, cujo potencial de distorção em relação ao ideal escolástico da comunicação "pura" jamais pode ser reduzido. O afeto, aliás, é o próprio princípio da *adesão* dos indivíduos a suas ideias e seus ditos. É exatamente tudo que faz a diferença entre uma crença e uma ideia pura, da qual Espinosa identifica sem hesitar a impotência: "O conhecimento verdadeiro do bem e do mal, enquanto verdadeiro, não pode refrear qualquer afeto (...)" (*Ética,* IV, 14). Não existe nenhuma força própria da ideia verdadeira e, mais amplamente, da ideia como puro conteúdo ideal. Aqueles que se deleitam ao afirmar que "as ideias movem o mundo" estão inteiramente no caminho errado, ao menos se entendemos "ideia" um pouco rigorosamente, em sua "idealidade" pura: analiticamente falando, são os *afetos,* mas as "ideias" necessariamente se encarregam deles no regime da cognição imaginativa, que lhes dão suas potências. Talvez, para melhor fazer a distinção, fosse preciso reservar um termo especial, por exemplo, *adhœsio,* para esse tipo de "ideia",

---

situações de interlocução mais "interindividuais", mais "localizadas", não podem deixar de ativar determinações sociais, seja nas situações de enunciação, seja nos próprios enunciados: quem fala, fala munido de todas as suas características sociais e com o efeito que elas produzem sobre aquele a quem ele fala; e o que ele diz pode eventualmente já ter recebido um tipo ou outro de validação e gozar de um efeito de autoridade pré-constituída.

assim redefinida como *ideia-afeto* ou, em outras palavras, como *um afeto investido em certo conteúdo ideal*. Isso porque é ilusório pensar em separar a ordem do sentido e do discurso da ordem das potências-afetos. É em sua compenetração, na verdade, na inclusão da primeira na segunda que nascem os fatos de autoridade que interessam a Boltanski. Correlativamente, não existe política que não tenha percebido que, se fazer autoridade é afetar em grande escala, então, não existe aposta mais central que fazer as ideias puras impotentes passarem ao estado de *adhœsiones*, isto é, de ideias-afetos, por isso dotadas de uma força mobilizadora – literalmente falando: uma força de movimentação dos corpos. Marx, em todo caso, não se equivoca e faz perfeitamente essa diferença: "A arma da crítica não pode, é claro, substituir a crítica da arma, o poder material tem de ser derrubado pelo poder material, mas a teoria também se torna força material quando se apodera das massas" (Marx 2010, p. 151), e dificilmente poderíamos explicar melhor os efeitos da conversão em grande escala das ideias em *adhœsiones*, isto é, da formação de potência da multidão que advém da constituição de um imaginário comum.

Repetimos que Boltanski tem a pista na palma das mãos no momento em que vislumbra a instituição como "potência deôntica", como poder assertivo de valor, como ato locutório afirmativo – o que é, por essência, todo ato locutório no quadro espinosista. Falar é exercer sua potência de agir-pensar e, consequentemente, atualizar as tendências essencialmente *afirmativas* do *conatus* – Espinosa toma tão fortemente a natureza afirmativa de todas as manifestações do *conatus*, aí entendido em matéria de pensamento, que desdenha das concepções puramente representativas das ideias que as reduzem a "algo mudo, como uma pintura numa tela" (*Ética*, II, 43, escólio). Pensar, falar, é colocar e afirmar, aderir a suas posições e propulsar suas *adhœsiones*. A conversação do mundo social é a confrontação gigantesca dessas afirmações. Aquelas que foram dotadas com a maior parte de potência da multidão a transportarão como *adhœsiones* sociais. Os protagonistas do que chamamos de combate ideológico não têm outra intenção prática: organizar atrás de seus enunciados as maiores potências, isto é, muni-los do maior poder de afetar – o que também chamamos de *convencer*. Em todas as escalas, da comunicação interpessoal à grande conversação social, persuadir é afetar, e aderir é ter sido afetado. Como observou Bourdieu diversas vezes, somente a perspectiva escolástica pode crer na força intrínseca da verdade. Mas, diremos, não serve a convicção dos sábios de contraexemplo, que se forma baseado no melhor argumento? Sem dúvida; mas é que a comunidade dos sábios – o campo científico – não para de se entreafetar e de dispor cada um de seus membros adequadamente, isto é, de fazer a suscetibilidade entrar em seu poder de ser afetado com a "força do melhor argumento". Logo, não existe efeito próprio da verdade pura – mas, sim, o trabalho dos afetos coletivos para fazer com que se ame a verdade, condição prévia para reconhecê-la e *aderir* a ela.

Infelizmente, Boltanski não segue a pista que inicialmente detinha e recai na separação do sentido e da potência. Nessa duplicação desafortunada, entram, de um lado, as "instituições" propriamente ditas, inteiramente restringidas a sua dimensão semântica e a sua função simbólica de veridição, e, de outro, as "organizações", que entendemos como as entidades encarregadas de trazer às instituições os meios da eficácia.[28] Aliás, aos próprios olhos de seu autor, essa distinção se revela instável e as categorias se misturam, para chegar a considerar, por exemplo, as "forças institucionais", "colocadas a serviço da conservação" (Boltanski 2009, p. 148) do que Boltanski chama de "realidade da realidade" (os enunciados da veridição institucional) ou, antes, os "dispositivos institucionais" que "as mantêm". O institucional, portanto, já não parece poder ser restringido à sua única dimensão semântica e se carrega sub-repticiamente de potência. Que vitória não conquistamos em reconhecê-lo como predicado constitutivo! Fechando o círculo, talvez seja aqui onde devemos retornar à ontologia espinosista como ontologia da produção: para que alguma coisa aconteça, é preciso que uma potência seja exercida. Os fatos do mundo

---

28. "Atribuir às instituições um papel, sobretudo, semântico (...) permite não confundi-las com outros dois tipos de entidades aos quais elas são frequentemente associadas, mas dos quais se deve distingui-las analiticamente. De um lado, *administrações*, que garantem funções de *polícia*, e, de outro, *organizações*, que garantem funções de *coordenação*" (Boltanski 2009, p. 123; grifo do autor).

social não escapam a essa ordem da produção, e especialmente aqueles que parecem mais ter a ver com "a vida da mente", individual ou coletiva. A ordem do sentido não é constitutiva de nenhuma extraterritorialidade do mundo humano-social e não suspende em nada o jogo das potências, ao contrário, dá a ele novas expressões. Falar "faz alguma coisa" àquele que ouve, falar afeta, e "afetar" é o próprio nome do efeito da potência. É pela potência que funciona a autoridade veridicional das instituições.

Sedições e crises da ordem salarial

E é também pela potência que ela desmorona. Nada é mais impressionante que o espetáculo dessas ruínas, sejam elas locais e até de curta duração, em uma ocasião em que se revela a fragilidade de ordens sociais tão inscritas na paisagem dos hábitos mentais que pensaríamos serem eternas. E nada revela mais seu caráter arbitrário, já que a forma que as substitui instantaneamente, efêmera e inconsistente, atesta no ato que seria possível "fazer de outro modo" – talvez mesmo "começando do zero". Ter essa recordação da potência quando se trata de veridição e de ordens que poderíamos, então, chamar de "simbólicas" é, portanto, uma maneira de recordar que esse simbólico é sempre, em última análise, político. A relação salarial é talvez um dos "lugares" do mundo social onde essa mistura de veridições institucionais e de relação de forças pode ser observada mais cruamente, e onde os "é assim" – outro nome dos "em que consiste o que é" –, habituados a fazer autoridade, ficam na mais completa estupefação nas (raras) vezes em que não causam efeitos. Se quiséssemos mencionar apenas uma ilustração disso, que permitisse tornar concreto o que pode ter parecido abstrato até aqui, seria preciso buscá-la nas manifestações de insubordinação salarial, que oferecem, por meio de um tipo de heurística negativa, ocasiões sem igual de retomar os mecanismos da potência institucional... no exato momento em que esta é destruída.[29]

---

29. Lembramos de passagem que essa "heurística do negativo" corresponde exatamente ao método regulacionista que consiste em compreender os regimes (de acumulação)

A vasta coletânea organizada por Xavier Vigna (2007) com o título *L'insubordination ouvrière dans les années 68* oferece um material de escolha, evidentemente pelo próprio fato do período revisitado, mas também pelo volume e pela diversidade dos casos recolhidos. Porém, esse conjunto interessa, sobretudo, pela própria linha analítica que a guia e da qual a obra extrai seu subtítulo: *Essai d'histoire* politique *des usines* (grifo nosso). O que menos impressiona não é a grande prudência que o autor julga ser bom evidenciar para avançar sua tese, como se os usos da palavra "política", fora de sua ordem clássica (a política institucional, dos partidos e das competições eleitorais), fossem quase da ordem da transgressão disciplinar ou, em todo caso, requeressem uma pompa especial de precauções: "A hipótese de uma capacidade política dos operários", escreve Vigna (*ibid.*), é "problemática". Ela é bem pouco, na verdade. Seria, aliás, preciso dizer o quanto ela é evidente, claro que não no sentido da trivialidade, mas pela força com que se impõe. Feita a crítica à prudência historiográfica do autor, poderíamos até dizer que ela é evidente *a priori*. Ela é evidente conceitualmente e sem prejuízo dos resultados de sua vasta pesquisa – a respeito da qual não poderíamos dizer, de forma alguma, que ela não contribua em "nada", ou apenas para uma simples "confirmação", já que preenche a sobredeterminação dos conceitos e movimenta os conteúdos concretos que, sem dúvida, eles informam, mas que eles próprios não podem dar: de certa maneira, a própria textura da história. Essa evidência conceitual de uma "política operária" é aquela de relações sociais capitalistas de produção intrinsecamente conflituosas. Ora, fazer das lutas o ponto de partida e a própria matéria da política é justamente voltar à guerra e a seus "outros meios" (Foucault) ou, então, à continuidade do estado de natureza e do estado civil (Espinosa). E esse é bem o sentido, em definitivo, de uma teoria das instituições *sociais* sob a égide de um tratado *político*, no qual o político se encontra muito amplamente redefinido como o que sucede os encontros de *conatus*. Essa transposição do político fora de sua ordem habitual, aliás, nada tem

---

com base em suas crises (Boyer 1990). Sobre essa relação, a obra organizada por Bruno Théret (2007) em matéria monetária é ainda mais explícita.

172 | Papirus Editora

de especialmente surpreendente, e Bourdieu já tinha mostrado quanto a maioria dos campos, como campos de forças e campos de lutas, são lugares altamente políticos, mesmo se se trata, a cada vez, de uma política específica – política do campo científico, do campo artístico, do campo do capital[30] etc., mas sempre política, e no sentido mais geral *de arenas onde acontecem relações de potências*. A política advém necessariamente da coexistência dos *conatus*, cujo conceito carrega a possibilidade da luta: se as coisas têm de se *esforçar* para perseverar em seu ser, é porque a afirmação de potência é primeiramente *ipso facto* resistência à destruição (ou à diminuição) pelas causas exteriores – e poderíamos ouvir um eco desse agonismo intrínseco ao impulso conativo na etimologia encoberta da palavra "animosidade", que, designando comumente uma disposição antipática, designa, na verdade, originariamente o simples caráter de ser animado, como se o enfrentamento fosse um correlato provável da animação, do simples fazer-movimento.

Nessa extensão, como deixaria a política de ser resultante da relação salarial à qual a conflitualidade é indiscutivelmente intrínseca? Xavier Vigna se preocupa em especificar que, do conflito "essencial", aquele que ressalta a teoria marxista em especial, ao conflito prático, isto é, ao enfrentamento aberto na fábrica, existe um passo que apenas circunstâncias muito particulares permitem que seja dado. Como atesta um depoimento de operário registrado por Juliette Minces em 1965, "acreditamos que sempre existe um combate, que realmente existe uma luta. Na verdade, existe, mas sempre em estado latente. Está dormindo, não é algo evidente. Acontecem, às vezes, sobressaltos; sobressaltos em certas regiões; aí explode" (*apud* Vigna 2007, p. 16). O interesse dos casos selecionados por Vigna reside no fato de nos mostrar tanto as instâncias dessa atualização quanto os elementos fundamentais da "política de fábrica" latente, mas plenamente revelada em favor de episódios críticos que, alterando o curso regular das coisas, (re)descobrem

---

30. Para uma leitura política das lutas capitalistas (que conduzem aos direitos de propriedade do capital) internas ao campo das grandes empresas, ver Lordon (2002).

o arbitrário fundamental de sua ordem e despem as relações de potência simbolicamente neutralizadas pelo fato de sua incorporação ao hábito. Isso porque, aliás, essa repolitização das coisas está muito profundamente ligada à produção de novos enunciados, como empreendimentos de recategorização do mundo. Também Vigna dá uma atenção particular à fala operária, não sem indicar todas as dificuldades que pesam sobre seu registro – fantasma historiográfico da fala bruta e honesta, distorções institucionais quando essa fala é mais aquela dos sindicatos do que dos próprios operários etc. –, mas para assumir definitivamente a parte de reconstrução subjetiva do que ele chama de "fragmentos de um discurso operário" (Vigna 2007, p. 18), e isso da perspectiva explícita de ligar atividade política e trabalho de enunciação.

As insubordinações operárias de Vigna oferecem, então, o quadro de todas as cenas espinosistas da sedição. Começando pelas cristalizações do afeto comum de indignação. É, sem dúvida, a especificidade da maioria dos poderes institucionais que, não tendo consciência clara dos reais dados passionais de sua base, e tomando sua própria existência como uma aquisição, são levados ao abuso, isto é, a solicitar o *obsequium* além do que ele pode razoavelmente aceitar. Ora, o poder de toda instituição de fazer seus "sujeitos" viverem sob suas relações características não se estende para além de certo limite, como recorda Espinosa, que sempre está alerta diante dessas linhas críticas invisíveis que fazem a demarcação do aceitável e do inaceitável – fronteiras de sedição cujo poder soberano, inconsciente, sempre arrisca se aproximar em seu desejo de intensificar seu alcance: "Assassinar e espoliar súditos, raptar virgens e coisas semelhantes convertem o medo em indignação e, por consequência, convertem o estado civil em estado de hostilidade" (*TP*, IV, 4). Evidentemente, é preciso subtrair dos exemplos dados por Espinosa seu caráter espantoso de extremismo para ver a generalidade da proposta e a variedade dos casos de indignação passíveis de fazer parte dela. Na sociedade salarial, ela própria mergulhada na sociedade *tout court*, e por isso embebida de suas normas em constante evolução, as condições de trabalho podem substituir o rapto das virgens como ponto de cristalização do sentimento do inaceitável. A recensão de Vigna (2007, p. 156) testemunha, assim, a intolerância crescente pelas condições de trabalho consideradas agressivas demais para poder ser objeto de uma compensação monetária clássica: "Os operários se recusam de modo crescente a ceder sobre as condições de trabalho em face de uma compensação em penalidade ou a aceitar uma carga de trabalho cada vez mais pesada em face de uma compensação em lucro". A "recusa a ceder", ou se dobrar, é a própria expressão da irredutibilidade do direito natural conservado pelos sujeitos até na ordem legal da Cidade – conservação na qual a ideia de uma continuidade entre estado de natureza e estado civil encontra seu fundamento –, de uma reserva incomprimível da qual pode sempre renascer o sentimento do escândalo e com a qual o poder soberano deveria contar como uma fonte permanente de recalcitrância, eventualmente de rebelião; "(...) ninguém pode ceder a faculdade de julgar" (*TP*, III, 8), destaca Espinosa, a fim de lembrar que a transferência de potência dos sujeitos ao soberano não significa um abandono sem volta, não porque, aliás, essa retenção proceda de um gesto consciente dos sujeitos, mas porque o ato de "julgar" entra por pleno direito nos automatismos do *conatus*, para exprimir a potência de pensar da mente.

Chega, então, o momento em que a transferência característica do "contrato social fordista", no qual o império patronal sobre a organização da produção foi trocado por garantias de emprego e de progressão salarial, já não é tolerável, quando as condições de trabalho que ele impõe são *julgadas* abusivas. E é, sobretudo, a recusa de sua compensação monetária, forma "clássica", interna à ordem institucional da fábrica fordista, que significa esse ponto de recusa, expresso por um enunciado novo: "Nossa saúde não está à venda" (Vigna 2007, p. 160). Os atentados contra o corpo – é preciso ler o testemunho de um ajustador descrevendo o que podemos, de outro modo, chamar de destruição de suas mãos (*ibid.*, p. 159) – são, portanto, julgados agora insolúveis na gramática política da fábrica, que normalmente compra a aceitação, e encontram o freio de um ponto de intransigência – no sentido literal do termo: uma recusa de transigir *por mais tempo*. Essa recusa toma a forma de um enunciado cuja redução à qualidade (pobre) de simples *slogan* impediria considerar a natureza diferentemente profunda de uma tentativa alternativa de veridição, já que se trata de subtrair um dos dados da condição de sujeito (o *subditum* salarial) das prerrogativas até aqui "consentidas" da soberania patronal: os atentados contra a integridade física dos operários já não podem ser estendidos *ad libitum* e sob as simples cláusulas de eventuais contrapartidas monetárias, mas são *declarados* pelo enunciado como algo que já não entra no *imperium* dos diretores. E esse ato de posição enunciativa encontra a afetabilidade comum de maneira suficiente para pôr em movimento multidões operárias: aquela da Fiat em maio de 1971, que parece ter sido sua origem, aquela da fábrica Pennaroya de Lyon em dezembro do mesmo ano, que se inspira explicitamente no caso italiano precedente (*ibid.*, pp. 160-161).

O conflito de Confection-Sèvres-Vendée em Cerizay (Deux-Sèvres), ocorrido de agosto a dezembro de 1973 e que parece, entretanto, ter tido como origem um motivo bem clássico, como a reivindicação de um 13º salário, oferece outra imagem da formação do afeto comum de indignação. É que a capacidade de um acontecimento "menor" disparar um conflito fora de proporção é o signo de seu valor de simples catalisador, operando em uma situação que já atingiu o ponto crítico há certo tempo. O patrão, lembra Vigna (p. 110), não hesitou em instalar alto-falantes nos banheiros, a fim de incomodar os trabalhadores que ali se demoravam – e pensamos nas peças de carne estragada que provocam a explosão do motim dos marinheiros no encouraçado *Potemkin*. O movimento de greve que se inicia na sequência do bloqueio da negociação salarial recebe como única resposta a demissão da representante sindical da CFDT* na origem da reivindicação. É o gesto em excesso, o vexame marginal que precipita, de um só golpe, um sentimento comum de ofensa acumulado por muito tempo, e determina a ação da multidão salarial (local). "Um afeto não pode ser refreado nem anulado senão por um afeto contrário e mais forte do que o afeto a ser refreado" (*Ética*, IV, 7): essa é a simples matemática que dá suas medidas aos conflitos entre tendências passionais antagônicas. A precipitação do afeto comum de indignação vem, então, "refrear e anular" o afeto institucional do *obsequium*; também os

---

* CFDT é a sigla de Confederação Francesa Democrática do Trabalho (Confédération Française Démocratique du Travail). [N.T.]

indivíduos agora se movimentam para fora das relações da instituição, cuja potência normalizadora é diretamente atingida. É que "o gládio do rei, ou direito" era "na realidade a vontade da própria multidão, ou da sua parte mais válida" – eis que essa parte mais válida faz uma secessão e, unida por um novo afeto comum, faz um movimento em uma direção anti-institucional: os operários ocupam a fábrica. Ou melhor, eles a rebatizam com a sigla PIL, trocadilho evidente de Lip,* cuja experiência inaugurada na primavera do mesmo ano já marca os espíritos da época.

Na gradação da insubordinação operária, esses movimentos de ocupação de fábrica, que são, na verdade, movimentos de apropriação, constituem as formas mais elaboradas que dão à sedição toda sua força de subversão. Pois já não se trata de permanecer no quadro convencional da negociação nem de, fracassada a negociação, cair na erupção de raiva sem continuidade, como a pilhagem dos escritórios. A ocupação e, sobretudo, a retomada da produção, mas sob a soberania do corpo coletivo dos operários, que Vigna coloca sob o rótulo "greves produtivas", é justamente o acontecimento máximo da política de fábrica, sua forma própria de sedição geral. Nessas conjunturas muito particulares, reaparecem como nunca as categorias fundamentais da política espinosista, nos atos, mas ainda mais nas falas dos sujeitos em vias de desassujeitamento. Nessa ordem de coisas, o caso Lip serve evidentemente de referência. "A luta", percebe Vigna, "oferece a ocasião de afirmar um direito operário sobre a produção" (*ibid.*, p. 108). Ainda que não consigamos atribuir ao autor nenhuma intenção espinosista, todas as palavras desse comentário parecem

---

* Os primeiros atos de greve na fábrica relojoeira Lip, situada em Besançon, aconteceram em maio de 1968, mas é possível dizer que apenas assinalavam o começo de uma revolta que envolveu milhões de operários por toda a França e a Europa e que durou vários anos, tendo servido de forte ameaça às outras fábricas e ao governo francês, justamente por ter inaugurado no universo grevista um sistema articulado de autogestão, no qual os operários produziam e vendiam os relógios do modo como queriam. Existem muitos materiais sobre esse caso Lip, dentre eles, um documentário de 2007, dirigido por Christian Rouaud, intitulado *Les Lip, L'imagination au pouvoir*, que registra muitos depoimentos daqueles que participaram diretamente do movimento operário. [N.T.]

quase idealmente escolhidas: "luta", "afirmar", "direito" e "operário", que traduziremos aqui por "comum" ou "coletivo" – para assim enunciar o quadríptico da política espinosista. A luta, porque ela entra por si mesma no conceito do *conatus*; a afirmação, porque ela é a própria expressão da potência – "afirmação e resistência", diz Laurent Bove (1996), são os gestos mais fundamentais do *conatus*; enfim, o direito: mas qual pode ser esse direito colocado/afirmado fora de qualquer consagração institucional-legal, e mesmo em seu exato encontro, se não for um direito natural, isto é, uma pura expressão afirmativa de potência e até, nesse contexto coletivo de tumulto no seio da Cidade-fábrica,[31] um "direito de guerra" (*TP*, IV, 6)? Em conformidade com o encadeamento anunciado por Espinosa, aqui reescrito para adaptá-lo à circunstância, a transposição pelo soberano patronal de um limite crítico invisível tem por efeito que "o medo dos cidadãos-assalariados se transforma em indignação" e que "por isso mesmo a Cidade-fábrica é dissolvida e o contrato cessa"; "vemos consequentemente que este é imposto não pelo direito civil, mas pelo direito de guerra". Pela modificação da configuração dos afetos coletivos, os sujeitos já não são presos pelas normas da instituição e movimentam-se para fora de suas relações características. O que sucede não é certamente um retorno completo ao estado de natureza, mas seu forte ressurgimento no estado civil fabril, e uma transformação radical das relações de potência em seu seio. Demolida a força suplementar invisível da dominação institucional, já que os afetos que a sustentavam estão dominados por afetos contrários, o *imperium* patronal cai por terra e é a lei bruta do número, quase da potência física, que impera. Ora, como uma resolução miraculosa do paradoxo da servidão voluntária de La Boétie, os operários são mais numerosos e, *agora*, esse número lhes basta para triunfar! "Nós saímos da legalidade, nós ousamos" (Charles Piaget, *apud* Vigna 2007, p. 108), conta Roland Vittot, um dos líderes

---

31. Talvez seja útil especificar aqui que a expressão "Cidade-fábrica" só faz referência à Cidade como conceito da filosofia política, considerado paradigma de todas as ordens institucionais, e não remete às Cidades da teoria da justificação de Luc Boltanski e Laurent Thévenot (1991).

CFDT dos Lip. Saída da legalidade é, portanto, o outro nome do retorno ao direito de guerra, retorno determinado pela precipitação de um afeto comum de indignação suficientemente potente para dominar o afeto anterior do *obsequium* e suspender a ordem institucional. Mas "das discórdias e revoltas que muitas vezes são provocadas na cidade, nunca resulta, portanto, que os cidadãos a dissolvam" (*TP*, VI, 1), pelo que é preciso entender que um desmoronamento institucional jamais conduz completamente ao estado de natureza, mas anuncia a chegada de uma ordem alternativa. Esse novo estabelecimento passa tipicamente por atos veridicionais cuja natureza própria se torna surpreendente pelo fato de sua vocação expressa pela refundação. "A fábrica é nossa", "somos nós os patrões" (Vigna 2007, p. 38) são os enunciados-tipos dessas veridições instituidoras das linhas organizadoras de um novo mundo fabril em que, como uma realização exemplar da imanência espinosista expressa em "Este direito que se define pela potência da multidão costuma chamar-se estado" (*TP*, II, 17), a multidão salarial se torna diretamente detentora da soberania produtiva, afirma seu direito sobre a produção, afirmação que, por seu próprio movimento, esforça-se em converter o direito de guerra do qual ela inicialmente se valeu em novo direito civil ou, ao menos, nesse estágio, em realidade protoinstitucional. *Slogans* e bandeirolas são os signos típicos dessas veridições sediciosas. Assim como o que os Lip colocam no frontão de sua fábrica e que anuncia genericamente: "Tem novidade na Lip". O novo de uma nova ordem institucional cuja afirmação substancial característica ficou famosa ("É possível, nós fabricamos, nós vendemos, nós lucramos", Rouaud 2007) é, em quatro sintagmas, a asserção de um direito natural – o direito operário sobre a produção. Sua proclamação visa à transubstanciação desse direito de guerra em direito civil, de fato, e para usar aqui a esse respeito um anglicismo, de um *would-be* direito civil, já que a Lip continua imersa em uma sociedade capitalista cujo direito institucional majoritário contradiz sua tentativa minoritária. Em todo caso, no final, trata-se de uma subversão certamente local, mas radical, da própria relação salarial, já que essa veridição anula a separação característica dessa relação, a separação entre os trabalhadores e as ferramentas e os produtos da produção. Que a multidão de Lip tenha adesão por afeto a suas próprias veridições é o que provam, como o movimento, a ocupação e a retomada da atividade sobre uma base de democracia econômica estendida, mas também, em outro registro, os afetos coletivos que nascem dos pontos mais altos dessa dinâmica sediciosa: "O maior momento de exaltação foi nosso primeiro pagamento selvagem", conta Fatima Demongeot, OS,* membro do comitê de ação (Rouaud 2007), sendo que "selvagem" diz bem sobre toda a carga de inversão da ordem institucional estabelecida.

Apenas os tempos ordinários da ordem "em regime" podem fazer esquecer as lutas abertas passadas, e as lutas surdas contínuas, das quais ela é o produto; também as crises abrem como que profundas anamneses, novamente desnudando o esforço das potências. O poder político da época não se engana quanto à importância das apostas levantadas por esse conflito exemplar, e vê rapidamente nessa sedição exatamente o contrário de uma perturbação local sem continuidade: um desafio institucional de primeira grandeza. Isso significa que estaríamos no caminho errado, se nos demorássemos nas peripécias dos enfrentamentos com a polícia nos arredores da fábrica, visto que o conflito verdadeiro tem por objeto, do lado da "ordem", matar literalmente uma tentativa veridicional considerada autenticamente subversiva, uma tentativa claramente local e minoritária, mas que tanto sua força própria quanto a ressonância que ela encontra em uma conjuntura de conjunto poderiam lhe dar um dinamismo devastador. Será, então, veridição contra veridição, e o vigor da sedição força o poder soberano a retornar a seus dois enunciados canônicos, em suas duas *asserções puras*; puras porque anteriores a qualquer conteúdo específico: "eu quero" e "eu não quero". Pierre Mesmer, primeiro-ministro, 15 de outubro de 1973: "Estou dizendo: Lip acabou!" (Rouaud 2007). Somente a imagem e o som podem restituir a violência afirmativa dessa contraveridição e permitir perceber o que ressurgência do direito de guerra quer dizer. E, como em toda guerra, trata-se justamente de território, de

---

* OS significa *ouvrier specialisé*, ou seja, operário que exerce a função de lidar com uma máquina especializada no setor de produção de uma fábrica, sendo que ele próprio geralmente não possui especialização ou qualificação. [N.T.]

domínio sobre um território. É preciso destruir Lip, pois Lip é um germe cujo poder de crescimento e de conquista todos notam.[32] A sequência da história testemunha a realidade das potências que causam efeitos sobre os atos veridicionais, e o quanto as performances simbólicas, para serem eficazes, dependem do endosso de forças passionais e conativas "reais": de um lado, aquelas da multidão salarial unidas por seu afeto comum e que ocupa os lugares; do outro, aquelas da polícia e, mais ainda, da política industrial – a qual *in fine* se revelará, de outro modo, decisiva[33] – que o Estado tem como apoio de sua contraveridição restauradora. A multidão local, tentando se reapropriar de sua própria potência, acabará vencida pela multidão global na qual ela permanecerá imersa ou, antes, pela potência dessa multidão global captada na forma do poder de Estado.

Potência da multidão e transcendência imanente do social

Tudo isso (que, na verdade, é pouco) talvez já seja, entretanto, suficiente para deixar entrever certo tipo de trabalho combinado, e qual é a parte da filosofia e das ciências sociais propriamente ditas nisso. Seria necessária uma crença particularmente ferrenha nos poderes do conceito para imaginar que eles pudessem dispensar "ir ver", e deveria estar bastante claro que nem o *conatus* nem a *potentia multitudinis* jamais conseguirão dizer sozinhos o que se passa, por exemplo, dentro das fábricas metalúrgicas entre 1968 e 1973. Eles não darão voz nem à textura particular de uma situação em que nasce um afeto comum sedicioso; nem às condições "alquímicas" (Charles Piaget *in* Rouaud

---

32. Jean Charbonnel, então ministro da Indústria, enuncia a seu "colega da Economia e das Finanças", Valéry Giscard d'Estaing, a seguinte opinião: "Eles vão infectar todo o corpo social e econômico" – que, à sua maneira (!), revela bem a disputa territorial (Rouaud 2007).
33. É especialmente a interrupção brutal dos pedidos dos ponteiros dos painéis automotivos feitos pela Régie Renault que servirá de golpe fatal à experiência Lip – mas um golpe fatal propriamente econômico.

2007) contingentes que conseguem fazer uma ação coletiva tão coerente durar na Lip, mas não em outro lugar; nem ao efeito próprio de uma conjuntura de conjunto que "carrega" ou não um movimento local e lhe acrescenta, por vias muito difusas, um suplemento de potência; nem à sobredeterminação mais longínqua ainda de certa configuração das estruturas do capitalismo, tal que ela estabeleça na escala macroscópica certa relação de potência capital/trabalho, e cujo efeito não vemos de modo melhor em lugar algum senão na diminuição atual das revoltas salariais, mesmo quando – amável lítotes – as condições da vida salarial não se encontram amenizadas; nem, no geral, a todas as coisas que pertencem propriamente a uma historiografia social, ou a uma sociologia histórica, como quisermos, e somente a ela(s).

Mas apenas os conceitos podem ditar os princípios fundamentais em operação nessas situações. Eles os esclarecem de uma maneira particular e reagenciam seu quadro de conjunto sob certa unidade – que todas as acumulações de "fatos" não saberiam lhe dar. Aqui, os conceitos ditam o jogo das potências na constituição, operação e crise das ordens institucionais. Tomar as instituições como instâncias veridicionais não é pouco, longe disso, mas como as instituições conseguem "veridizer" com eficácia, por meio de quais tipos de operações seus decretos instituidores são levados a sério e causam efeito sobre aqueles que podemos chamar de seus "sujeitos"... e como essa autoridade chega eventualmente a desmoronar? São justamente essas questões que encontram simultaneamente resposta no conceito de potência da multidão.

Invocar a potência significa primeiramente retornar ao (a um) princípio genérico da produção dos efeitos. Se "coisas acontecem", se os homens fazem isto ou aquilo, é porque certa potência esteve trabalhando e esses homens foram por ela *afetados*. Pelo mesmo movimento com que ela restitui a causação real e as operações concretas, a potência, cujo conceito se desdobra pelas "leis" da vida passional, faz também lembrar que o mundo social nada mais é que um jogo de forças, e que é preciso procurar as forças atrás dos fenômenos que geralmente consideramos os mais desprovidos – como os fenômenos da ordem dita "simbólica", discurso, posições, enunciações, sentenças, espontaneamente relacionados à "mente", ela própria supostamente alheia aos fatos de potência. A ideia de violência simbólica de Bourdieu já contestava essa separação teoricamente custosa; Luc Boltanski volta a ela e, na verdade, não vemos bem como uma teoria da autoridade (discursivo-institucional) ou, para dizer de modo mais embasado, do *fazer autoridade* poderia proceder de outra maneira.

Enfim, uma vez que a potência é aquela da multidão e que ela é, em última análise, identificada como único princípio criador/produtor em operação no mundo social, retornam em bloco todas as aporias da transcendência ausente e do fundamento inexistente. Mas a *potentia multitudinis* é inseparável de sua cláusula de imanência integral e é por isso que tais aporias encontram sua resolução na filosofia espinosista. Aliás, não que essas soluções não possam ser percebidas independentemente – a ideia de "autotranscendência do social" de Jean-Pierre Dupuy (1992) apreende perfeitamente seu sentido e, para o prazer do grande abismo histórico, La Boétie (1999, p. 16) vai ao encontro do *Tratado político* (II, 17), ao discutir o soberano que reina sozinho sobre todos: "De onde tirou tantos olhos com os quais vos espia, se não os colocais a serviço dele? Como tem tantas mãos para golpear-vos, se não as toma de vós? Os pés com que ele espezinha vossas cidades, de onde lhe vêm senão dos vossos? Como ele tem algum poder sobre vós, senão por vós?" – sendo essa a equivalência espinosiana exata do *imperium* e da potência da multidão. Mas os conceitos de potência e de afetos retomam o que poderíamos, então, chamar de "autoafecções da multidão" na concretude de seu *modus operandi*. E lançam, por isso mesmo, uma luz particular sobre essa ambivalência, às vezes, reconhecida das ordens sociais, ao mesmo tempo muito sólidas e muito frágeis: muito sólidas, por causa da enormidade da potência que as sustenta – a *potentia multitudinis* –, mas também das inúmeras cristalizações-mediações institucionais dessa potência; muito frágil, pois, em última análise, a multidão só tem a si mesma como fonte de suas afecções e nenhum outro fundamento. Como, então, não ser tomado por uma espécie de vertigem pascaliana diante da ideia de que a ordem social não se sustenta em nada, que bem no início das "cadeias de autorizações", de que fala Boltanski (2009, p. 143), não existe nada? E, no entanto, tudo se passa como se a multidão não tivesse o privilégio dessas vertigens e não pudesse se permitir mergulhar nelas. Atrás de "tudo acontece como se", existe, na verdade, o trabalho contínuo de sua potência, atividade espontânea de produção coletiva engendrada da recriação permanente, mesmo do fundo das crises mais graves, das fusões de potências individuais, empurradas umas sobre as outras pela necessidade da perseverança, da qual resulta que "os homens desejam por natureza o estado civil, não podendo acontecer que eles alguma vez o dissolvam por completo" (*TP*, VI, 1). Isso porque o arbitrário da veridição é um espectro eminentemente fugitivo, e a alternativa ao desmoronamento de um valor é sua substituição por outro, mais do que o abandono, pois um valor, ou uma veridição, não cai por si mesmo: é derrubado em forte luta por uma veridição concorrente, portanto, anteriormente formada e consolidada pelo processo de sua transformação majoritária em potência. Os Lip não são tomados por nenhuma vertigem, senão por aquela de sua própria audácia, não sendo, em todo caso, aquela de uma abertura de sentido a preencher: justamente o contrário, eles já estão preenchidos de sentido, eles o têm até para revender, e só têm por preocupação fazer com que sua veridição já pronta faça autoridade. Apenas Calígula leva realmente a sério o formal puro da transcendência imanente, sua total vacuidade substancial, o arbitrário que lhe é coextensivo – "Tudo à minha volta é mentira, e eu, eu quero que se viva na verdade!" (Camus s.d., p. 20) – e também para fazer advir o reino: "E, justamente, tenho os meios para os obrigar [os homens] a viver na verdade" (*ibid.*). Pesadelo da autoridade pura, do *imperium* vazio, exercido em nome de nada, portanto, necessariamente por uma violência que só pode ser física e sem limite. Nenhuma sociedade pode tolerar um Calígula. Elas, aliás, empenham-se em eliminá-los impiedosamente, e restauram sem fraquejar as autoridades, prontas a "organizar" sua sucessão, como se houvesse necessidades de perseverança de seu próprio *conatus* para manter o valor, custe o que custar.

PARTE IV – Indivíduos

7. A servidão voluntária não existe:
CONSENTIMENTO E DOMINAÇÃO,
ENTRE ESPINOSA E BOURDIEU*

Gostaria de partir de um paradoxo surpreendente. Bourdieu, teórico da dominação, por fim, escreveu poucas coisas sobre a forma mais massiva da dominação nas sociedades contemporâneas: a dominação capitalista, a dominação na relação salarial. Porém, "poucas coisas" não quer dizer absolutamente nada. Penso particularmente no texto, tão curto quanto denso, publicado em *Actes de la Recherche en Sciences Sociales*, em 1996, sob o título "A dupla verdade do trabalho", cujo primeiro parágrafo aqui está, já que incide imediatamente no cerne do argumento:

> A teoria marxista do trabalho constitui sem dúvida, juntamente com a análise lévi-straussiana do dom, o exemplo mais acabado do erro objetivista que consiste em omitir a inclusão, na análise, da verdade subjetivista do encontro à qual se colocou para constituir o seu objeto: o investimento no trabalho, portanto o desconhecimento da verdade objetiva do trabalho como exploração, faz parte das condições reais do cumprimento do trabalho, e da exploração, pelo fato de que ele leva a encontrar no trabalho um proveito intrínseco, irredutível ao simples retorno em dinheiro. (Bourdieu 1998, p. 221)

---

* Este texto resulta de uma comunicação no colóquio Pierre Bourdieu: L'insoumission en héritage, Teatro do Odéon, 3 de maio de 2012. Foi publicado na obra coletiva organizada por Édouard Louis. *Pierre Bourdieu: L'insoumission en héritage*. Paris: PUF, 2013.

Correndo o risco de infringir as obrigações retrospectivas da celebração, gostaria de me lançar numa forma mais prospectiva da homenagem, *explicando* essa oração, isto é, no sentido literal da palavra, *desdobrando/desvelando* o que ela esconde: um verdadeiro programa de pesquisa, no qual, sem dúvida, observa-se o aprofundamento das teses mais centrais da obra de Bourdieu sobre a dominação e o mistério da aquiescência dos dominados em sua dominação.

É justamente no intervalo entre a verdade subjetiva e a verdade objetiva que se aloja a dominação, em sua forma, aliás, mais sofisticada e menos destacável, quando a dominação objetiva é subjetivamente vivida como condição feliz. Ora, a superação da antinomia do subjetivismo e do objetivismo não consiste apenas na síntese dos dois pontos de vista ou na complementação de um por outro, como também no engendramento de um pelo outro, isto é, na exposição do processo pelo qual as verdades subjetivas são objetivamente produzidas. Em outros termos, não basta dizer (a respeito da dominação salarial, por exemplo): existe a verdade objetiva da exploração e existem verdades subjetivas felizes do trabalho; é preciso indicar os mecanismos objetivos da formação dessas verdades subjetivas. Existem, portanto, por assim dizer, duas verdades objetivas: a verdade objetiva da relação salarial e a verdade objetiva da produção das verdades subjetivas que a acompanham. As verdades subjetivas são decididamente, e duplamente, objeto de interesse. Primeiro, porque contribuem para produzir o mundo social; segundo, porque elas próprias são produzidas pelo mundo social e no mundo social. Talvez ninguém tenha criado uma fórmula mais incisiva dessa objetividade do subjetivo do que Espinosa, ao declarar que queria tratar dos afetos "como se fossem uma questão de linhas, de superfícies ou de corpos" (*Ética*, III, Prefácio). "Assim, não encarei os afetos humanos, como são o amor, o ódio, a ira, a inveja, a glória, a misericórdia e as restantes comoções do ânimo, como vícios da natureza humana, mas como propriedades que lhe pertencem, tanto como o calor, o frio, a tempestade, o trovão e outros fenômenos do mesmo gênero pertencem à natureza do ar, os quais, embora sejam incômodos, são contudo necessários e têm causas certas, mediante as quais tentamos entender a sua natureza" (*TP*, I, 4), em um programa de "física das paixões" que pretende alinhavar os estados da subjetividade a suas necessidades objetivas.

Essa "física" é imperativamente social. Ela pode tomar a forma, por exemplo, de um *estruturalismo das paixões*. Porém, seus primeiros conceitos, se se trata de fazer jus às verdades subjetivas, são, então, o *conatus* e os afetos, respectivamente, o impulso de potência desejante que dá sua energia à ação e as forças que determinam suas orientações concretas. Se não há ação sem desejo conativo de agir, e se a dominação requer do sujeito certo tipo de ação, de ações conformes, então, podemos dizer que essa dominação consiste em certa *produção* de afetos e de desejos. Uma dominação é uma produção social de afetos que faz desejar o que Espinosa (e Bourdieu, depois dele) chama de *obsequium*, o comportamento ajustado aos requisitos da norma dominante. Um corpo dominado é um corpo que foi determinado a se mover e a parar de certa maneira, característica da situação de dominação: nível de pressão, gestos requisitados executados, aparência do corpo, tom da voz etc., todas coisas que, a propósito, Bourdieu tinha visto perfeitamente... Por exemplo, o corpo que se prepara de manhã para o trabalho é evidentemente um corpo que se move de uma maneira determinada e particular. Se esse corpo dominado se move dessa mesma maneira todas as manhãs, é porque ele está sob certo regime de desejos e de afetos – qual?

Poder, estruturas e afetos na dominação capitalista

Levantar essa questão acerca da dominação salarial talvez seja, então, a ocasião de reunir três abordagens da dominação cuja sucessão na história das ideias tendeu a considerá-las estranhas umas às outras. Na verdade (e para dizê-lo muito resumidamente), a questão da dominação é inicialmente colocada pela filosofia política que busca as origens do *imperium*, da soberania e da obediência dos sujeitos. Depois, Marx dá um passo para o lado, subtraindo a dominação do registro único da política, para fazer dela o correlato da exploração capitalista – e a figura do dominado já não é aquela do sujeito, mas a do trabalhador assalariado. Enfim, o pensamento contemporâneo se distancia dos modelos molares da dominação concebida como clivagem macroscópica, na escala da sociedade toda, fraturada por uma única linha de frente – governantes/governados ou, antes, capital/trabalho. A dominação conhece, então, uma nova geometria, fractal e multiescalar. *Diversas* dominações, *diversos* efeitos de poder são encontráveis nas escalas mais finas da sociedade: nas instituições de toda natureza, na família ou nos casais, e até pulverizados em espécies as mais variadas, dominação pelo gosto, pela linguagem, pelas maneiras – evidentemente, é uma das razões pelas quais Bourdieu se mostrará relativamente desinteressado da dominação propriamente salarial, intensivamente trabalhada pela tradição marxista, quando todas as outras formas de dominação precisavam ainda ser exploradas. Dessa perspectiva, a dominação já não tem a estrutura elementar da frente única: ela é difusa ou, emprestando a linguagem da topologia, ela é *densa* no mundo social. Em resumo, prende os indivíduos em todas as dobras de sua existência e, por isso mesmo, convida a refazer a participação do local: localidade da prisão concreta, isto é, do corpo e de seus afetos, mas de um ponto de vista que se recusa a visualizar o local como autônomo ou separado. A dualidade da verdade subjetiva e da verdade objetiva nada mais é, portanto, que aquela do local e do global – mas em sua articulação! –, pois, se o corpo preso pela dominação, se suas afecções, os afetos e os desejos que as sucedem são, por natureza, locais, eles também são sempre expressões locais das estruturas globais que sustentam esta ou aquela forma de dominação.

A questão da dominação salarial é uma oportunidade, então, de considerar em conjunto essas três abordagens da dominação, julgadas heterogêneas, mas, na verdade, bem mais complementares do que possa sugerir sua sucessão, que as fez aparecerem com intervalos umas em relação às outras. Afinal, um assalariado é um corpo que se move a serviço de um desejo-mestre e, desse modo, só se move por ter sido afetado adequadamente – e jamais faremos a economia dessa passagem pela localidade do corpo afetado; mas esses afetos e o desejo que se segue de se mover rumo ao trabalho e no trabalho não chegam de repente: eles foram produzidos pelo efeito da própria relação salarial, isto é, por um conjunto de estruturas sociais cujo quadro foi desenhado pela primeira vez por Marx; e, no entanto, o desejo-mestre do capital, ao qual se rende o corpo laborioso afetado nas estruturas da relação salarial, é bem genericamente a figura de um soberano – voltamos à política. Como sujeitos chegam a se alinhar às normas de um soberano? É, na verdade, um problema comum tanto ao pensamento moderno do Estado quanto ao pensamento da empresa contemporânea. Como sujeitos se rendem a um *imperium* (qualquer que seja sua natureza)? É exatamente um problema de filosofia política. Em qual combinação de desejos e de afetos? É um problema de filosofia política espinosista. Engendrados em qual configuração de estruturas sociais? É um problema para um estruturalismo das paixões.

Fazer prevalecer a norma do soberano – Estado ou capital – é, portanto, uma questão de produção de afetos e de desejos. Etimologicamente, é uma questão de *epitumogenia* (do grego *epithumia*, desejo). Em outros termos, prevalecer como desejo-mestre – outro nome para *governar* – é conduzir pelos afetos. Aqui Espinosa se junta a Foucault: se a governabilidade é a arte de conduzir as condutas, então, ela é fundamentalmente da ordem da *epitumogenia*, já que é afetando os indivíduos que os determinamos a se conduzir de certa maneira. Ela é, desse modo, uma *ars affectandi* por natureza: governar é afetar. Tudo isso pode se aplicar à risca à produção capitalista do *obsequium* salarial, já que, em seus primórdios, a governabilidade capitalista é o efeito bruto, impessoal e não intencional de estruturas particulares nas quais se encontram inscritas as forças afetantes do capital, as estruturas da relação salarial, tais como Marx as pensou: uma economia mercantil com divisão do trabalho, que fecha qualquer possibilidade de reprodução material autônoma e a faz passar imperativamente pelo acesso à moeda; e, depois, a apropriação privativa dos meios de produção, que só deixa como solução para esse acesso a venda de uma força de trabalho tornada comerciável.

O capitalismo em seus regimes históricos de desejos e de afetos

Essa estrutura elementar da relação salarial constitui por si mesma determinado regime de desejos e de afetos, isto é, de movimentação dos corpos assalariados. O que move aqui os assalariados, entretanto, liga-se ao desejo não de perseguir um bem, mas de evitar um mal – o mal do depauperamento material e biológico. O primeiro aguilhão do movimento assalariado, conceitual e historicamente, é o temor de morrer e o desejo de não morrer – no qual percebemos, ocasionalmente, que o desejo não é necessariamente o impulso positivo e alegre que representamos com espontaneidade. E, na verdade, na primeira realização histórica da relação salarial – que não vai além de suas formas elementares –, a movimentação dos corpos assalariados se efetua em uma atmosfera de afetos tristes: o medo da miséria. Medo do depauperamento, desejo vital de acessar o dinheiro, transformado nas estruturas sociais do capitalismo em ponto de passagem obrigatória da perseverança no ser: isso é exatamente um regime de desejos e de afetos.

Porém, a força do capitalismo reside em ter ultrapassado suas formas elementares. E, do mesmo modo que suas configurações institucionais evoluíram na história, seus regimes de desejos e de afetos, correlativamente, foram transformados. O capitalismo fordista representa incontestavelmente uma mutação de grande amplitude sob essa relação: a entrada da acumulação em um regime de crescimento forte e durável não tem, na verdade, apenas como característica estabilizar as condições de reprodução material dos assalariados por meio do pleno-emprego e da forte progressão dos salários, portanto, fazer os afetos tristes da precariedade vital regredirem; esse novo regime também tem por efeito aí acrescentar afetos alegres ligados à entrada do assalariado no consumo de massa, isto é, à satisfação do desejo de objetos mercantis em uma escala inédita. A liberação do desejo aquisitivo, tornado possível pela extensão da oferta e pela dissolução da demanda, está no princípio de um remanejamento muito profundo da complexão passional do assalariado, levado não mais somente a sofrer a mobilização coercitiva sob o aguilhão

192 | Papirus Editora

da fome, mas também a usufruir das alegrias da mercadoria, aliás, em um vínculo tal que agora sabemos que irá oferecer ao capitalismo um acréscimo de adesão que Marx não podia imaginar e, por isso, uma de suas ancoragens políticas mais sólidas.

As transformações históricas do capitalismo e a superação de suas formas elementares mais brutais permitem, assim, ver melhor que, em cada um de seus períodos, o regime de acumulação admite como dual certo regime de desejos e de afetos, sendo que o segundo exprime localmente, mesmo nos corpos-mentes individuais, as estruturas globais do primeiro – essa expressão não tem, aliás, nada de uniforme e deve ser compreendida na variedade de suas refrações. Seguindo a lógica, a crise do fordismo e a entrada do capitalismo no regime de acumulação neoliberal também têm por correlata uma mutação de seu regime de desejos e de afetos. Como sempre, especialmente em uma transformação de estruturas que instaura o primado da rentabilidade financeira, essa mutação responde ao objetivo de intensificação da mobilização salarial. Nesse caso, o capital percebeu que o limite de um empreendimento de mobilização só funciona pelas incitações do consumo, pois, se o fordismo rompe com os afetos tristes do capitalismo primitivo e se abre aos afetos alegres da mercadoria, ele somente propõe com isso afetos alegres *extrínsecos*: o engajamento no trabalho não se faz por si só, mas da perspectiva única dos objetos aos quais dá causalmente acesso. A inovação histórica do neoliberalismo consiste, então, no projeto de fazer a mobilização salarial entrar em um *regime de afetos alegres intrínsecos*: produzir a alegria intransitiva do engajamento no trabalho, eis sua nova fronteira. O trabalho já não deve ser a maldição do depauperamento a afastar nem mesmo o meio simplesmente instrumental de satisfações mercantis que lhe permanecem externas: ele deve se tornar uma ocasião "de realização", de "realização de si" e, no limite, de coincidência na felicidade da vida profissional e da vida como um todo. A particularidade do regime de desejos e de afetos do capitalismo neoliberal é, portanto, que ele aposta na verdade subjetiva do trabalho como qualquer um de seus predecessores. Com isso, esse formidável empreendimento *epitumogênico* à base de psicologia gerencial, de refinamentos extremos na gestão-manipulação dos "recursos humanos", de cultura de empresa com valores e bandeiras, de seminários de "motivação" e de convenções de todo tipo, de promessas de enriquecimento das tarefas, de liberação das iniciativas e de autonomia – que sabemos como podem mudar –, todas coisas destinadas a fazer surgir o sonho capitalista de um assalariado contente, inteiramente à sua verdade subjetiva feliz – e definitivamente esquecido de sua verdade objetiva.

À sua maneira, que é toda prática, o capitalismo revisita, então, um problema muito clássico da filosofia política, redescobrindo com ela que é mais eficaz, e mais produtivo, governar na alegria do que no medo – grande polaridade afetiva do poder, que se exerce seja ao se fazer amar, seja ao se fazer temer: "Deve também ter-se em conta que os súditos não estão sob jurisdição de si próprios mas da cidade, na medida em que receiam a sua potência ou as suas ameaças, ou na medida em que amam o estado civil" (*TP*, III, 8). E, com efeito, se é pelo amor, mais afetos alegres, menos resistência, consequentemente mais potência de agir mobilizada. O projeto neoliberal, portanto, abriu a era da governabilidade capitalista consciente e refletida – isso porque é preciso um empreendimento *epitumogênico* pensado como tal para obter recrutas alegres, ali onde viver à guisa de outro é inicialmente entristecedor. Também o empreendimento neoliberal se mostra uma aplicação fiel – ainda que, sem dúvida, extremamente não intencional! – do *Tratado político* de Espinosa, quando lido o texto por si mesmo: "Os homens, porém, devem ser conduzidos de modo que não se vejam a si próprios conduzidos mas a viver segundo o seu engenho e a sua livre decisão" (*TP*, X, 8). Fazer os assalariados caminharem por seu próprio desejo: o ideal agora totalmente explícito do neoliberalismo.

Consentimento, servidão voluntária, alienação

Ora, esse ponto de sucesso da governabilidade capitalista é também um ponto de desestabilização conceitual, pois certos conceitos, transmitidos, aliás, sem alterações da filosofia política às ciências sociais do trabalho e, talvez por essa mesma razão, considerados totalmente confiáveis, começam a sucumbir (com exceção do espinosismo, que construiu seu pensamento sem sua segurança, longe deles, e até lhes dirigindo explicitamente uma crítica): consentimento, servidão voluntária, alienação, três conceitos profundamente solidários e que se encontram maltratados em conjunto nas provações da produção neoliberal dos recrutas alegres.

A sociologia do trabalho, na verdade, viu-se justamente obrigada a fazer essa constatação – impensável para o marxismo das origens, e com razão: ele tem em mira um regime afetivo diferente – que o capitalismo mostrou-se capaz, em algumas de suas frações, de desenvolver um assalariado contente. Isso é conhecido, na verdade, desde os anos 1960-1970, quando se constituiu esse novo grupo social que chamamos de "executivos". Sujeitos alegres, que, por si mesmos, ativam-se a serviço do desejo-mestre do capital, cujo projeto é justamente, em todos os sentidos do termo, fazê-los se mover: é esse ideal que certas empresas conseguem agora realizar, e isso mesmo quando o capitalismo neoliberal, *em contrapartida*, maltrata outras parcelas do assalariado em níveis que trazem inevitavelmente à memória a selvageria de suas origens. Somos, portanto, forçados a dizer, antes de qualquer coisa, que *aqueles* assalariados que caminham e que jogam o jogo em todo caso *consentem*.

Porém, o ponto de vista exterior repugna tal cenário, pois, enxergando apenas a empresa exploradora, isto é, a "verdade objetiva", parece-lhe duvidoso esse consentimento. Também a crítica quer declará-lo viciado de certa maneira: os assalariados dizem que consentem, mas, na verdade, acham que consentem. No fundo, estão sob a "servidão voluntária". Formalmente, disseram "sim" sem terem sido forçados, mas para algo que deveria lhes ser intolerável e que deveria fazê-los sofrer. Ainda que, estranhamente, eles não sofram, ou não como se esperava – e é essa estranheza que as palavras "servidão voluntária" deveriam despertar. Em resumo, eles são contentes, mas contentes enganados, contentes que foram abusados, e abusados porque fizemos repercutir viciosamente neles

A sociedade dos afetos | 195

uma energia que se volta contra eles: eles próprios oferecem o recurso para aniquilar seus próprios interesses. Enfim, são *alienados*: é impossível amar o controle de gestão até o ponto de executá-lo durante 12 horas por dia; é uma ilusão fazer da otimização dos estoques uma realização existencial; é um erro achar boa a vida inteiramente dedicada à empresa. E, no entanto, os interessados persistem e confirmam: trata-se da "escolha deles".

É nesse ponto que as filosofias subjetivistas da consciência (e as ciências sociais que fizeram delas sua metafísica implícita) se veem presas em sua própria armadilha, pois se veem sistematicamente desarmadas diante de uma declaração de liberdade. Em nome de que e com base em que acusar o sujeito de não ser livre? Como juntar o reconhecimento de sua liberdade de sujeito e a certeza de que ele se cega? A "servidão voluntária" é a acomodação, puramente verbal, dessa insolúvel contradição de uma liberdade postulada em princípio incontestável, mas julgada circunstancialmente exercida para o pior. Ora, como todas as soluções verbais, essa deixa evidentemente intacta a contradição que se destina a resolver – salvo ao invocar a incompreensível maldição de uma liberdade errante por intermitência. O meio mais seguro, talvez o único, para sair dessa contradição consiste em ver como ela é secretada do próprio cerne da metafísica da subjetividade, que não sabe o que fazer com um consentimento livre, mas considerado criticável – é porque ele tem o inconveniente de lançar dúvida sobre todos os outros dos quais gostaríamos de poder continuar celebrando a alma cristalina.

O ponto de vista espinosista faz um amplo movimento de esquiva e se desembaraça de tudo de uma só vez: a liberdade e seus problemas, os consentimentos bizarros e a servidão voluntária. Como sabemos, não resta mais nada da liberdade nessa contrapartida radical – ao menos, entendida como antônimo da necessidade –, sendo que a afirmação intransigente do determinismo espinosiano culmina no escólio de *Ética*, II, 35: "Os homens enganam-se ao se julgarem livres, julgamento a que chegam apenas porque estão conscientes de suas ações, mas ignoram as causas pelas quais são determinados". O consentimento como aprovação liberada por uma consciência livre e autodeterminada não faz, portanto, nenhum sentido nessa perspectiva. É sempre o encadeamento causal das afecções e dos afetos que nos determina a desejar o que desejamos e a fazer o que fazemos – em particular, que nos determina a dizer "sim". Isso porque a visão espinosista da vida passional faz voar pelos ares as distinções que julgávamos as mais evidentes, e especialmente aquelas da constrição e do consentimento. Afinal, não poderíamos reservar a heteronomia à primeira para celebrar o livre assentimento do segundo: quando o assalariado se rende ao trabalho sob o aguilhão da fome, não mais do que quando aí vai para "se completar", ele não escapa da ordem da causalidade passional, e é rigorosamente o mesmo determinismo que está operando nos dois casos.

Assujeitamentos tristes, assujeitamentos alegres

Tanto as ciências sociais subjetivistas quanto o senso comum se recusam a se render a essa indiferenciação. Mas Espinosa não nega que haja diferenças: simplesmente desloca aquelas que espontaneamente fazemos na ignorância das causas que nos determinam. A diferença da "constrição" e do "consentimento" não é a da heteronomia e da liberdade: é aquela da tristeza e da alegria. Constrição é o nome que damos a uma determinação acompanhada de um afeto triste. E consentimento é o que damos a uma determinação acompanhada de um afeto alegre. É a alegria – não a liberdade – que faz dizer sim ao que, de qualquer forma, continua sendo uma determinação. Pelo mecanismo de simplificação cujo princípio é dado no escólio de *Ética*, II, 35, o assalariado contente não sabe tudo o que seu contentamento deve a seu passado de afecções e de afetos, e notadamente às determinações vocacionais que lhe fizeram contrair imagens queridas de coisas a fazer: para uns, construir castelos no ar, para outros, participar de revoluções tecnológicas, salvar ou fazer surgir vidas pela medicina, dançar sobre um grande palco etc., isto é, todos esses mecanismos imaginários, mais frequentemente miméticos, que o dispuseram a ver com alegria a atividade sob um desejo-mestre, desde que este lhe ofereça a oportunidade de viver segundo suas imagens desejantes. Também o indivíduo diz que consente a cada vez que lhe é proposto se empenhar no desejo de buscar o que lhe pareça um bem, e que sua balança afetiva penda para o lado da alegria. Constrição e consentimento nada mais são, portanto, que o produto de olhares subjetivos dirigidos ao fato objetivo da determinação. Em outros termos, ao dizer constrição e consentimento, categorizamos e nomeamos baseados em nossos afetos. Francamente, nadamos em pleno "conhecimento de primeiro gênero, opinião ou imaginação" (*Ética*, II, 40). O conhecimento de segundo gênero é aquele que vê a única objetividade que haveria para ser vista, aquela da produção determinada dos afetos, dos desejos e dos movimentos de corpos que se seguem.

Evidentemente, é rumo a uma rude conversão intelectual que Espinosa nos move, para desfazer certa maneira de considerarmos a nós mesmos, uma maneira que, conforme ele nos mostra abundantemente, é implacavelmente determinada por uma necessidade imaginativa[1] – circunstância teoricamente atenuante, mas praticamente agravante, já que, se somos, em certa medida, perdoados intelectualmente, descobrimos por isso mesmo que será mais difícil nos libertar... E, na verdade, o pensamento subjetivista não desarma facilmente quem continua procurando nas entranhas do sujeito o núcleo duro de sua particularidade absoluta, de sua autenticidade desejante, de modo que ela ofereça sua base ao consentimento. Mas jamais encontraremos isso: todas as nossas maneiras, diz Espinosa, maneiras de sentir, de julgar, de desejar, de nos movermos, todas elas nos vieram de fora, de nossos encontros exteriores. Sem dúvida, estão integradas em uma complexão, um *ingenium* sobre o qual podemos dizer que é nosso, porém, mais no sentido de função ou de atribuição do que de produção soberana e autodeterminada de si. De regra, aliás, o olhar exterior sabe ver melhor do que o olhar reflexivo os mecanismos da constituição heterônoma dos *ingenia* – dos *ingenia* dos outros... Então, é imediato chamar de alienação, com base em sua própria etimologia, essa

---

1. Aquela de *Ética*, II, 35, escólio.

presença do *alius*, do outro que não o eu dentro do eu. Nesse sentido, ser alienado seria não ser "autenticamente" quem se é, seria ter deixado seu *idios* ser corrompido pela alteridade. O que o olhar exterior vê tão bem em outrem e, em geral, tão mal em si, é que a presença ou o efeito do exterior em si, e até na constituição de si, é a condição absolutamente universal de todos os modos finitos. Lembra Espinosa que "não pode ocorrer que o homem não seja uma parte da natureza, e que não possa sofrer outras mudanças que não aquelas que podem ser compreendidas exclusivamente por meio de sua própria natureza e das quais é causa adequada" (*Ética*, IV, 4). Logo, é totalmente inócuo considerar esse trabalho da alteridade em si como uma carência ou um defeito. E o é mais ainda, sob o nome de alienação, reservar o estigma somente a algumas pessoas. Se ser alienado é estar aprisionado por forças exteriores e não ser capaz de se governar integralmente, então, a alienação é a condição universal do modo finito humano.[2] Ver o trabalho das causas exteriores sobre outrem não é, portanto, razão suficiente para se acreditar estar livre delas. Também, qualquer tentativa de desqualificar os desejos desse outrem em razão de que, de origens heterônomas, não seriam realmente "os seus" se dissolve menos no erro do que na mais completa trivialidade.

A imputação de heteronomia, ou de alienação, no lugar de certos desejos não passa, portanto, sem fazer pensar naquela de ideologia no lugar de certos discursos. E, assim como a última estigmatizava menos conteúdos precisos que genericamente o pensamento dos outros, também a alienação funciona mais frequentemente como a designação polêmica da vida passional dos outros. A mulher de burca (ou o executivo *workaholic*) certifica tanto quanto ela possa que consente plenamente, e somos nós que não consentimos em seu consentimento. Aparece aqui que o princípio de nossos julgamentos sobre os consentimentos (e as alienações) é bem menos dado na clareza (incerta) do próprio conceito do que na aprovação, ou desaprovação, que damos espontaneamente a seus objetos e, como de costume, valendo-nos de nossos próprios afetos – conhecimento do

---

2. Enunciado que precisaria, sem dúvida, ser moderado, não excluindo que algumas pessoas possam talvez conhecer o regime dos afetos ativos e da causalidade adequada.

primeiro gênero... Para um executivo *workaholic*, o colega ao lado consente tanto quanto ele, e os dois se encontram magnificamente livres – exceto se entrarem em rivalidade, sendo, em qualquer caso, eu o homem livre e meu colega o doente.

A "servidão voluntária" não funciona diferentemente. Ela é apenas o meio de sucesso para considerar esses casos estranhos em que o interessado diz "sim" (consente), ao passo que nós, em seu lugar, diríamos "não". "Servidão voluntária" é, assim, o outro nome desses consentimentos bizarros com os quais não consentimos, e diante dos quais, por isso, fazemos consentimentos duvidosos. Ora, não há, de um lado, a constrição (servidão) e, do outro, a liberdade (consentimento), com um caso intermediário para o que seriam desvarios da liberdade (servidão voluntária): só há a servidão passional universal, isto é, o assujeitamento ao encadeamento das causas e dos efeitos, que determina cada uma de nossas movimentações. Mas isso sem esquecer as tantas pessoas que se assujeitam de modo alegre ou triste, o que, conceitual e existencialmente falando, traz consideráveis diferenças!

Divisão do trabalho, divisão do desejo

São essas diferenças que o empreendimento neoliberal pretende explorar por sua própria conta, em um projeto sem precedentes de produção e de exaltação das verdades subjetivas felizes. E o encargo do trabalho *epitumogênico* é tornar os recrutas salariais contentes, ao determiná-los novamente a achar desejáveis e prazerosas as tarefas que lhes são designadas – para tanto, na mais completa heteronomia: a da subordinação salarial. O trabalho *epitumogênico* de produção de um assalariado contente tem por objeto, portanto, organizar a divisão do trabalho sob a égide do desejo-mestre do capital, isto é, distribuir aí os indivíduos, porém, certificando-se de que seus desejos foram refeitos de tal modo que tenham a atribuição alegre. O projeto neoliberal da mobilização produtiva pela alegria torna, então, mais visível ainda o que poderíamos chamar de duplicação de desejo das estruturas: assim como as estruturas do regime de acumulação se duplicam em um regime de desejos e de afetos, também as estruturas micro e macroeconômicas da divisão social do trabalho são duplicadas por aquelas de uma divisão social do desejo, pois tornar prazerosas as atribuições na verdade autoritárias da divisão do trabalho supõe não apenas ter orientado o desejo dos designados em direção aos objetos bem-circunscritos por essas atribuições, mas, sobretudo, tê-lo *fixado*. O comando combinado da divisão do trabalho e da divisão do desejo é, portanto, triplo: 1) aqui está o que precisa ser feito; 2) aqui está o que se gosta de fazer; 3) não precisa gostar de mais nada.

Essa atribuição do desejo como complemento da atribuição produtiva envia, assim, a uma reconstrução possível do conceito de dominação, do contrário, desestabilizado pela multiplicação dos assujeitamentos felizes – os consentimentos. Foi justamente em tal revisão que se engajou Bourdieu baseado no conceito de violência simbólica, entendida como o conjunto dos mecanismos sociais que conduzem os indivíduos a achar boa sua condição de dominados. Ora, a ideia de um sistema de atribuições sustentado por uma divisão social do desejo permite prolongar as intuições. A fixação dos recrutas envia, na verdade, a uma concepção distributiva da dominação como *repartição desigual das chances de alegria*. Nesse sentido, "dominação" reenvia ao conjunto dos mecanismos que permitem acantonar alguns, os mais numerosos, em domínios de alegria restritos, e reservar a outros, os *oligoi*, domínios de alegria alargados. O comando, por exemplo, faz evidentemente parte dessas chances de alegria desigualmente distribuídas – que necessitam fixar *além*, e em outras coisas, aqueles que dele se distanciam. Laurent Bove (1996) sublinha o caráter quase axiomático aos olhos de Espinosa da preferência não somente por viver a seu bel-prazer (*ex suo ingenio*) a viver ao prazer do outro, mas também por "governar a ser governado" (*TP*, VII, 5). "Porque aquilo que os homens menos suportam é estar submetidos aos seus semelhantes e ser dirigidos por eles", assinala, por sua vez, o *Tratado teológico-político* (*TTP*, V, 8) (Espinosa 2008). É preciso, portanto, todo um trabalho social para dissimular a igualdade real dessa "natureza [que] é só uma e é comum a todos" (*TP*, VII, 27), e recriar a desigualdade imaginária, única capaz de fazer com que se aceite o fato do governo como privilégios de atribuição. É essa recriação que manifesta a divisão do desejo, atribuindo imaginariamente a cada um o que lhe é permitido desejar de acordo com sua qualidade social. O imaginário do desejo atribuído é, desse modo, necessariamente para alguns, um imaginário da impotência, autolimitação do desejo por desprezo de si. Bernard Pautrat traduz por *Bassesse* (Rebaixamento) o *Abjectio* de Espinosa, definido como essa tendência a "fazer de si mesmo, por tristeza, uma estimativa abaixo da justa" (*Ética*, III, Definição dos afetos, 29). O desprezo por si mesmo é, portanto, o produto afetivo mais típico da divisão do desejo em certos extratos seus, de modo que determina que os indivíduos não desejem além das atribuições da divisão do trabalho. Desse mecanismo inteiramente social que Bourdieu inscreve no *habitus* e por meio do qual, diz ele, os agentes ajustam inconscientemente suas esperanças subjetivas às probabilidades objetivas, Espinosa dá a fórmula passional em *Ética*, III, Definição dos afetos, 28, expl.: "Tudo o que um homem imagina não poder fazer, ele o imagina necessariamente, e esta imaginação o dispõe de tal maneira que ele realmente não pode fazer o que imagina não poder". Na partilha desigual das chances de alegria própria à dominação salarial, a violência simbólica é, assim, essa produção de afetos que reserva certos desejos a uns e os inibe em outros pelo trabalho de "despotencialização" do desprezo de si. A crença em sua própria incapacidade, e consequentemente em sua "ilegitimidade", é, desse modo, o correlato simétrico e inverso da crença dos eleitos, crença em sua legitimidade de evidência, nas autorizações naturais que governam suas aspirações e em sua capacidade de preenchê-las. Mas tais afetos, que aumentam a potência de agir de uns e diminuem a de outros, não aparecem do nada, e Bourdieu mostrou suficientemente de quais mecanismos sociais e, por trás desses mecanismos, de quais complexos institucionais (escola, família, meios de comunicação etc.) eles eram o produto. É literalmente toda a sociedade em suas estruturas que produz a seleção local dos corpos e os afeta diferentemente para potencializar uns e despotencializar outros.

Seria preciso dar a essa dualidade da verdade subjetiva e da verdade objetiva toda sua extensão teórica, sobretudo do lado "subjetivo", deixado relativamente deficitário por Bourdieu, a despeito de todos os seus esforços para levá-lo em consideração. Uma vez que essa dualidade só tinha sentido sob uma real articulação de seus termos, tratava-se também de dispor conceitos locais que se mostrassem compatíveis com o quadro estrutural-global que nada poderia convencer a abandoná-lo. É justamente essa exigente condição que os conceitos espinosistas de *conatus* e de afeto satisfazem, construídos diretamente da singularidade das coisas – "*Cada coisa* esforça-se, tanto quanto está em si, por perseverar em seu ser" (*Ética*, III, 6; grifo nosso), a proposição do *conatus* –, mas sem nunca exagerar em nenhum dos pressupostos do livre-arbítrio, da consciência transparente e dos poderes da autodeterminação que acompanham inevitavelmente as ciências sociais muito visivelmente engajadas na defesa do ator-sujeito. Seria preciso, então, voltar a uma filosofia do século XVII, maltratada por sua própria tradição e quase inteiramente desconhecida das ciências sociais contemporâneas, para encontrar o que falar dos homens singulares, mas sem cair jamais nas ideias prontas do humanismo (teórico) nem esquecer o peso de determinações, especialmente estruturais, que não cessa de pesar sobre eles.

Passado o momento da ruptura estrondosa – e necessária –, Durkheim pôde voltar à psicologia, mas evidentemente em uma relação completamente diferente da original, para afirmar que as determinações sociais se inscrevem bem nas mentes – até seria preciso dizer nos corpos-mentes – individuais, isto é, *a psicologia exprime localmente a sociologia*. À parte a repetida (mas simplesmente heurística) invocação dos "sentimentos", Durkheim não se pronunciava muito, entretanto, sobre as modalidades precisas dessa inscrição das determinações do social nas psiques. O dispositivo teórico montado por Bourdieu faz um progresso considerável, ao remeter ao conceito de *habitus* essa expressão local do global, notadamente com o benefício de escapar das visões muito homogeneizadoras da "constrição social" durkheimiana e de fazer jus ao que o mundo tem de variedade. Porém, seria, sem dúvida, exigir demais do conceito de *habitus* encarregá-lo sozinho da "parte dos indivíduos" ou, no mínimo, isso significaria deixá-lo ainda parcialmente no estado de caixa-preta, pois, se realmente o *habitus* se coloca como o princípio gerador dos comportamentos individuais, então, resta esclarecer todos os encadeamentos de sua produção concreta, desde a energia fundamental da movimentação dos corpos – e obviamente não caímos em um biologismo achatado das trocas metabólicas ao dizer que ela é da ordem de uma potência desejante – até o princípio das orientações particulares dessa energia, os afetos, cuja própria produção remete à refração das afecções exteriores (sociais) por meio das complexões afetivas individuais (os *ingenia*), complexões parcialmente idiossincráticas, parcialmente comuns, ou tornadas comuns, especialmente pelo efeito de experiências semelhantes (aqui ainda é a parte da sociologia)[3] etc. Considere-se em algumas linhas o esboço de um programa de pesquisa espinosista em ciência social, convencido de que a filosofia de Espinosa se oferece para prolongar a sociologia de Bourdieu por outros meios, a menos que seja o inverso; em todo caso, que entre essas duas alguma coisa aconteça, e que as faça trabalhar juntas, sem dúvida mais explicitamente do que o próprio Bourdieu o fez, isso sugere algumas promessas. Principalmente, contando com as propriedades características de uma ontologia da potência, isto é, da *produção dos efeitos*, trazer um pouco mais completamente a luz ao *modus operandi* pelo qual se engendra a ação dos homens, tornada por Bourdieu o *terminus* da ciência social.

---

3. Na verdade, é sua parte imediata, pois mesmo as idiossincrasias são de constituição social – e, por isso, sujeitas à jurisdição do esforço sociológico.

8. Os imbecis felizes
(AINDA UM ESFORÇO PARA
SERMOS ANTILIBERAIS!)*

O imaginário neoliberal no qual esperamos o mínimo

Talvez fosse necessário se permitir o empréstimo do inglês para nomear uma das características mais impressionantes do imaginário neoliberal, isto é, sua *pervasiveness*. Dizer que o imaginário neoliberal é *pervasive* equivale a dizer que ele se infiltra em todos os cantos, que ele invade tudo e se espalha por tudo. Talvez seja até dizer muito pouco, pois *pervasive* é muito horizontal, faltando, então, a verticalidade da infiltração em profundidade. Para medir a força do imaginário neoliberal, na verdade, é preciso ter ideia da profundidade com que ele impregna nossas mentes, é preciso ter ideia de seu império sobre nossos esquemas mentais mais fundamentais.

Por um argumento *a fortiori*, esse feito sempre é mais incontestável quando observado em sujeitos usualmente considerados como antípodas do *homo neoliberalis* típico – tal como o representamos em geral, com os traços de um diretor de empresa, de um *trader* ou de um executivo. O acaso quis que o convite para que eu participasse deste colóquio dedicado

---

* Comunicação no colóquio *L'imaginaire néolibéral*, Universidade Paris Ouest-Nanterre, *Le Lieu-Dit*, 29-31 de março de 2012.

ao imaginário neoliberal acontecesse no mesmo dia em que foi divulgada na televisão uma reportagem sobre alguns desses *homines neoliberales* inesperados, mas tão atípicos que se tornam perfeitamente típicos. Tratava-se de uma dessas reportagens características da televisão, ela também – em primeiro lugar – embebida de neoliberalismo (de tendência policial) sobre os *Go Fast*, transportadores de drogas que fazem, em carros potentes, os vaivéns entre bairros periféricos e os estoques da Bélgica e da Holanda. Sorte dos novatos: a reportagem, convencida de fazer sensacionalismo delinquente, mostrava, na verdade, perfeitos empreendedores, ou seja, desconsiderando o cofre cheio de drogas, pessoas que trabalham muito no mercado internacional, que esquematizam negociações de *import-export*, que assumem riscos, criam empregos (transportadores, olheiros, revendedores, informantes, vigias), fazem a contabilidade das perdas e dos lucros, em uma realização exemplar (mas raríssima) dos otimizadores aleatórios mascarados pela teoria neoclássica: considerando a probabilidade de ser pego pelos policiais, minha margem na revenda deve ser de tanto, para que minha expectativa de lucro por viagem seja de tanto; e não podemos, então, deixar de pensar no personagem de Stringer Bell na série *The Wire*, número 2, ou seria preciso dizer, na verdade, "diretor geral" da gangue Barksdale espia o inspetor McNulty, espantado por descobrir que seu suspeito vai à Universidade de Maryland para assistir às aulas de microeconomia, a fim de adquirir noções sólidas sobre as curvas de demanda elásticas e retornar, com os óculos sobre o nariz, para explicar aos comparsas como se calcula um preço vantajoso.

Esses *homines neoliberales* atípicos são, portanto, totalmente típicos: são empreendedores, homens de negócios. Semelhantes ao *homo æconomicus* de Adam Smith, eles têm o desejo de abandonar sua condição, melhorar sua situação material por meio do trabalho e do ganho monetário. E nunca vimos homens que o discurso dominante considerasse marginais tão profundamente respeitosos em relação aos valores fundamentais de sua sociedade. Eles reverenciam os valores da concorrência e estão prontos, como qualquer outro dirigente, a destruir seus rivais; eles também reverenciam os valores do consumo e da exibição material, ainda há pouco consagrados ao mais alto nível do Estado por um presidente da República mais ou menos ingrato sob essa relação – e ignorante das proximidades reais que o uniam a seus inimigos declarados; enfim, eles são em todos os quesitos semelhantes a esses homens retratados na *Teoria dos sentimentos morais*, devorados por um desejo de reconhecimento que apenas as realizações da riqueza podem satisfazer. Eles são a ideologia neoliberal em pessoa, o reflexo tão perfeito quanto desconhecido da sociedade que os reprova.

Na verdade, a reportagem não era tão inocente (ou inconsciente) quanto o que deixei transparecer, pois, por uma decalagem impressionante, ela foi buscar o comentário de um antigo tenente de Jacques Mesrine, arquétipo do malfeitor *old school*. Ora, é mais que um contraponto: é um contraste abissal. Nós compreendemos, esse malfeitor não tem nada em comum com os traficantes neoliberais de hoje, exatamente porque, longe da síndrome geracional-irascível do "velho canalha", ele os identifica com toda certeza como neoliberais. Com efeito, seu argumento é explicitamente este: "Não queremos estar apenas fora da lei, fora da ordem jurídica da sociedade: queremos estar fora de sua ordem imaginária", enunciado no limite (porém, significativo) da tautologia, na qual vemos, entretanto, toda a diferença entre "estar fora da lei" (se *encontrar* "fora da lei") e "*querer estar* fora da lei". Os traficantes neoliberais se *encontram* fora da lei e isso, se desconsiderarmos a alta rentabilidade específica vinculada à natureza (ilegal) de seu tráfico, acaba sendo para eles motivo de inconvenientes. Os malfeitores de Mesrine têm por propósito completamente prudente *buscar* o fora da lei, como metonímia do fora da sociedade, em uma recusa plena e total de suas normas, portanto, do imaginário que as sustenta.

Logo, os canais mais eficazes do imaginário neoliberal não são necessariamente aqueles que pensamos, e suas mais potentes reafirmações não vêm do massacre propagandista midiático, aquele do jornal televisionado ou da imprensa persuasiva – *Libération*, *Le Monde* –, mas, sim, de vetores mais inesperados, que são mais eficazes do que desconhecidos como tais, imagens "inocentes", no sentido de que nada leva o senso comum a identificá-las como neoliberais – ainda que o sejam de corpo e alma. Seria preciso, desse modo, mobilizar um recenseamento exaustivo de todos os suportes paradoxais e heteróclitos do neoliberalismo, dentre os quais, nesse aspecto, encontraríamos sem dúvida, ao lado dos *Go Fast*, as revistas femininas, certamente vetores da dominação masculina ou, digamos, da normalização feminina, e, ainda mais, do próprio imaginário neoliberal, e, repetimos, com uma eficácia proporcional ao desconhecimento que as cerca nessa matéria. Talvez o melhor ponto de entrada nesse imaginário pudesse ser este: não os *Go Fast* e seus fuzis *kalachnikov*, mas *Elle, Cosmo, Femme Actuelle* etc., todos esses lugares da ideologia psicologista do eu por excelência – na verdade, o pilar central do imaginário neoliberal –, o eu soberano, livre e responsável, o eu que quer e que decide – mais precisamente, a quem basta querer e decidir –, um eu autossuficiente, portador de todas as condições de sua própria felicidade, em uma concepção em todos os pontos conforme ao subjetivismo liberal, até em suas formas mais sofisticadas, aquelas, por exemplo, da teoria econômica do capital humano, em que somos convidados a acumular aqui capital beleza, saúde, vigor, alegria de viver e, mais adiante, capital competência, motivação, flexibilidade etc.

Órgãos kantianos, portanto, mas de um kantismo que teria se esquecido de suas próprias diferenças entre o sensível e o inteligível ou o fenômeno e o número, as revistas femininas são as propagandistas neoliberais que não se preocupam com o livre-arbítrio e a autonomia da vontade. O que aparece, então, nessas revistas, mesmo que isso seja vantajoso apenas para a propaganda comercial cotidiana, é que o imaginário neoliberal admite como matriz fundamental uma metafísica vulgar do sujeito. Todavia, mesmo sendo vulgar, essa metafísica (talvez fosse preciso dizer, de maneira menos intelectualista, essa forma prática da relação de si para si que chamamos de *sujeito*) não deixa de estar inscrita nas mentes em níveis extraordinariamente profundos. Aliás, foi justamente porque ela é vivida de um modo não teórico e metafísico, mas prático e pré-reflexivo, que a forma "si-sujeito" adquiriu esse alcance sobre os entendimentos ou, antes, sobre as imaginações individuais, pois, para Espinosa, a ideia de nossa própria liberdade é uma imaginação espontânea, isto é, necessária, produzida por uma amputação cognitiva cujo princípio está em *Ética*, II, 35, escólio: "Os homens enganam-se ao se julgarem livres, julgamento a que chegam apenas porque estão conscientes de suas ações, mas ignoram as causas pelas quais são determinados". É a combinação da consciência de agir e da inconsciência das causas que determinam a agir que leva os homens a acreditarem em sua capacidade de autogeração, a se acharem não apenas simples operadores, mas autênticos autores de seus atos. Abandonada a seus funcionamentos espontâneos, a imaginação, então, cessa rapidamente na remontagem da cadeia das causas, a fim de considerar o eu como instância primeira e última da ação, e ela permanece nessa ideia tanto tempo que nada a tira de seu sono epistêmico.

Os homens acham que são livres autores de seus atos, logo, na sequência, de suas destinações; como potências autossuficientes, eles se acham capazes de construir suas vidas sobre a base de sua simples vontade: eis o ponto de partida do imaginário neoliberal. Somente o ponto de partida, pois poderíamos objetar que só se trata aqui de uma definição muito incompleta do imaginário neoliberal, talvez mesmo esquecida da especificidade de seu prefixo "neo" – e isso seria verdade... Porém, o imaginário neoliberal é uma constelação tão vasta que dificilmente a percorreríamos em sua completude; isso porque é preciso dizer o que gostaríamos de ressaltar aqui – e o que será deixado de lado. Não será discutido, particularmente, o individualismo neoliberal, se entendemos por individualismo certa configuração das relações entre o todo e as partes, nesse caso, entre os indivíduos e a totalidade social. Haveria, entretanto, muito a dizer sobre esse assunto, acerca da dinâmica histórica de libertação dos indivíduos não apenas em relação aos costumes da tradição, mas, de modo mais amplo, aos quadros normativos coletivos. E, para mencionar de passagem, haveria muitos problemas a destacar a esse respeito, que, imperfeitamente resolvidos, continuam sendo perigosas apostas para uma teoria crítica: quanto vale exatamente o diagnóstico de libertação dos indivíduos em relação às normas? A teoria crítica deve validar, sem outra forma de processo, o discurso dos agentes, declarando recusar as normas (algumas) e querer viver fora delas? O discurso que opõe "normas" e "livre determinação das formas de vida" é tão emancipado de qualquer norma quanto pensa? Julgando-se libertado de tudo, isso não seria, ao contrário, um sintoma típico do próprio neoliberalismo? Esse discurso da dissidência, então, é realmente a expressão de um enfraquecimento tendencial do fato normativo ou, ao contrário, a expressão de sua mutação, de seus deslocamentos, sua fragmentação e sua diferenciação diante de se compreender sobre um fundo de persistência? E, se realmente fosse um enfraquecimento do normativo – enunciado no discurso midiático especializado como "perda das fronteiras", "desparecimento dos limites" e outros *topoï* –, como propor o diagnóstico positivo sem cair na preconização reacionária da restauração das autoridades ou do rearmamento das formas antigas da contenção social dos comportamentos individuais?[1] Aqui vai, em termos teóricos: como pensar a coerência de conjunto de uma *sociedade individualista*, isto é, de uma sociedade que já não é de ordens nem de lugares?

Na impossibilidade de considerar todas essas questões, talvez seja possível discutir o que parece lhes servir de núcleo duro comum, ou seja, que o imaginário neoliberal é, no fundo, um imaginário da *autonomia* e da *suficiência individual*. Esse núcleo duro mergulha bem fundo em nossas estruturas mentais, é a expressão da maneira como o indivíduo contemporâneo se relaciona espontaneamente consigo mesmo, concebendo-se como livre-arbítrio e capacidade de autodeterminação. Ora, uma vez que esse núcleo duro permanece intocado, a matriz neoliberal continua operando em nossas mentes e continua submetendo nossos imaginários – quando, na verdade, na superfície, estes pensam sustentar discursos antiliberais e se acham tão sinceramente engajados na luta contra o neoliberalismo quanto libertados de seus quadros.

É, portanto, possível que nos enganemos muito a respeito da radicalidade invocada na luta contra o neoliberalismo. Se, como sabemos, ser radical significa pegar as coisas pela raiz, então, a radicalidade antiliberal só consiste em pregar a nacionalização dos bancos ou a inspeção dos mercados financeiros de modo secundário; ela se prende,

---

1. Tipicamente, à maneira de Jean-Claude Michéa (2011). Para uma discussão crítica, ver Lordon (2013).

primeiramente, à matriz inscrita no mais profundo de nossas mentes, aquela que transportamos inconscientemente. Isso justamente porque seria heuristicamente mais útil circundar primeiramente os sujeitos *a priori* pouco suspeitos de serem agentes do neoliberalismo – os *Go Fast* –, precisamente para observar a ativa presença do imaginário neoliberal nessas cabeças consideradas não liberais – ou aliberais. E o argumento *a fortiori* só está verdadeiramente constituído quando o imaginário neoliberal continua sendo visto, mas, dessa vez, nas cabeças diretamente antiliberais, que o desdobram e o efetuam no mesmo instante em que pensam combatê-lo.

"Pensar por si mesmo?"

Assim, temos como exemplo desse esquema, sobre o qual pensa poder se erguer uma crítica vulgar, a enunciação do imperativo "pensar por si mesmo". Poderíamos falar de semicríticos, tal como Pascal fala de semi-hábeis e, sem dúvida, o "pensar por si mesmo" seria seu princípio máximo. Reconheçamos, para seu alívio, que ele tem para si dívidas totalmente distintas a produzir. Encontramos sua forma mais pura no texto de Kant intitulado "Resposta à pergunta: o que é o iluminismo?", cujo tom é dado desde as primeiríssimas linhas: "*Iluminismo é a saída do homem da sua menoridade de que ele próprio é culpado* [grifo nosso]. A *menoridade* é a incapacidade de se servir do entendimento sem a orientação de outrem. Tal menoridade é *por culpa própria*, se a sua causa não residir na carência de entendimento, mas na falta de decisão e de coragem em se servir de si mesmo, sem a guia de outrem. *Sapere aude!* Tem a coragem de te servires do teu próprio entendimento! Eis a palavra de ordem do Iluminismo" (1995, p. 1). O semicrítico kantiano que pretende "pensar por si mesmo" é, portanto, como o momento do negativo em uma espécie de dialética do pensamento crítico – isto é, ainda na espera da negação da negação. Claro que "pensar por si mesmo" é reivindicar a libertação da tutela das autoridades intelectuais consagradas pela tradição e já não pensar servilmente apenas como elas. Mas, em um movimento violentamente antinômico, que é o próprio excesso do negativo, o liberto das autoridades pensa, então, estar liberto de *tudo*, mônada epistêmica perfeitamente autossuficiente.

Não há nada mais revelador do imaginário neoliberal que a concepção de que cada um faz espontaneamente de si mesmo um sujeito pensante. O sujeito pensante diz: eu tenho ideias, eu tenho minhas ideias, eu, que penso por mim mesmo, posso dizer minhas ideias, fui eu sozinho que as fiz, já que são minhas ideias. Sem querer fazer uma composição muito heteróclita, é necessário dizer claramente que a negação dessa negação se encontra em Espinosa. Rigorosamente falando, o indivíduo não pensa *por si mesmo*, aliás, ele não faz nada por si mesmo, se entendemos com isso que ele seria a causa *exclusiva*.[2] E é assim, diz Espinosa, pois o homem, como toda coisa da natureza, é um *modo finito*. Se, na ordem das ideias,[3] queremos voltar à bifurcação que vai separar o pensamento liberal de um possível contrário, é até aqui (no mínimo) que é preciso remontar: à bifurcação de Descartes e de Espinosa. Descartes pensa o homem como substância (com todas as plenitudes da substância); Espinosa o pensa como modo (com todas as incompletudes do modo finito). Descartes começa com o homem – já que seu ponto de partida é o *cogito*. Espinosa começa com Deus,[4] isto é, a Natureza. Dessa antinomia saem dois mundos possíveis. O primeiro, de Descartes – ou, mais exatamente, aquele ao qual a filosofia de Descartes deu sua unção –, é o nosso, o mundo do sujeito-substância. O segundo talvez seja o único antídoto possível; em todo caso, o solvente por excelência das crenças da subjetividade, fundamento último do imaginário neoliberal. Se queremos pensar radicalmente (tomando as coisas pela raiz) contra o imaginário neoliberal, então, é preciso lhe opor a ontologia dos modos finitos!

---

2. Exceto (acontecimento raríssimo) se ele ascender ao regime do que Espinosa chama de causalidade adequada (ver adiante).
3. Uma cláusula a ser destacada para indicar que o argumento não carrega nenhuma intenção genealógica.
4. Isso é destacado com força por Vinciguerra (2009).

Compreenderemos que não se trata de um programa político... É a intenção – para dizer em termos espinosistas – de uma reforma do entendimento, mas tal que ela suceda finalmente à intenção de pensar a palavra "radical" em um sentido radical – por exemplo, além da taxação das transações financeiras. Eis, então, mais uma vez, o enunciado de partida dessa radicalidade: *o sujeito neoliberal não existe*, pois o homem é um modo finito – um modo, e não uma substância. "Por substância compreendo aquilo que existe em si mesmo e que por si mesmo é concebido, isto é, aquilo cujo conceito não exige o conceito de outra coisa do qual deva ser formado" (*Ética*, I, 3). Estas são, então, as propriedades da substância: plenitude, completude, autodeterminação total; Espinosa demonstra, aliás, em *Ética*, I, 7, que a substância é *causa sui*, e, sobretudo, em *Ética*, I, 11, que a substância é Deus! – logo, não é o homem.

O homem, este sim, é um modo, isto é, "aquilo que existe *em outra coisa*, por meio da qual é também concebido" (*Ética*, I, 5; grifo nosso). Por definição, a condição do modo é a finitude, a incompletude e a insuficiência. O modo finito, por natureza, não pode pensar por si mesmo nem fazer algo por si mesmo, considerando que entendemos essas palavras um pouco rigorosamente, exatamente porque, como diz a definição 5, ele "existe em outra coisa", ou seja, ele é sempre determinado a pensar ou a agir por outra coisa. "Nenhuma coisa singular, ou seja, nenhuma coisa que é finita e tem uma existência determinada, pode existir nem ser determinada a operar, a não ser que seja determinada a existir e a operar por outra causa que também é finita e tem uma existência determinada; por sua vez, essa última causa tampouco pode existir nem ser determinada a operar a não ser por outra, a qual também é finita e tem uma existência determinada, e assim por diante, até o infinito" (*Ética*, I, 28). Assim, o modo finito humano só é determinado a pensar por uma determinação por outra coisa, o que Espinosa exprime, acerca do pensamento assim como do movimento do corpo, afirmando que ele é a causa inadequada dos efeitos (de pensamento ou de movimento) que produz. "Chamo de causa adequada aquela cujo efeito pode ser percebido clara e distintamente por ela mesma" – a causa adequada é, portanto, a causa na qual o efeito

A sociedade dos afetos | 213

se esgota. "Chamo de causa inadequada ou parcial, por outro lado, aquela cujo efeito não pode ser compreendido por ela *só*" (*Ética*, III, 1; grifo nosso). Ora, "não pode ocorrer que o homem não seja uma parte da natureza, e que não possa sofrer outras mudanças que não aquelas que podem ser compreendidas exclusivamente por meio de sua própria natureza e das quais é causa adequada" (*Ética*, IV, 4), o que significa que a maioria dos efeitos (de pensamento ou de movimento) que o modo humano pode produzir *não* se explica só por ele, mas é *codeterminada* por coisas externas.

"Pensar por si", que se passa por diretriz máxima do "pensamento crítico", é, portanto, um dos mais belos exemplos do pensamento acrítico. Um dos mais belos exemplos do pensamento neoliberal também, pensamento da autossuficiência epistêmica dos sujeitos, por isso, sistematicamente levado a ignorar que nós só pensamos em conexão com outras "coisas", dentre as quais, sobretudo, outros indivíduos; que nós pensamos sempre, não *seus pensamentos*, única coisa que Kant vê e na qual encontra um motivo de libertação, mas *com* e *a partir de* seus pensamentos. Não há, desse modo, nenhum pensamento que possamos dizer ser *inteiramente* nosso. E, parafraseando *Ética*, II, 35, escólio, se nos enganamos em acreditar que "pensamos por nós mesmos", é porque somos conscientes de pensar, mas ignoramos as inúmeras influências que nos determinaram a pensar.

Vemos aqui como a filosofia de Espinosa atrai espontaneamente seu próprio prolongamento, por uma espécie de ciência social, nesse caso, uma ciência social da comunicação das ideias,[5] na qual entrariam tanto os efeitos de interações horizontais, notadamente miméticas, quanto os efeitos de autoridade nos quais a comunicação das ideias se faz mais vertical, com base em polos de capital simbólico concentrado etc. Em todo caso, como mostrou muito bem Lorenzo Vinciguerra (2005), não existe atomismo das ideias: sempre ligamos nossas ideias para formar novas, por recombinações originais de ideias antigas, previamente metabolizadas –

---

5. Na linha, por exemplo, dos trabalhos de Yves Citton (2011 e 2012).

influências externas transformadas, por integração, em ideias interiores, digamos, sobretudo, em ideias próprias –, esquema metabólico de *assimilação* que leva Nietzsche a ver a mente como um *estômago* (ver a esse respeito Stiegler 2001). Evidentemente que esse mecanismo de assimilação só pode ser operado por uma força ativa: é sempre pelo nosso *conatus*, isto é, nossa potência, nesse caso, nossa potência de pensar, que ligamos e formamos nossas ideias, e isso de acordo com as maneiras de nossa complexão singular (*ingenium*). O que significa, por exemplo, que outro que não nós mesmos, sob o golpe da mesma afecção exterior, ligaria e formaria suas ideias diferentemente, de acordo com suas maneiras próprias, as maneiras de *seu ingenium*. Em nossas ideias, portanto, sempre valemos alguma coisa – mas não valemos tudo (como acredita o mito neoliberal da autossuficiência epistêmica). Às vezes, até não valemos muita coisa: por isso, aliás, é que inúmeras pessoas, todas intimamente convencidas de "pensar por si mesmas", acabam – que surpresa! – por pensar as mesmas coisas. Há, portanto, sem dúvida, bastante filosofia, tanto quanto nas diversas filosofias, nessa deliciosa anedota que resume assim o que foi dito: "Por mim, eu não dou ouvidos aos políticos, formo minha opinião sozinho, e isso não me impede de ter a mesma opinião que todo mundo, pelo contrário!" (Gourio 1995, p. 24) – veja-se, em algumas linhas aromatizadas, a integralidade da dialética hegeliano-espinosista do pensamento crítico.

Mudar o mundo "se quisermos"?

Logo, não pensamos por nós mesmos, tampouco mudamos o mundo por nós mesmos, outra construção do imaginário neoliberal, particularmente premente, todavia, nas mentes da esquerda antiliberal. Mesmo quando quer se dirigir contra a sociedade neoliberal, a mudança política pela reforma dos comportamentos individuais é uma das manifestações paradoxais, porém mais típicas, da persistência do imaginário neoliberal, bem onde menos esperávamos. O comércio equitativo, o investimento responsável, as moedas cidadãs, a triagem dos resíduos e o fechamento das torneiras, a transferência de suas contas ao crédito cooperativo ou à Nef* etc.: todas essas injunções militantes de "cidadania" têm em comum a proclamação de que "todos nós somos *individualmente* responsáveis", "a mudança começa por nós", "se quisermos, está por nossa conta mudar os comportamentos" – subentenda-se mudar o mundo, já que o mundo nada mais é que a soma de nossos comportamentos individuais. Se esse tipo de questionamento deve ser malrecebido, especialmente pelos públicos militantes devotados a essa forma de atividade política, é preciso, entretanto, submeter, ao menos, à análise clínica os esquemas discursivos que não param de cercar tais práticas, e perceber o que, paradoxalmente, eles continuam devendo ao imaginário neoliberal, ainda que engajados na luta contra o neoliberalismo. Ora, todos esses discursos, que funcionam como palavras de ordem, caem por terra diante de três objeções, respectivamente teórica, empírica e sociológica.

Primeiro, uma objeção teórica, para ir diretamente ao cerne da questão. Afinal, o contrassenso da mudança social pela reforma dos comportamentos individuais é a expressão típica da metafísica subjetivista do querer livre e soberano: basta-nos querê-"lo", basta-nos decidi-"lo". Que o estado do mundo não seja outra coisa senão a soma dos comportamentos individuais, poderíamos a rigor vislumbrar uma concordância – na verdade, nem seria necessária, pois justamente o social como totalidade tem vantagem sobre a simples soma de suas partes. Mas de onde vêm esses tais comportamentos individuais? Pelo que são eles determinados? Essa forma de política que poderíamos chamar de "política cidadã" gostaria que fossem pela virtude – a virtude dos indivíduos convidados a querer o bem; e por "bem" se entende: o preço justo na cafeteria, a solidariedade na microfinança e as torneiras bem-fechadas. Mas isso seria supor a natividade da virtude, hipótese extremamente aventurosa, condenada frequentemente a participar de

---

* Trata-se de uma organização cooperativa que trabalha com crédito solidário. [N.T.]

apostas perdidas. Mesmo Kant não deixou de ver que, no mundo sensível regido pela causalidade fenomenal, só existe moralidade na disputa dos interesses (passionais) pela moralidade. Nesse sentido, os moralistas do século XVII se mostravam ainda mais lúcidos. E Espinosa dentre eles. No *Tratado político,* esse autor se questiona sobre a qualidade de um governo abandonado unicamente à virtude dos governantes: "Um Estado cuja salvação depende da lealdade de alguém e cujos assuntos só podem ser corretamente geridos se aqueles que deles tratam quiserem agir lealmente não terá a mínima estabilidade. Ao contrário, para que ele possa durar, as suas coisas públicas devem estar ordenadas de tal maneira que aqueles que as administram, quer se conduzam pela razão, quer pelo afeto, não possam ser induzidos a estar de má-fé ou a agir desonestamente" (*TP,* I, 6). Para Espinosa, a questão é, portanto, a de que, em matéria de boa governança como ação "cidadã", não é necessário esperar os comportamentos virtuosos da virtude intrínseca dos indivíduos, mas de instituições convenientemente agenciadas que *os empurrem aí.* Em um paralogismo típico do imaginário neoliberal, a "política cidadã", que nomearíamos melhor como "política da virtude", insiste em acreditar que o comportamento individual virtuoso é a própria natureza dos indivíduos e que não há outra determinação possível senão seu querer soberano. Mas toda a teoria do modo finito se opõe a essa visão e, assim como pensamos sempre em alguma coisa com as outras e pelas outras, também o ser humano, incapaz da autonomia da causalidade adequada, está sempre em certo grau determinado pelo fora das causas externas.

Nesse caso, o fora é social: é feito de estruturas, instituições e relações sociais. Os indivíduos sempre se comportam, portanto, de acordo com as relações sociais em que estão presos, e os ambientes institucionais onde estão inseridos os determinam. São esses ambientes institucionais, com suas gramáticas e suas restrições próprias, que configuram os interesses afetivos para que tomem este caminho e não aquele. Assim, por exemplo, como Foucault e Bourdieu tinham destacado (uma maneira também de dizer que a objetivação crítica se aplica a todos...), o rigor intelectual dos sábios não se deve a um amor nativo e puro da verdade, mas, sim, à vigilância mútua dos sábios pelos sábios, que não perdoarão o desviante e, por isso, incitam cada um a ser cuidadoso com as regras da argumentação científica. A virtude científica nada tem, portanto, de propriedade individual, mas é um *efeito de campo* infundido em cada um dos indivíduos. Como a experiência mostrou suficientemente, basta que um sábio saia de seu universo científico e mergulhe em um universo com controle intelectual mais frouxo, como o universo midiático, para que o vejamos muito rapidamente proferir discursos de uma mediocridade que ele jamais teria ousado expor ao olhar de seus pares.

Logo, a virtude não pertence aos indivíduos, ela é o efeito social de certo agenciamento das estruturas e das instituições, tais como elas configuram interesses afetivos no comportamento virtuoso. Essa é a razão para Espinosa dedicar um tempo, tão minuciosamente, ao detalhe institucional dos regimes de governança. Seria preciso ser louco para apostar a saúde do Estado na designação improvável de um soberano voluntário, mas moderado, racional, empático com o povo, ambicioso, não megalômano etc., isto é, na hipótese de um pássaro raro ou de um carneiro de cinco patas. Espinosa pensa o Estado bem-agenciado como uma engrenagem, um planejamento institucional no qual colar a matéria-prima das paixões humanas, para fazê-las *girar* sozinhas, assim dispostas, na direção certa. Nesse agenciamento, as propriedades idiossincráticas do soberano não contam nada: é a força dos efeitos de configuração e de incitação institucionais que faz tudo – resultado evidentemente generalizável para todas as ordens de práticas e para todos os ambientes institucionais.

O período atual é, entretanto, bem propício para nos convencer de que o desconhecimento das estruturas e o domínio exclusivo sobre os indivíduos condenam a política da virtude à insignificância minoritária, no melhor dos casos, e ao fracasso flagrante, em todos os demais – e esse seria o sentido da objeção empírica, pois, se há um domínio chamado ruidosamente por nós à moralização (e com que resultados edificantes!) é o financeiro. Teremos, sem dúvida, dificuldade em encontrar invalidação mais espetacular das falsas esperanças da política da virtude – e, exceto pela hipótese evidentemente injustificável de uma natureza essencialmente maléfica dos homens das finanças, é preciso ver ainda aí a generalidade do caso. Seria preciso acreditar, na verdade, em Pentecostes ou na comunhão dos santos para imaginar que um universo como o financeiro, estruturalmente configurado para maximizar os interesses materiais (e simbólicos) no ganho especulativo, pudesse conhecer uma regulação espontânea por meio da virtude. Colocando de lado a hipótese da santidade, como é possível imaginar pedir aos indivíduos das finanças que refreiem por si mesmos seus ardores especulativos, quando tudo em seu ambiente os incita a se entregar a eles? Todos os seus interesses monetários, profissionais, existenciais são configurados pela gramática da mais-valia, e poderíamos exigir que renunciassem a isso generosamente? Perguntamos literalmente: com que milagre? Como sabemos, na verdade, "moralização" é o nome escolhido pela indústria financeira para manter o *status quo* e, endossados por alguns políticos igualmente cínicos (ou totalmente cretinos), nós ainda o disputamos. Em um universo de interesses tão poderosamente estruturados, a "moralização" é o outro nome do "nada", a própria escolha da inutilidade política.

Tão distantes quanto pensam estar, os militantes da política da virtude não deveriam ignorar a homologia formal que aproxima a moralização das finanças do antiliberalismo "cidadão", e que promete, acreditemos, as duas causas ao mesmo destino. Assim como só acabaremos com a calamidade das finanças, não por meio do projeto sem esperanças do endireitamento moral dos *traders,* mas com um gesto de arrazoamento brutal – regulamentar, legal e fiscal –, isto é, por meio de uma refacção institucional que formule novas interdições e novas sanções, também a globalização neoliberal só será interrompida por reconfigurações de estrutura e não pelos apelos aos contra-ataques individuais. Os liberais, estruturalistas no estado prático, sabem, aliás muito bem, em que estágio se joga realmente: aquele da OMC, do Comitê de Bâle, do FMI, da Comissão Europeia etc., isto é, por toda parte onde são traçados os ambientes institucionais depois oferecidos à atividade dos agentes – e de onde tudo se sucederá quase mecanicamente.

Resta, enfim, a objeção sociológica. O voluntarismo da ação cidadã considera que está universalmente a cargo do poder da mente comandar por si mesmo a ação virtuosa: o livre-arbítrio convenientemente orientado pode fazê-lo. Porém, vemos imediatamente o problema: se o arbítrio é livre, por que ele se inclinaria mais a querer livremente os resíduos triados ao invés dos resíduos misturados? Respondemos, então, que é o efeito da virtude precisamente, que é uma identificação clara e distinta do bem. Mas essa não é uma explicação tautológica ou baseada em qualidades ocultas, assim como, antes, evocava-se a virtude sonífera do ópio? O seletor de resíduos, todavia, protesta: "Eu faço bem meu trabalho!". E é verdade, ele faz. Ele faz mesmo fora de qualquer quadro institucional formal que o determinaria a fazê-lo. Ele tem, portanto, efetivamente a sensação de fazer de si mesmo e por si mesmo. Nós lhe consentiríamos, entretanto, a validade dessa sensação? Provavelmente não; certamente, se o "de si mesmo" e o "por si mesmo" tivessem o valor de uma origem absoluta, pois a configuração dos interesses afetivos em interesse (consciente ou inconsciente) pela virtude, isto é, em determinação ao comportamento virtuoso, não poderia ter por princípio o próprio indivíduo. A formação de uma complexão afetiva e desejante em geral (o *ingenium*) e a formação de uma complexão virtuosa em particular são devedoras dos poderes constitutivos da experiência. São nossas experiências, ou seja, o todo de nossos encontros de situações e coisas exteriores que fizeram de nós o que somos – e não "nós mesmos", como pensam os estetas que reivindicam "fazer de suas vidas uma obra de arte", o escultor soberano que coincide com sua escultura, mas também os ideólogos ordinários do "homem que se fez sozinho", falando literalmente do *self-made man*, cuja figura vemos que seduz para muito além dos limites habituais do *business*.

Ora, nós não somos *self-made*. Somos o produto de nossas experiências, de nossos encontros, portanto, produto, de uma só vez, de nossa sociedade, de nossa classe social, de nosso grupo profissional, de nosso ambiente familiar – de nossas aventuras mais idiossincráticas também. Isso não indica um eu soberano, mas, em termos espinosistas, uma trajetória de afecções que traçou nossa complexão afetiva[6] e, por exemplo, determinou nosso engajamento em práticas "cidadãs" – o que é uma coisa boa! Mas uma coisa boa que não deve impedir de ver que o *ingenium* virtuoso não é, como se acredita muito frequentemente, o produto de uma admirável autoconstrução, universalmente replicável, mas um produto de circunstâncias sociais particulares. Também a política da virtude, mesmo a mais bem-intencionada do mundo, peca por sociocentrismo ao ignorar as condições sociais do acesso à virtude política – condições que são tudo menos universalmente satisfeitas.

É que a disposição para abstrair, ao menos aparentemente, seus próprios interesses materiais imediatos, a fim de tentar abarcar pontos de vista mais elevados e interesses mais vastos (o interesse por outros grupos sociais ou outros países que não o seu, o interesse pelo planeta etc.), supõe condições bem especiais, sendo a mais evidente, quase sempre, a satisfação já adquirida de seus próprios interesses materiais imediatos! O que ajuda, evidentemente, a se distanciar disso, ao menos no discurso, e permite o conforto de pensar em outra coisa e de se beneficiar do altruísmo e do universalismo. Participa, em especial, dessa disposição à superação de sua localidade e à adoção de pontos de vista da globalidade toda uma série de fatores bem evidenciados pela sociologia do engajamento militante, principalmente no que diz respeito a capital escolar, cultural etc. Tudo isso para dizer que a política da virtude permanece um produto típico, não somente de certos pertencimentos sociais, mas também do imaginário neoliberal todas as vezes que, acreditando só dever ao livre-arbítrio dos indivíduos, ela desconhece suas próprias condições sociais de possibilidade e especialmente o quanto essas condições estão, na realidade, estreitamente distribuídas. É, por exemplo, inútil incorporar no comércio equitativo populações que não podem pagar o sobrepreço. Inútil chamá-las à consciência das apostas planetárias quando seus espíritos estão obnubilados pela urgência prioritária de unir os dois extremos.

---

6. A respeito da causalidade dos vestígios em operação na constituição do *ingenium*, ver Vinciguerra (2005).

Inútil chamá-las a se desalienar da mercadoria quando elas ainda mal estão na base do consumo e, além disso, expostas a todas as mensagens que exaltam a vida nos objetos mercantis e pelos objetos mercantis, dos quais o espaço público está saturado (isso para não falar, aliás, do fato de que é mais fácil aos defensores da frugalidade renunciar ao consumo depois de ter dele convenientemente usufruído). Dito de outro modo, como destacava Bourdieu, é inútil evocar o universal (abstrato) quando as condições de acesso a ele não foram universalizadas.

A política da virtude, mesmo de esquerda, nutre, portanto, relações estranhas de parentesco com o imaginário neoliberal ao qual ela pensa se opor, notadamente quando se baseia tanto na solicitação *em pessoa* dos indivíduos. Mas, diremos, no fim das contas, em toda mudança social são sempre os indivíduos que se colocam em movimento. Entretanto, a questão estratégica demanda: para ir aonde e para fazer o quê? As experimentações locais das formas de vida alternativas são evidentemente uma coisa excelente: contra as barreiras mentais do hábito, elas deixam entrever a possibilidade de novas relações sociais. Mas podemos nos perguntar sobre seu alcance político real, ao menos sobre a robustez da hipótese que se baseia em sua difusão espontânea, para além dos círculos particulares dos indivíduos sociologicamente determinados a aí entrar. Ora, o alcance político chega aos movimentos individuais, de um lado, quando formam coalizões numerosas, e, de outro, quando sobem ao estágio macroeconômico para se agarrar às estruturas. No intervalo, a política da virtude, entendida menos como prática que como injunção prosélita, desconhece o peso terrível que ela, às vezes, põe sobre os indivíduos, carregados de responsabilidades sem retornos – e culpabilizados, consequentemente, de não conseguirem esvaziar o mar com uma colherzinha, pois aí estão intimados a combater os estragos estruturais do livre-comércio pelas compras equitativas, a desacelerar a fusão dos polos ao separar os resíduos (no momento em que a China entra na globalização...) ou, ainda, a economizar água no lugar da empresa Veolia – que, por sua vez, economiza a manutenção de sua rede para servir maiores dividendos a seus acionistas –, às vezes, até a aceitar de boa vontade sua demissão, por "solidariedade" ao desenvolvimento de algum país distante para onde sua fábrica foi transferida. Existem, até, casos em que a política cidadã da virtude assume o caráter edificante de uma apologia das personalidades admiráveis, como na obra *Les sentiers de l'utopie* (Fremeaux e Jordan 2011), cuja crítica de Franck Poupeau (2012, cap. III) lembra todas as dificuldades que as experimentações comunitárias acabam enfrentando, quando só têm o discurso da grandeza de alma, da elevação moral, da generosidade, do altruísmo e do desprendimento, para dar a entender que as utopias são, retomando as palavras de Poupeau, negócio de "pessoas formidáveis" – mas o autor lembra muito oportunamente que, como toda política, a política de transformação social se faz com pessoas, na maioria, comuns e que as estratégias que apostam tudo nas pessoas formidáveis têm poucas chances de sucesso.

Sem dúvida, é útil repetir que não se trata aqui tanto de submeter as próprias práticas ao exame crítico – senão para colocar ocasionalmente a questão de sua possível eficácia na escala macrossocial –, mas, antes, os esquemas mentais dos quais procede o discurso que se elabora em torno delas e a filosofia implícita de seu proselitismo como conjunto de sistematizações morais. Cada um, pelas inclinações de seu *ingenium* e pelo jogo de suas determinações afetivas, decide se engajar da maneira que lhe *convém*, não há nada mais a ser dito quanto a isso – exceto para acrescentar que nada é mais compreensível, e até mais legítimo, em uma situação de urgência política, do que buscar fazer o que podemos, isto é, *na medida em que podemos*, mesmo na proximidade imediata das coisas sob controle de sua ação individual direta. A coisa chamada "política cidadã", ou "política da virtude", tem, portanto, menos atração pelo engajamento individual nessas práticas do que pelos discursos que as circundam, generalizando-as como horizonte da política antiliberal; e vale repetir que eles procedem, sem sabê-lo, do imaginário neoliberal, principalmente em suas formas extremas de supervalorização edificante dos poderes morais do indivíduo – dos quais fazemos nossos modelos.

Os briguentos

Que essa é uma das perspectivas mais características do pensamento liberal, isso não deveria surpreender a ninguém. É, também, o cerne da retórica individualista da grandeza pelo mérito e pelas realizações que só devemos a nós mesmos. Ora (e talvez seja nesse assunto que a teoria dos modos finitos ofereça suas objeções mais categóricas), não há nada que possamos reivindicar como algo que não se deva a si mesmo, contanto que nos consideremos elevados ao prodígio da causalidade adequada. Se existe um paradoxo flagrante do capitalismo neoliberal (seria preciso até dizer: uma insolúvel contradição), é que jamais um modo de produção lançou tão longe a divisão do trabalho, portanto, o caráter profundamente coletivo de toda a produção, mas para acompanhá-lo com uma retórica da performance individual, da atribuição a si mesmo e do mérito pessoal exclusivo.

Como sempre, são os casos extremos que são dotados das melhores propriedades reveladoras, sendo isso motivo para se demorar nas narrativas edificantes que nos são propostas como lendas do capitalismo, epopeias da criação heroica de empresas, totalmente imputável ao gênio pessoal do criador: Bill Gates, Steve Jobs ou Mark Zuckerberg são, assim, a cada vez, oferecidos ao imaginário da superpotência e da suficiência, visto que, mesmo no nível mais superficial, todas essas histórias começam pelo coletivo e, sintomaticamente, terminam pela espoliação. Dessa forma, mesmo no momento considerado mais individualista dos inícios, Bill Gates se apoia em Paul Allen, antes de esquecê-lo; Steve Jobs, em Steven Wozniak, antes de escamoteá-lo; Mark Zuckerberg, nos irmãos Winklevoss, antes de jogá-los às traças. E, em uma repetição do mesmo esquema, no qual podemos ver uma insistência própria ao mito, trata-se sempre de eliminar um estranho indesejado, aquele que revela a insuficiência original do falso criador, obrigado a se fazer de verdadeiro espoliador, para poder se colocar *in fine* como verdadeiro falso empreendedor, ao preço de uma manobra de eliminação que não deixa esquecer os apagamentos fotográficos stalinistas. A lenda do criador autossuficiente se constrói, portanto, sobre uma espoliação original, e o paradoxo quer que as histórias apresentadas como os arquétipos da saga individualista comecem todas elas, na verdade, com negações de colaboração, isto é, de codeterminação.

Tais histórias, diante das quais a realidade diz exatamente o contrário do que elas gostariam de dizer, conduzem, então, a outra característica do imaginário neoliberal, que é na superfície um imaginário da suficiência, mas que se revela também, contraditoriamente e pelo modo da má-consciência, um imaginário da captação – contradição, com efeito, manifesta, já que a captação vale por si mesma como prova da insuficiência do captador. Assim, em completo descompasso em relação a seus fantasmas e suas lendas, a realidade do capitalismo neoliberal e empresarial não é a da plenitude do mérito pessoal, mas a da constatação repetida da insuficiência individual, principalmente em uma economia de divisão do trabalho, insuficiência completada ou compensada pelas práticas da briga, isto é, da captação. Afinal, aqui está, na verdade, uma palavra – briga* – cujo sentido original foi perdido, ainda que seja provavelmente o conceito central do capitalismo. Basta a contribuição do *Dictionnaire* da Academia francesa de 1718 para descobrir que briga se define como "perseguição vivaz que se faz por meio de diversas pessoas que se engajam em seus interesses". Justamente! "Perseguição vivaz" indica o impulso do desejo imperioso do criador ou do dirigente de empresa; "por meio de diversas pessoas" indica sua insuficiência para conduzir essa perseguição unicamente por seus próprios meios, isto é, o excesso de seu desejo em comparação com suas possibilidades pessoais e, por consequência, a impossibilidade de sua realização por si só; "que se engajam" indica a relação de participação imposta pelo desejo-mestre aos terceiros implicados na realização de um desejo que não é de início os seus (a esse respeito, ver Lordon 2010c); enfim, "em seus interesses" anuncia a espoliação por vir, captação pelo desejo-mestre dos produtos,

---

*   Vale destacar que o termo francês utilizado pelo autor é *brigue*; assim, todas as definições e palavras derivadas utilizadas por ele estão vinculadas a esse termo. Buscamos, tanto quanto possível, uma palavra que mantivesse o sentido original de concorrência, intriga coletiva ou conspiração. [N.T.]

monetários e mais ainda simbólicos, de uma atividade fundamentalmente coletiva: dezenas de milhares de empregados trabalham para a Apple, mas foi Steve Jobs que "inventou o iPhone".

O capitalismo é, portanto, o reino da briga erigida desde o princípio. E, literalmente falando, podemos dizer que os capitalistas são os *briguentos*: são os beneficiários de um sistema de briga instituído. Ao lado da suficiência, e precisamente porque ela é uma mentira, a briga é a outra parte, ao mesmo tempo vivaz e sombria, do imaginário neoliberal. Vivaz, pois todos os pequenos aprendizes capitalistas sabem por conhecimento intuitivo as possibilidades de lucro que lhes abre o sistema da intriga – e se agitam para realizá-las. Sombria, pois ela é evidentemente o simétrico, a condenação flagrante da parte luminosa, parte da suficiência e da autonomia. Briga é, então, o nome de uma pretensão: a pretensão de se deixar atribuir efeitos que excedem suas próprias potências, isto é, de estabelecer uma igualdade (mentirosa) entre o briguento e os efeitos que advêm, de fato, de outras potências que não as suas. A pretensão do briguento é, por excelência, a mentira neoliberal do mérito.

Poderes de empréstimo

A briga, no entanto, só é a forma mais visível e mais consciente da captação de potências externas. Ela não conseguiria deixar esquecer todas essas outras configurações nas quais um indivíduo produz efeitos por mobilização de potências exteriores à sua, mas potências que não são necessariamente identificáveis ou atribuíveis, como podem ser no caso de participações formais, potências anônimas, potências sociais depositadas nas estruturas. Está aí, sem dúvida, um ponto razoavelmente abstrato e do qual só daremos aqui uma intuição, pois seria preciso muito tempo para explicar que as instituições e as estruturas são, em certa medida, "cristalizações" do que Espinosa chama de *potência da multidão* (Lordon 2010c), uma ideia que ele cria inicialmente acerca da instituição por excelência, talvez a mãe de todas elas, o Estado. A ideia espinosista do

Estado é que a potência estatal, que parece destrutiva e, sobretudo, exterior a cada um, provém, *em última análise*, de nós mesmos: é nossa potência, nossa potência de multidão, mas composta-coligada de uma maneira que a tornamos irreconhecível, que o soberano capta... para devolvê-la contra nós em uma potência de reinar. "Este direito que se define pela potência da multidão costuma chamar-se *estado*" (*TP*, II, 17; grifo nosso).[7] Essa intuição da transcendência imanente – transcendência, porque o Estado se apresenta a nós como um poder que vem do alto, na forma de uma exterioridade avassaladora, mas imanente, porque sua origem verdadeira não é senão a própria multidão – La Boétie (1999, p. 16) já tinha tido antes de Espinosa: "De onde tirou tantos olhos com os quais vos espia, se não os colocais a serviço dele? Como tem tantas mãos para golpear-vos, se não as toma de vós? (...) Como ele tem algum poder sobre vós, senão por vós?". É nessa intuição que se origina a distinção conceitual fundamental da potência e do poder – do poder de Estado, mas de todo poder, na verdade. Alexandre Matheron (1969) lapida essa distinção na seguinte fórmula: "O poder político é o confisco pelos dirigentes da potência coletiva de seus sujeitos". A captação – captação da potência da multidão – está no próprio princípio do poder do Estado. O que o soberano acredita ser sua potência, na verdade, não lhe pertence: ela é, em última análise, a potência composta de todos esses sujeitos, sobre os quais, de alguma forma, ele reina à custa deles. Poderíamos, assim, dizer que o poder de Estado é uma superbriga, mas na escala da sociedade inteira, uma briga anônima e estrutural, por isso, propícia ao conforto de inconsciência dos ocupantes do Estado.

Baseada no modelo espinosiano do Estado, essa teorização do poder como captura de potências pode ser generalizada. Sem nem sequer pronunciar as palavras "potência da multidão", Durkheim a intui fortemente, quando evoca o poder simbólico do homem carismático, foco das ressonâncias afetivas da multidão à qual se dirige: "Ora, esse

---

7. A escolha de Pierre-François Moreau (1979) para *imperium* é *Estado*; a de Charles Ramond (2005) é *soberania*.

acréscimo excepcional de forças é muito real: vem-lhe do grupo mesmo ao qual se dirige. Os sentimentos que ele provoca com sua fala retornam para ele, mas acrescidos, amplificados, e reforçam ainda mais seu sentimento próprio. As energias passionais que ele desencadeia repercutem nele e fazem aumentar seu tom vital" (Durkheim 2003, p. 215). E Durkheim prossegue: "[O] homem que fala a uma multidão (...) sente dentro de si como que uma pletora anormal de forças que transbordam e tendem a se espalhar ao redor... É nesse traço que se reconhece o que seguidamente foi chamado de demônio da inspiração oratória" (*ibid*.). Poderíamos dizer de modo melhor que o poder, nesse caso, o poder simbólico, *não pertence* ao homem de poder? *Ele é sempre tomado de empréstimo*: ele é o efeito de uma captação de potências externas que não são as suas, mas são investidas nele. O carisma não é, portanto, nem um pouco uma propriedade substancial do homem carismático: é o efeito da potência da multidão investida nele. O homem carismático sempre faz reverberar sobre a multidão sua própria potência. A ontologia espinosista dos modos finitos, estendida ao modelo da potência da multidão, oferece, assim, uma máquina teórica de destruição das pretensões (típicas do imaginário neoliberal) da grandeza pessoal, do mérito intrínseco e das realizações que só devemos a nós mesmos, ao dizer tudo o que essas grandezas, que também são poderes, devem, na realidade, a potências que não são suas – mas cujos captadores se atribuiriam os efeitos sem vergonha ou, antes, inconscientemente.

Esse modelo pode ser estendido ao considerar estruturas e instituições como cristalizações da potência da multidão: recursos coletivos, evidentemente desiguais, são depositados nos diferentes lugares da estrutura social, recursos que oferecem às potências individuais que ocupam esses lugares possibilidades de multiplicação – um pouco à maneira de uma alavanca de Arquimedes. Disso resulta, por exemplo, que a mesma ação realizada em um desses lugares ricamente dotados possa produzir efeitos consideráveis ali onde ela não teria tido nenhum, em um lugar comparativamente pobre. Por exemplo, com pertinência analítica igual, o anúncio de um *crash* financeiro iminente terá um efeito muito superior se for feito desse lugar da estrutura social do capitalismo conhecido por "Reserva Federal dos Estados Unidos" e pelo ocupante titulado desse lugar, do que se for feito do café de um bairro mais afastado por um desconhecido pesquisador em ciência social.[8] Da mesma maneira, um mesmo indivíduo, uma mesma atividade, uma mesma potência de agir produzirá efeitos muito diferentes se exercida no lugar da estrutura social dita "sala dos mercados do banco X" ou no lugar "mercadinho de bairro da rua Y", lugares que oferecem cristalizações de recursos coletivos invisíveis muito desiguais, e que prometem *a mesma potência de agir* com efeitos muito desiguais – e a ideologia neoliberal levará, todavia, a méritos muito desiguais, portanto, a remunerações muito desiguais.

Muletas e imbecis felizes

Contra o imaginário neoliberal da felicidade monádica, a posição antiliberal afirma que não há nem sequer uma de nossas felicidades que não nos venha de fora. É o caso de nossas felicidades materiais, em que a dependência de cada um em relação a todos assume a forma específica da divisão do trabalho. É o caso de nossas felicidades simbólicas, já que vivemos somente de reconhecimento e em todos os níveis: familiar, profissional, social – é sempre o fora que nos irriga e nos sustenta. Não há, portanto, mentira neoliberal pior e mais típica do que a autossuficiência. E, a respeito de certos sujeitos neoliberais que se apresentam como extremamente seguros de si, seguros, notadamente, de sua autonomia e de não dever nada de sua existência ou de sua posição social senão a seus próprios méritos, podemos apostar que bastaria privá-los de duas ou três pequenas coisas, de alguns fluxos de reconhecimento apenas, não necessariamente numerosos, mas vitais, para vê-los rapidamente caírem como bonecas de pano e descobrir retrospectivamente que nunca caminharam sem muletas.

---

8. Já que, por uma iniciativa mais que bem-vinda dos organizadores, o colóquio "O imaginário neoliberal" teve sua primeira jornada no café *Le Lieu-Dit*, em Belleville.

Meu ponto, em todo caso, é o seguinte: só lutamos contra o imaginário neoliberal se atacamos seu núcleo duro metafísico, isto é, sua ideia de homem. O imaginário antídoto é, portanto, um imaginário anti-humanista teórico, um imaginário antissubjetivista. Considerando a ontologia dos modos finitos e da reforma do entendimento que deve sucedê-la, vemos o quão longe estão as urgências presentes da política antiliberal no tempo longo da reconstrução de um imaginário antiliberal, uma distância tão grande que torna comicamente derrisória a ontologia dos modos finitos apresentada como uma arma de guerra! – na qual poderíamos até ver o protótipo da ilusão (e da inutilidade) escolástica. Para meu desencargo, no entanto, eu defenderia que é o ridículo que resulta de ter levado a sério o próprio título do colóquio – "O imaginário neoliberal" – e, sobretudo, seu convite implícito a pensar o que poderia ser um imaginário antiliberal – mas, como sabemos, os projetos de reparação de nossos subsolos mentais são vastos canteiros de obra... Não foi a formação do próprio imaginário neoliberal fruto de um processo histórico multissecular? Será necessário, portanto, ater-se à ideia de que sua superação antissubjetivista por uma política da razão espinosiana exige uma temporalidade da mesma ordem – e nós visivelmente não percebemos isso... É possível que alguém me oponha a objeção, se existe alguma, do ridículo político da proposição espinosista, mas com a condição de concordar comigo sobre o ridículo já estar inscrito de saída na questão, e pelo próprio fato de que a formulação e reformulação de um imaginário coletivo são processos abandonados a uma história tão longa que quase não conseguiríamos mais qualificá-las como políticas *stricto sensu* – talvez antropológicas. Entretanto, agora que o vinho do ridículo foi servido, posso bebê-lo à vontade e até o fim, concluindo assim: se o imaginário antídoto é um imaginário espinosista, é porque ele deve ser um imaginário da insuficiência que se torna consciente de si mesma e da dependência generalizada assumida. Essa heteronomia essencial não tem em si nada de entristecedor, desde que saibamos reconhecer que a dependência também pode ser *constitutiva*, pois nem toda dependência é uma diminuição, ou ela só o é aos olhos da norma liberal da autossuficiência, mas tal norma é uma pura fabricação imaginária, sendo preciso admitir que é um puro delírio.

Não há por que se entristecer, portanto, ou viver sob o peso da falta, da não realização e do *deficit* da não satisfação de uma norma que delira e nos faz delirar com ela. E, se afetos tristes persistissem sempre – porque não nos desfazemos facilmente das dobras de nosso imaginário –, bastaria lhes opor afetos alegres que seguissem a ideia de que a dependência pode ser não deficitária, mas constitutiva, não falta, mas construção.

A insuficiência ontológica do modo finito, sua condenação sem apelo à causalidade inadequada, condena-o à comunicação constante com os outros modos, dentre os quais, sobretudo, os outros homens. O mundo da insuficiência é, portanto, necessariamente, por sua própria natureza, um mundo de conexões e de alimentações mútuas, um mundo de interdependências constitutivas que Étienne Balibar, emprestando de Simondon, chama de "transindividual" (Balibar 1996), e que faz com que se diga a Espinosa que nada é mais útil ao homem do que o homem.

Em resumo: o homem autossuficiente não existe. Modo finito ontologicamente, essencialmente insuficiente, ele é etimologicamente um imbecil: *in-bacillum*, sem bastão – sem muleta –, incapaz de se sustentar sozinho, ele não fica em pé sozinho. A imbecilidade ontológica, essencial, e a comunicação generalizada que ela necessariamente instaura, são nossa condição inesgotável. Mas tal condição não tem nada de infeliz! O horizonte de um imaginário antiliberal é, logo, ter a consciência lúcida disso e assumi-lo plenamente, isto é, alegremente, pois, depois de tudo, é nossa própria finitude que nos engaja necessariamente nesse regime de trocas generalizadas a que chamamos sociedade. Assim, o *homo postliberalis* não conta histórias para si mesmo: ele aceita sua insuficiência congênita e permanente como ela é, inscrita em sua condição de modo finito, ele não faz drama nem se aflige de não estar à altura de ideais fantasmagóricos. Enfim, ele é um imbecil feliz.

Referências bibliográficas

AGLIETTA, M. (1976). *Régulation et crises du capitalisme*. Paris: Calmann-Lévy. (Reed. por O. Jacob, 1997)

AGLIETTA, M. e ORLÉAN, A. (orgs.) (1998). *La monnaie souveraine*. Paris: O. Jacob.

AKERLOF, G. e SHILLER, R. (2009). *O espírito animal: Como a psicologia humana impulsiona a economia e a sua importância para o capitalismo global*. Trad. Afonso Celso da Cunha Serra. Rio de Janeiro: Elsevier.

ATHANÉ, F. (2011). *Pour une histoire naturelle du don*. Paris: PUF.

BALIBAR, E. (1995). *A filosofia de Marx*. Trad. Lucy Magalhães. Rio de Janeiro: Jorge Zahar.

_____ (1996). "Individualité et transindividualité chez Spinoza". *In*: MOREAU, P.F. (org.). *Architectures de la raison: Mélanges offerts à Alexandre Matheron*. Lyon: ENS.

BATIFOULIER, P. (org.) (2001). *Théorie des conventions*. Paris: Economica.

BIDET, J. e DUMÉNIL, G. (2005). *Altermarxisme: Un autre marxisme pour un autre monde*. Paris: PUF.

BOLTANSKI, L. (2009). *De la critique: Précis de sociologie de l'émancipation*. Paris: Gallimard. (Essais)

BOLTANSKI, L. e BOURDIEU, P. (1976). "La production de l'idéologie dominante". *Actes de la Recherche en Sciences Sociales*, v. 2, n. 2-3.

BOLTANSKI, L. e CHIAPELLO, È. (2009). *O novo espírito do capitalismo*. Trad. Ivone C. Benedetti. São Paulo: WMF Martins Fontes.

BOLTANSKI, L. e THÉVENOT, L. (1991). *De la justification: Les économies de la grandeur*. Paris: Gallimard. (Essais)

BOURDIEU, P. (1989a). "Le sociologue et la philosophie". Entrevista a H. Ichizaki. *In*: WAGENBACH, K. (org.). *Satz und Gegensatz: Über die Verantwortung des Intellektuellen*. Berlim: Klaus Wagenbach.

_____ (1989b). *Ontologia política de Martin Heidegger*. Trad. Lucy Moreira Cesar. Campinas: Papirus.

_____ (1996). *A economia das trocas linguísticas: O que falar quer dizer*. Trad. Sérgio Miceli. São Paulo: Edusp.

_____ (1998). "A dupla verdade do trabalho". *In*: DESAULNIERS, J.B.R. (org.). *Formação & trabalho & competência: Questões atuais*. Trad. Carmem A.D. Seganfredo *et al*. Porto Alegre: EdiPUCRS, pp. 221-226.

_____ (2001). *Meditações pascalianas*. Trad. Sergio Miceli. Rio de Janeiro: Bertrand Brasil.

_____ (2003). *Questões de sociologia*. Trad. Miguel Serras Pereira. Lisboa: Fim de Século. (Margens)

_____ (2004). *Coisas ditas*. Trad. Cassia R. da Silveira e Denise Moreno Pegorim. São Paulo: Brasiliense.

_____ (2008). *Razões práticas: Sobre a teoria da ação*. 9ª ed. Trad. Mariza Corrêa. Campinas: Papirus.

_____ (2009). *O senso prático*. Trad. Maria Ferreira. Petrópolis: Vozes.

BOURDIEU, P.; CHAMBOREDON, J.C. e PASSERON, J.C. (1999). *A profissão de sociólogo: Preliminares epistemológicas*. Trad. Guilherme João de Freitas Teixeira. Petrópolis: Vozes.

BOVE, L. (1996). *La stratégie du conatus: Affirmation et résistance chez Spinoza*. Paris: Vrin. (Âge Classique)

_____ (2002). "De la prudence des corps: Du physique au politique". Introdução ao *Traité politique*. Paris: LGF. (Les Classiques de la Philosophie)

BOYER, R. (1990). *A teoria da regulação: Uma análise crítica*. Trad. Renee Barata Zicman. São Paulo: Nobel.

_____ (2003). "Les analyses historiques comparatives du changement institutionnel: Quels enseignements pour la théorie de la régulation?". *L'Année de la Régulation*, v. 7, Presses de Sciences-Po.

_____ (2004). *Une théorie du capitalisme est-elle possible?*. Paris: O. Jacob.

_____ (2009). "Historiens et économistes face à l'émergence des institutions du marché". *Annales, Histoire, Sciences Sociales*, n. 3, pp. 665-693.

BOYER, R. e MISTRAL, J. (1978). *Accumulation, inflation et crises*. Paris: PUF.

BOYER, R. e SAILLARD, Y. (orgs.) (1995). *Théorie de la régulation: L'état des savoirs*. Paris: La Découverte. (Reed. 2002)

CAILLÉ, A. (org.) (2007). *La quête de reconnaissance: Nouveau phénomène social total*. Paris: La Découverte.

CAMUS, A. (s.d.). *Calígula/O equívoco*. Trad. Raul de Carvalho. Lisboa: Livros do Brasil. (Miniatura)

CHEVALIER, S. e CHAUVIRÉ, C. (2010). *Dictionnaire Bourdieu*. Paris: Ellipses.

CHOTTIN, M. (2009). "Histoire de la philosophie et problèmes de philosophie". *Klésis*, n. 11.

_____ (2010). "Introdução de 'Voir et juger. Le problème de Molyneux et ses enjeux philosophiques aux XVIIᵉ et XVIIIᵉ siècles'". Tese de doutorado em Filosofia. Paris: Universidade Paris I.

CITTON, Y. (2011). *Zazirocratie: Três curieuse introduction à la biopolitique et à la critique de la croissance*. Paris: Amsterdam.

_____ (2012). *Renverser l'insoutenable*. Paris: Seuil. (Débats)

CITTON, Y. e LORDON, F. (orgs.) (2008). *Spinoza et les sciences sociales: De la puissance de la multitude à l'économie des affects*. Paris: Amsterdam.

DAMASIO, A. (1994). *O erro de Descartes: Emoção, razão e o cérebro humano*. Trad. Dora Vicente e Georgina Segurado. São Paulo: Cia das Letras.

_____ (2003). *Em busca de Espinosa: Prazer e dor na ciência dos sentimentos*. Trad. Laura Teixeira Motta. São Paulo: Cia das Letras.

DAMIEN, R. e LAZZERI, C. (orgs.) (2006). *Conflit, confiance*. Besançon: Presses Universitaires de Franche-Comté.

DEBRAY, E.; LORDON, F. e ONG-VAN-CUNG, K.S. (orgs.) (no prelo). *Spinoza et les puissances du social*. Paris: Amsterdam.

DELEUZE, G. (1968). *Spinoza et le problème de l'expression*. Paris: Minuit. (Arguments)

_____ (1992). *Conversações 1972-1990*. Trad. Peter Pal Pelbart. São Paulo: Ed. 34. (Trans)

_____ (2004). "O método de dramatização". *In*: DELEUZE, G. *A ilha deserta e outros textos*. Org. e rev. Luiz B.L. Orlandi. São Paulo: Iluminuras, pp. 131-162.

DELEUZE, G. e GUATTARI, F. (1992). *O que é a filosofia?*. Trad. Bento Prado Jr. e Alberto Alonso Munoz. Rio de Janeiro: Ed. 34. (Trans)

DELHOM, P. (2009). "Sous l'égide de Pascal". *In*: LESCOURET, M.A. (org.). *Pierre Bourdieu: Un philosophe en sociologie*. Paris: PUF. (Débats Philosophiques)

DESCOMBES, V. (1995). *La denrée mentale*. Paris: Minuit.

_____ (1996). *Les institutions du sens*. Paris: Minuit.

DOSSE, F. (2003). *O império do sentido: A humanização das ciências humanas*. Trad. Ilka Stern Cohen. Bauru: Edusc.

DUPUY, J.P. (1992). *Introdução às ciências sociais: Lógica dos fenómenos colectivos*. Trad. Ana Maria Rabaça. Lisboa: Instituto Piaget.

DURKHEIM, E. (2003). *As formas elementares da vida religiosa*. Trad. Paulo Neves. São Paulo: Martins Fontes.

ESPINOSA, B. (1983). "Correspondência". Trad. Marilena de Souza Chauí. *In*: ESPINOSA, B. *Pensamentos metafísicos*; *Tratado da correção do intelecto*; *Ética*; *Tratado político*; *Correspondência*. 3ª ed. São Paulo: Abril Cultural. (Os Pensadores)

_____ (2008). *Tratado teológico-político*. Trad. Diogo Pires Aurélio. São Paulo: Martins Fontes.

_____ (2009). *Tratado político*. Trad. Diogo Pires Aurélio. São Paulo: WMF Martins Fontes.

EYMARD-DUVERNAY, F. (org.) (2006). *L'économie des conventions: Méthodes et résultats*. Paris: La Découverte. (Recherches)

FAUCONNET, P. e MAUSS, M. (2005). "Sociologia". *In*: MAUSS, M. *Ensaios de sociologia*. Trad. Luiz João Gaio e J. Guinsburg. São Paulo: Perspectiva.

FISCHBACH, F. (2005). *La production des hommes: Marx avec Spinoza*. Paris: PUF.

_____ (2009). *Sans objet: Capitalisme, subjectivité, aliénation*. Paris: Vrin.

FOUCAULT, M. (1977). *História da sexualidade 1: A vontade de saber*. Trad. Maria Thereza Albuquerque. Rio de Janeiro: Graal.

_____ (1999). *É preciso defender a sociedade (1975-1976)*. Trad. Carlos Correia Monteiro de Oliveira. São Paulo: Martins Fontes.

_____ (2008). *A arqueologia do saber*. Trad. Luiz Felipe Baeta Neves. 7ª ed. Rio de Janeiro: Forense Universitária.

FREMEAUX, I. e JORDAN, J. (2011). *Les sentiers de l'utopie*. Paris: La Découverte. (Zones)

GILLOT, P. (2007). *L' Esprit: Figures classiques et contemporaines*. Paris: CNRS.

GOURIO, J.M. (1995). *Brèves de comptoir*. Neuilly-sur-Seine: M. Lafon.

GREIF, A. (1998). "Théorie des jeux et analyse économique des institutions. Les institutions économiques du Moyen Âge". *Annales, Histoire, Sciences Sociales*, n. 3, pp. 597-633.

_____ (2006). *Institutions and the path to the modern economy: Lessons from Medieval Trade*. Cambridge: Cambridge University Press.

GUESNERIE, R. (2001). "L'économie, discipline autonome au sein des sciences sociales?". *Revue Économique*, v. 52, n. 5, set.

HABER, S. (2007). *L'aliénation: Vie sociale et expérience de la dépossession*. Paris: PUF.

HABERMAS, J. (2012). *Teoria do agir comunicativo*. Trad. Paulo Astor Soethe e Flávio Beno Siebeneichler. São Paulo: WMF Martins Fontes.

JAQUET, C. (2011). *A unidade do corpo e da mente: Afetos, ações e paixões em Espinosa*. Trad. Marcos Ferreira de Paula e Luís César Guimarães Oliva. Belo Horizonte: Autêntica.

JENSEN, M. (1978). "Some anomalous evidences regarding market efficiency". *Journal of Financial Economics*, n. 6 (2-3).

JOUAN, M. e LAUGIER, S. (orgs.) (2009). *Comment penser l'autonomie? Entre compétences et dépendances*. Paris: PUF.

KANT, I. (1995). "Resposta à pergunta: O que é o iluminismo?". *In*: KANT, I. *A paz perpétua e outros opúsculos*. Trad. Artur Morão. Lisboa: Ed. 70.

LA BÓETIE, E. de (1999). *Discurso da servidão voluntária*. Trad. Laymert Garcia dos Santos. São Paulo: Brasiliense.

LATOUR, B. e LÉPINAY, V.A. (2008). *L'économie, science des intérêts passionnés: Introduction à l'anthropologie économique de Gabriel Tarde*. Paris: La Découverte.

LAZZARATO, M. (2002). *Puissances de l'invention: La psychologie économique de Gabriel Tarde contre l'économie politique*. Paris: Les Empêcheurs de Penser en Rond.

LAZZERI, C. (org.) (2002). *La production des institutions*. Besançon: Presses Universitaires de Franche-Comté.

LE BLANC, G. (2007). *Vies ordinaires, vies précaires*. Paris: Seuil.

_____ (2010). *Dedans, dehors: La condition de l'étranger*. Paris: Seuil.

LEMIEUX, C. (2010). *Le devoir et la grâce*. Paris: Economica.

LESCOURRET, M.A. (org.) (2009). *Pierre Bourdieu: Un philosophie en sociologie*. Paris: PUF.

LOEWENSTEIN, G. (2000). "Emotions in economic theory and economic behavior". *American Economic Review*, v. 90, n. 2.

LORDON, F. (1995). "Formaliser les dynamiques et les crises régulationistes". *In*: BOYER, R. e SAILLARD, Y. (orgs.). *Théorie de la régulation: L'état des savoirs*. Paris: La Découverte. (Reed. 2002)

_____ (1997). "Le désir de faire science". *Actes de la Recherche en Sciences Sociales*, n. 119, set.

_____ (2000). "La légitimité au regard du fait monétaire". *Annales, Histoire, Sciences Sociales*, n. 6.

_____ (2002). *La politique du capital*. Paris: O. Jacob.

_____ (2006). *L'intérêt souverain: Essai d'anthropologie économique spinoziste*. Paris: La Découverte.

_____ (2008a). "Derrière l'idéologie de la légitimité, la puissance de la multitude. Le *Traité politique* comme théorie générale des institutions sociales". *In*: JAQUET, C.; SEVERAC, P. e SUHAMY, A. (orgs.). *Le* Traité politique, *nouvelles lectures*. Paris: Amsterdam. (Caute!)

_____ (2008b). *Jusqu'à quand? Pour en finir avec les crises financières*. Paris: Raisons d'Agir.

_____ (2010a). "D'une hégémonie l'autre". 1º Congresso da Associação Francesa de Economia Política. Lille, 9-10/dez.

_____ (2010b). "L'empire des institutions (et leurs crises)". *Revue de la Régulation*, n. 7.

_____ (2010c). *Capitalisme, désir et servitude: Marx et Spinoza*. Paris: La Fabrique.

_____ (2012). "L'irrationalisme paradoxal de la science économique". Atas do colóquio "La raison et ses combats", Pantin, Fondation Gabriel-Péri.

_____ (2013). "Impasse Jean-Claude Michéa?". *Revue des Livres*, n. 12, jul.-ago.

LORDON, F. e ORLÉAN, A. (2008). "Genèse de l'État et genèse de la monnaie. Le modèle de la *potentia multitudinis*". *In*: CITTON, Y. e LORDON, F. (orgs.). *Spinoza et les sciences sociales*. Paris: Amsterdam.

MAÎTRE, J. (1994). *Autobiographie d'un paranoïaque*. Paris: Anthropos.

MARX, K. (2010). *Crítica da filosofia do direito de Hegel*. Trad. Rubens Enderle e Leonardo de Deus. São Paulo: Boitempo.

MATHERON, A. (1969). *Individu et communauté chez Spinoza*. Paris: Minuit.

MAUGER, G. (org.) (2006). *Droits d'entrée: Modalités et conditions d'accès dans les univers artistiques*. Paris: Maison des Sciences de L'homme.

MAUSS, M. (1974). "Ensaio sobre a dádiva". *In*: MAUSS, M. *Sociologia e antropologia*. Trad. Lamberto Puccinelli e Mauro W.B. de Almeida. São Paulo: EPU/Edusp.

MICHÉA, J.C. (2011). *Le complexe d'Orphée: La gauche, les gens ordinaires et la religion du progrès*. Paris: Climats.

MOREAU, P.F. (1979). *Traité politique*. Paris: Réplique.

_____ (2005). "Les deux genèses de l'État dans le *Traité théologico-politique*". *In*: MOREAU, P.F. *Spinoza: État et religion*. Lyon: ENS. (Feuillets)

_____ (org.) (1996). *Architectures de la raison: Mélanges offerts à Alexandre Matheron*. Lyon: ENS.

NEGRI, A. (1993). *A anomalia selvagem: Poder e potência em Spinoza*. Trad. Raquel Ramalhete. Rio de Janeiro: Ed. 34.

ORLÉAN, A. (2011). *L'empire de la valeur: Refonder l'économie*. Paris: Seuil.

PASCAL, B. (1999). *Pensamentos*. Trad. Olívia Bauduh. São Paulo: Nova Cultural. (Os Pensadores)

PIAGET, C. (1973). *LIP: Charles Piaget et les LIP racontent*. Paris: Stock.

PINTO, L. (2004). "Pierre Bourdieu et la philosophie". *In*: PINTO, L.; SAPIRO, G. e CHAMPAGNE, P. (orgs.). *Pierre Bourdieu, sociologue*. Paris: Fayard. (Histoire de la Pensée)

_____ (2007). *La vocation et le métier de philosophe: Pour une sociologie de la philosophie dans la France contemporaine*. Paris: Seuil.

_____ (2009). *La théorie souveraine: Les philosophes français et la sociologie au XXe siècle*. Paris: Cerf.

POUPEAU, F. (2012). *Les mésaventures de la critique*. Paris: Raisons d'Agir. (Raisons d'Agir)

RAMOND, C. (1995). *Qualité et quantité dans la philosophie de Spinoza*. Paris: PUF. (Philosophie d'Aujourd'hui)

_____ (2005). "La loi du nombre. Introduction au *Traité politique*". *In*: SPINOZA, B. *Œuvres*, v. V. Paris: PUF. (Épiméthée)

RENAULT, E. (2008). *Souffrances sociales: Philosophie, psychologie et politique*. Paris: La Découverte.

RICŒUR, P. (1991). *Ideologia e utopia*. Trad. Teresa Louro Perez. Lisboa: Ed. 70.

ROUAUD, C. (2007). *Les Lip: L'imagination au pouvoir.* DVD. Bois-Colombes: Les Films du Paradoxe.

SAUVAGNARGUES, A. (2010). *Deleuze: L'empirisme transcendantal.* Paris: PUF. (Philosophie d'Aujourd'hui)

SCHMIDT, C. (2010). *Neuroéconomie: Comment les neurosciences transforment l'analyse économique.* Paris: O. Jacob. (Économie)

SEARLE, J. (2005). "What is an institution?". *Journal of Institutional Economics,* v. 1, n. 1, pp. 1-22.

SIBERTIN-BLANC, G. (2010). *Deleuze et l'Anti-Œdipe: La production du désir.* Paris: PUF.

SPINOZA, B. (2009). *Ética.* Trad. Tomaz Tadeu. Belo Horizonte: Autêntica.

STIEGLER, B. (2001). *Nietzsche et la biologie.* Paris: PUF. (Philosophies)

THÉRET, B. (2003). "Structuralisme et institutionnalisme: Oppositions, substitutions ou affinités électives?". *Cahiers d'Économie Politique,* n. 44.

_____ (2007). *La monnaie dévoilée par ses crises.* Paris: École des Hautes Études en Sciences Sociales.

VIGNA, X. (2007). *L'insubordination ouvrière dans les années 68: Essai d'histoire politique des usines.* Rennes: Presses Universitaires de Rennes. (Histoire)

VINCIGUERRA, L. (2005). *Spinoza et le signe: La genèse de l'imagination.* Paris: Vrin. (Âge Classique)

_____ (2009). "Les trois liens anthropologiques: Prolégomènes spinozistes à la question de l'homme". *L'Homme, Revue Française d'Anthropologie,* n. 191, jul.-set.

WAGENBACH, K. (org.). (1989). *Satz und Gegensatz: Über die Verantwortung des Intellektuellen.* Berlim: Klaus Wagenbach.

WEBER, M. (2012). *Economia e sociedade: Fundamentos da sociologia compreensiva,* v. 1. Trad. Regis Barbosa e Karen Elsabe Barbosa. Brasília: UnB.